Bolz · Auszug aus der entzauberten Welt

Norbert Bolz

Auszug aus der entzauberten Welt

Philosophischer Extremismus zwischen den Weltkriegen

Wilhelm Fink Verlag · München

Gedruckt mit Unterstützung der Deutschen Forschungsgemeinschaft

Die Deutsche Bibliothek – CIP-Einheitsaufnahme

Bolz, Norbert:
Auszug aus der entzauberten Welt: philosophischer Extremismus zwischen den Weltkriegen / Norbert Bolz. – 2., unveränd. Aufl. – München: Fink, 1991

ISBN 3-7705-2560-4

Titelbild:

Giorgio de Chirico, Der große Metaphysiker, 1917

ISBN 3-7705-2560-4

Herstellung: Ferdinand Schöningh GmbH, Paderborn

Inhaltsverzeichnis

Vorbemerkung

Die Rationalisierung unserer Welt durch Wissenschaft ist das entscheidende Moment eines Jahrtausende währenden Intellektualisierungsprozesses, der uns zwar keine fortschreitende Kenntnis unserer Lebensbedingungen, wohl aber die Gewißheit gegeben hat, daß keine geheimnisvollen Mächte in der Welt herrschen, sondern alles durch Berechnen beherrscht werden kann. So lautet Max Webers These von der Entzauberung der Welt. Zu ihr gehört die Erfahrung einer schmerzlichen Spannung dieser durch rational empirisches Erkennen in einen kausalen Mechanismus verwandelten Welt gegen die Forderung einer ethisch sinnvoll orientierten Ordnung, eines lebensimmanenten Sinns.

Der Titel der vorliegenden Studie evoziert die Weber-These als Kontrastfolie. Denn alle Denker, die im folgenden interpretiert werden, haben Max Webers Diagnose der Zeit geteilt. Doch gemeinsam ist ihnen auch der Exodus-Impuls, das schicksalhaft geschlossene „stahlharte Gehäuse" der entzauberten Welt zu sprengen. Eine Verwindung von Webers männlicher Resignation haben sich die dialektischen Köpfe der Weimarer Zeit aber weniger vom Licht der Utopie als vielmehr von einer Überbietung der Entzauberungsthese versprochen. Dafür mag ein erst kürzlich veröffentlichtes Nachlaßfragment Walter Benjamins von 1921 einstehen, das den Kapitalismus als Religion definiert. Moderner Kapitalismus sei also nicht nur, wie nach Webers These, religiös bedingt, sondern selbst essentiell religiös; er ziele auf eine „Zertrümmerung" des Seins: „Die Ausweitung der Verzweiflung zum religiösen Weltzustand aus dem die Heilung zu erwarten sei."[1]

So ziehen Benjamin, aber auch der junge Ernst Bloch und Georg von Lukács gesellschaftliche Begriffe in ein theologisches Kraftfeld, in dem sie eine neue Ausrichtung erfahren. Das I. Kapitel charakterisiert die Geschichtsphilosophie, die sich im Schatten Max Webers entwickelt hat. Dabei wird Blochs ‚Geist der Utopie' als revolutionär-gnostische Antwort auf

---

[1] Benjamin, GS VI, S. 100. — Zur Bestimmung dieser „religiösen Struktur des Kapitalismus" nennt Benjamin drei Spezifika: Der Kapitalismus ist eine reine Kultreligion; der Kult dauert permanent an; und er verschuldet die, die ihm zugehören. Diese These von der kapitalistischen Universalisierung der Schuld verleiht Benjamins Definition des Schicksals als Schuldzusammenhang von Lebendigem gesellschaftliche Prägnanz. Auch Marxens Sozialismus fällt als ein „nicht umkehrender Kapitalismus" in diesen Schuldzusammenhang. Beiläufig hat Marx selbst schon die „Verdinglichung der gesellschaftlichen Verhältnisse" als „Religion des Alltagslebens" bezeichnet: MEW 25, S. 838.

Webers ‚Geist des Kapitalismus' lesbar. In dieser Perspektive erweist sich dann Lukács' ‚Geschichte und Klassenbewußtsein' als Versuch einer Aufhebung der Blochschen Utopie in dialektische Totalitätsbetrachtung. Diese Interpretation stellt Lukács' neomarxistisches Werk in den Kontext seiner frühen Essayistik zurück, die Ästhetik als Geschichtsphilosophie traktiert; dort treten auch die theologischen Motive noch unverstellt zutage.

Im Schatten Max Webers stehen auch die ‚Politische Theologie' Carl Schmitts und Martin Heideggers ‚Sein und Zeit'. Mit dezisionistischem Pathos antworten sie auf die lähmend verwirrte Bewußtseinslage nach dem Ersten Weltkrieg: Die Krise der Weimarer Republik soll zur Krisis des Denkens, die paralysierte Gegenwart zur Zeit der Entscheidung geschärft werden. In einem ersten Interpretationsschritt des II. Kapitels werden die Grundbegriffe Carl Schmitts philosophisch entfaltet. In einem zweiten Schritt gewinnt Heideggers Daseinsanalyse vor dem Hintergrund der Positionen und Begriffe Carl Schmitts eine politische Lesbarkeit.

Das III. Kapitel skizziert Walter Benjamins Logik der historischen Erkenntnis. Mit seinem Frühwerk ragt Benjamin, wie das Ende des II. Kapitels zeigt, in die ‚Zeit der Entscheidung' hinein. Das reife Werk der 30er Jahre spiegelt aber schon die Enttäuschung der dezisionistischen Hoffnung. Das Erwachen aus der entzauberten Welt verspricht sich Benjamin nun von einem veränderten, nämlich ‚kopernikanisch gewendeten' Geschichtsbegriff.

Das abschließende IV. Kapitel ‚Ästhetische Exile' übersteigt den eigentlichen Untersuchungszeitraum. Überlegungen zur Ästhetik Max Webers ermöglichen eine Lokalisierung der artistischen Fluchtbewegungen jener Zeit (George, Loos, Jünger, Benn) in den Koordinaten der Entzauberungsthese. Vor diesem Hintergrund erscheint dann die Ästhetik Adornos als verzweifelter Versuch, den monologischen Künstler zugleich als Statthalter gesamtgesellschaftlicher Subjektivität zu begreifen; sie erstarrt unpolitisch zur ästhetischen Gnosis.

Die Interpretationen verfahren weitgehend immanent. Geistesgeschichtliche Immanenz ist aber um so besser begründet, je verdinglichter der Geist ist, dessen Objektivationen sie interpretiert. Gerade dieses Bewußtsein trennt die vorliegende Arbeit von reiner Geistesgeschichte. Die Form der Interpretation erreicht hier selbst ein Extrem: Alle Kritik soll in der Darstellung aufgehoben, jede Form transzendenter Kritik vermieden werden, um nicht zur Verdrängung des Jüngstvergangenen beizutragen. Das „Moment des Zweifels", das der unbefangene Leser bei der Darstellung hochproblematischer Positionen und Begriffe vermissen mag, ist „gleichsam vor die Klammer gesetzt", um der Interpretation zu „ersparen, es bei jedem Posten innerhalb der Klammer zu wiederholen"[2]. Wäre die Übertragung eines psychoanalytischen Terminus auf die philosophische Darstellungsform erlaubt, so könnte man hier von einem „Durcharbeiten" sprechen. Zwei Vorurteile haben das Material dieser Studie vorab organisiert: das eine kommt in der Auswahl der paradigmatischen Figuren zum Ausdruck,

[2] Freud, Stud IX, S. 481.

das andere durch die Konstellation, in die sie zueinander gestellt werden. Nur die Kohärenz der Interpretation kann sie rechtfertigen.

Man muß nach Konstellationen suchen, wenn der Entwicklungssinn der Geschichte nicht bestimmbar ist. Dieses Verfahren, den chaotischen Schauplatz des Denkens durch figurale Konstellationen zu strukturieren, ist erstmals in ästhetischen Zusammenhängen entwickelt worden. Friedrich Schlegel hat erkannt, daß Figuren, die für die Geschichte nur von episodischer Bedeutung sind, „durch Potenzirung repräsentativ"[3] werden können. Indem man die Figuren konstellativ interpretiert, werden sie hermeneutisch ‚potenziert' und dadurch gesellschaftsgeschichtlich ‚repräsentativ'. Im folgenden werden figurale Antithesen als Medium einer geschichtsphilosophischen Charakteristik der Weimarer Zeit entworfen.

Die konstellative Interpretation verfährt weder chronologisch noch systematisch, sondern in entwickelnder Variation. Man kann komplexe Konstellationen wie die der Zwischenkriegszeit nicht darstellen, ohne zentrale Denkfiguren und Erfahrungsbilder zu wiederholen. Dabei wird jede der dargestellten Positionen als ein Vektor des geistigen Kräftefeldes der Weimarer Zeit so stark wie möglich gemacht. Die gegenstrebigen Interpretationsvektoren verdanken ihre Kraft der Befolgung einer Maxime des ‚Sophistes' (246 d): den Gegner logisch zu stärken. Dieses Verfahren exponiert die vorliegende Studie dem Mißverständnis, der Verf. identifiziere sich mit dem, was er darstellt. Angestrebt ist vielmehr, was Karl Rosenkranz Hegel bescheinigte: „bis in die feinsten Fasern des Fremden" eingedrungen zu sein. „In der Kritik verstand er es deshalb so meisterhaft, ‚sich in den Umkreis des Gegners zu stellen' und dessen Ansicht so zu entwickeln, *als ob sie seine eigene* wäre. Diese Kraft der Entäußerung zog ihm auch mannigfach den Mißverstand zu, daß oberflächliche und flüchtige Leser solche objective Incarnation Hegel's mit ihm selbst verwechselten und ihn oft dessen beschuldigten, was er gerade bekämpfte."[4] In Hegels Technik, in das Feindliche hineinzuschlüpfen, um sich dessen Kräfte zuzueignen, ist jene Maxime des ‚Sophistes' dialektisch geworden — dialektisch, denn die Mimesis an den Feind erweist sich zugleich als „Sichselbstentgegensetzung". Ludwig Feuerbach hat das in seiner Kritik der Hegelschen Philosophie auf die Formel gebracht: „Der Denker ist darin nur Dialektiker, daß er *sein eigener Gegner* ist."[5]

Im Sinne dieser polemischen Konzeption von Dialektik treibt die vorliegende Studie ihre Interpretationsvektoren immer bis zum Äußersten. Inwieweit das Denken, das sie untersucht, die Weimarer Zeit in Gedanken erfaßt hat, zeigt sich nur in einer Herauspräparierung seiner Extreme. Die Logik des Extrems ist jener „Methode der kritischen Formen" verwandt, mit der Hans Sedlmayr „die Kunst als Instrument einer Tiefendeutung von Epochen"[6] benutzt hat. Seine bekannte konservative These vom Verlust der Mitte ist insoweit zutreffend, als die zeitsymptomatischen Formen und

---

[3] Schlegel, KA XVIII, S. 363, Fr. 508.
[4] Rosenkranz, Hegels Leben, S. 16.
[5] Feuerbach, Werke Bd. 3, S. 28.
[6] Sedlmayr, Verlust der Mitte, S. 8 f.

Gedanken „an die Extremität ausgeschlossen“[7] sind und keinen Anteil am Leben der Mitte zu haben scheinen. Doch Sedlmayrs Methode der kritischen Formen ist außerstande, die Formbestimmungen der Extreme als Inhaltsbestimmungen ihrer inneren Identität zu begreifen. Dagegen gilt es, nicht beim Konstatieren von Exzentrizitäten stehen zu bleiben, sondern der „Reflexion der Bestimmtheit der Extreme in sich“[8] zu folgen. Über die Diagnose des Verlusts der Mitte führt nur ein Vermittlungsbegriff hinaus, der eine Dialektik des Extrems orientiert und Entwicklung als Diskontinuität denkt.

Nach Hegel hat wachsendes Mißtrauen gegen Vermittlung qua erpreßte Versöhnung das Denken in Extremen verschärft. Im Willen, in jeder Richtung bis zum Äußersten zu gehen, ist Dialektik zur Passion geworden. So fordert Kierkegaard eine katastrophische Anwendung der Kategorien: Denken in Paradoxen heißt die Sache immer auf die Spitze stellen. Und genauso drängt Nietzsche auf den „Zustand der unbedingten Zuspitzung“[9]. Er ist der erste, der in der Logik des Extrems das Vehikel des Auszugs aus der entzauberten Welt erkennt. Die Verführungskraft des Äußersten, die „Magie des Extrems“[10], ist der Gegenzauber gegen die Entzauberung der Welt.

S. Friedlaender hat versucht, Nietzsches Magie des Extrems der Erkenntnis dienstbar zu machen. Der Titel seines Hauptwerks ‚Schöpferische Indifferenz‘ nennt das Ziel: Extreme sind zwar unvereinbar, aber konterbalancierbar. Benjamin emanzipiert dann diesen Gedanken aus seinem versponnen-aphoristischen Kontext und bestimmt die Ideen als Konstellationen des Einmalig-Extremen. Im Extrem wird das Empirische erkennbar und findet die Begriffsbildung ihren Ausgangspunkt. In Konstellation wirken die Extreme als komplementäre Energien. „Die philosophische Geschichte als die Wissenschaft vom Ursprung ist die Form, die da aus den entlegenen Extremen, den scheinbaren Exzessen der Entwicklung die Konfiguration der Idee als der durch die Möglichkeit eines sinnvollen Nebeneinanders solcher Gegensätze gekennzeichneten Totalität heraustreten läßt.“[11] Diese Form philosophischer Darstellung dient der vorliegenden Studie als Modell.

---

[7] Hegel, Werke Bd. 3, S. 534.

[8] Hegel, Werke Bd. 6, S. 391; vgl. Adorno, GS 5, S. 257 und Horkheimer, Gesammelte Schriften, Bd. 12, S. 297.

[9] Heidegger, Holzwege, S. 207; vgl. Benjamin, GS IV, S. 507 f. Daß sich Hegels versöhnlerische Dialektik erst in einer Verdrängung seiner ursprünglichen ‚passionierten‘ Logik des Extrems formierte, hat G. Bataille gezeigt: „Hegel, je l'imagine, toucha l'extrême. Il était jeune encore et crut devenir fou, j'imagine même qu'il élaborait le système pour échapper (...). Pour finir, Hegel arrive à la *satisfaction*, tourne le dos à l'extrême.“ — L'Expérience intérieure.

[10] Nietzsche, SW Bd. 12, S. 510. Vgl. R. Schneiders Notiz in ‚Winter in Wien‘, Gesammelte Werke Bd. 10, S. 287: „Existenzen also wie Metalle. Ein einziger, der die Wahrhaftigkeit bis zum Äußersten intensiviert, oder das Tragische an sich, die Kunst, den Glauben, die Liebe, kurz, extreme Existenzen tun not. (...) Unsere wesentliche Armut ist die an Radikalität, an Menschen, die chemisch reine Elemente sind.“

[11] Benjamin, GS I, S. 227. — Adorno hat dies Verfahren zum ästhetischen Erkenntnisschema ausgebildet; so heißt Artikulation, „jede spezifische Formidee bis ins Extrem“ zu treiben — GS 7, S. 284; das ist Adornos Äquivalent der unmöglich gewordenen Synthesis. Auch hier hat Weber vorgearbeitet — vgl. Mommsen, Max Weber und die deutsche Politik, S. 51.

Das im folgenden dargestellte Denken der Weimarer Zeit befremdet nicht nur durch seinen Extremismus, sondern mehr noch durch sein Pathos. In diesem Befremden zeigt sich eine schneidende Diskontinuität zur Zwischenkriegszeit, die doch zugleich das Jüngstvergangene unserer eigenen Selbstbesinnung ist; „die Philosophien der 20er und frühen 30er Jahre rücken zwangsläufig in die Perspektive der geistigen Vorgeschichte des Faschismus ein“[12], und dessen Katastrophe scheint ihre Welt vernichtet zu haben. Das historische Trauma macht den Versuch, von jener Zeit philosophisch Rechenschaft zu geben, ebenso schwierig wie unausweichlich. Was die Selbstbesinnung auf das Jüngstvergangene aber mit ihrem Gegenstand verbindet, ist gerade die Erfahrung der Diskontinuität. Denn schon der Erste Weltkrieg hatte die Selbstverständlichkeiten und generationsüberdauernden Bewußtseinsbestände zerstört. Man hat zwar gegen die „Zäsur von 1918“ vielfach darauf hingewiesen, daß eine geistige Neuorientierung Europas schon um die Jahrhundertwende einsetzte. Doch erst nach dem Ersten Weltkrieg spitzt sich die von Nietzsche inaugurierte „Umwertung“ kritisch zu: „Ihr Radikalismus hätte jede Revolution begrüßt und doch zu keiner mehr gepaßt, weil er (...) die Gegensätze von rechts und links (...) bereits hinter sich gelassen hatte.“[13] Und in der Tat: Die extremen Existenzen der Weimarer Zeit sind Deserteure der Neuzeit. Doch ihre konservative Subsumtion unter die Rubrik neoeschatologischer Geschichtsphilosophie bleibt geistesgeschichtlich befangen. Dagegen insistiert die vorliegende Studie darauf, daß die „Zäsur von 1918“ gerade die Krisis aller bloß geistesgeschichtlichen Betrachtung markiert. Sie versucht zu zeigen, daß die Verwirklichung des antidemokratischen Denkens im Nationalsozialismus zugleich ein Versäumnis war, denn der Auszug aus der entzauberten Welt ist gescheitert.

Die Aktualität der Philosophie zwischen den Weltkriegen ist die des Versäumten und Gescheiterten. „Auch was wir unterließen, webt am Gewebe aller Zukunft.“[14] Dem entspricht eine hermeneutische Haltung, die versucht, das Vergangene in seiner Möglichkeit zu wiederholen. Wie das IV. Kapitel zeigt, nimmt Adornos Spätwerk diese Haltung schon gegenüber der eigenen philosophischen Herkunft ein. Es mobilisiert die philosophische Energie der verpaßten Möglichkeiten. In der Wirklichkeit der Darstellungsform soll das einst versäumte Wirkliche noch einmal möglich werden.

Diese Arbeit sei dem Andenken von Jacob Taubes gewidmet. Sie verdankt ihm mehr als sich in Anmerkungen ausdrücken ließe. Jacob Taubes hat dem Verf. den Zugang zu Max Weber, Carl Schmitt und Walter Benjamin eröffnet — wichtiger noch: Er hat ihm Mut gemacht, dem Denken der ‚konservativen Revolutionäre‘ ins Angesicht zu schauen und bei ihm zu verweilen.

[12] Habermas, Philosophisch-politische Profile, S. 15.

[13] Plessner, Diesseits der Utopie, S. 88; vgl. Marquard, Apologie des Zufälligen, S. 28 und Sontheimer, Antidemokratisches Denken, S. 327.

[14] Nietzsche, SW Bd. 10, S. 606.

I. Im Schatten Max Webers

> Ihr Versuch, durch die Geschichtsphilosophie die geschichtliche Faktizität zu negieren, das Politische zu ‚verdrängen', hat ursprungsgemäß utopischen Charakter. R. Koselleck[1]

Die Zweite Ethik

In Thomas Manns ‚Zauberberg' tritt, in der Figur des Naphta zur Kenntlichkeit entstellt, Georg von Lukács auf; er tritt aus dem geschichtsphilosophischen Clair-obscur der Romantik hervor, jener Zeit, in der sich die einfachen weltordnenden Begriffe von Revolution und Reaktion verwirrten. Lukács/Naphta entfaltet die große Antithese Jehova vs. Luzifer. Jehovaisch heißt das Gesetz im Strukturzentrum der geschichtlichen Welt des objektiven Geistes; der Triumph einer strafenden Gerechtigkeit, den Staats- und Kircheninstitutionen verewigen; der Sieg des konservativen Paulus über den antinomischen Christus. In der Prädestinationslehre hat diese Austreibung des utopischen Geistes dann ihre Lehrform gefunden.

Der vollständige Triumph des Jehovaischen, das in Hegel seinen letzten großen Apologeten hat, verurteilt jeden heroischen Protest zu Einsamkeit und Hybris. So steht der Aufstand eigenwilliger Ichheit, des Fürsichseins der Kreatur, im Zeichen dessen, der Luzifer hieß, „prae ceteris luxit, suaeque pulchritudinis consideratio eum excoecavit"[2]. Dieser Satz Bonaventuras betont das ästhetische Moment des Luziferischen. Entsprechend muß eine — im Sinne Kierkegaards — ‚ethische' Kritik weltsetzender Kunst „das Luciferische als den metaphysischen ‚Ort' des Ästhetischen"[3] erkennbar machen. Luzifer heißt die Energie des Negativen in Gott selbst gegen das verfestigt Jehovaische, der gnostische Statthalter des Menschensohns. Der in dieser Welt ihm adäquate Schauplatz ist die Tragödie, die eine zum neuen religiösen Mythos potenzierte Gottlosigkeit präsupponiert. Die neuklassischen Tragödien, die Paul Ernst, ein Freund des jungen Georg von Lukács, geschrieben hat, bekunden „ein Grauen vor der Existenz, weil

---

[1] Koselleck, Kritik und Krise, S. 9.

[2] Bonaventura, vgl. Blumenberg, „Das Licht als Metapher der Wahrheit."

[3] Lukács, Werke Bd. 17, S.132; vgl. Benjamin, GS VI, S. 196: „Luzifer ist *schön.* (...) Von der Religion aus ist das *wesentlich* Schöne das Böse. Das Schöne drückt vom Bösen aus, daß es eine *höchste* Totalität ist die ihm fehlt."

diese gottverlassen ist"[4]. Sein Weg zur Form ist die fanatische Suche nach einem Notwendigkeitsersatz. Er will die Entfremdung des Lebens bis zum Äußersten treiben, um darin ein Negativ von Schicksal zu bilden, d. h. die Absenz des Tragischen bis zur Tragödie steigern.

Die neuklassische Tragödie ist auf der Bühne vereinsamt. Ihr Bemühen um eine neue einfache Linearität und Monumentalität spricht mit kaltem Pathos an den Zuschauern vorbei. „Wir formloses Volk haben, wollen wir nicht völlig verkommen, die letztgebliebene Form, die Sprache, zum Grund unserer Bildung zu nehmen."[5] Wie hier F. Chr. Rang denkt auch Paul Ernst das Formproblem zugleich als politisches, denn für ihn gibt es keine angemessene bürgerliche Dichtung. Die Bourgeoisie hat keine Heimat in der apriorischen Formenwelt. „Wo alles sich als Komplex gibt, dort hört die Form auf."[6] Das neuklassisch Tragische macht die Szene zur Totalität, nichts Heteronomes ist mehr in Geltung, nur das in ihr rein Gesetzte.

Tragisch empfinden heißt für Ernst: in der größten Einsamkeit die Vollendung sehen, die der Tod nicht dementiert, sondern besiegelt. „Deshalb stirbt der Held eigentlich auch nicht. Der Tod sperrt ihm gewissermaßen nur die Temporalien der Individualität."[7] Der Tod wird reflexiv: „sich sterben"[8] ist die Formel der Formwerdung im Drama. Plötzlich wird der tragische Held geboren und er bleibt ohne Werden. Sein Leben ist eine Gerade, die den Kreis des natürlichen Gattungslebens kaum berührt. Er läßt die Götter unter sich und tastet nach einer autonomen Ethik. Die Tragödie ist eine der Befreiung, aber nicht selbst befreiende Form. Doch die ästhetische Formung, buchstäblich die Gewalt der Kunst, bringt die einsame Seele auf den Weg zur Gemeinsamkeit: zur Gemeinschaft der Einsamen.

Georg von Lukács hat einmal von Paul Ernst gesagt, seine Tragödien seien so gestaltet, als ob eine deutsche Kultur wieder da wäre. Eine, wie vielleicht zu Zeiten des deutschen Idealismus, lebendige Metaphysik als Bedingung der Möglichkeit einer echten Tragödie — Paul Ernst hat den Raum ihres Fehlens durchmessen. Gerade das Fehlen einer formbestimmenden Weltanschauung wird zum Stilisationsprinzip der tragischen Form erhoben; ihre Negativität macht sie streng bis zur Leblosigkeit. Ernst steigert den bürgerlichen Individualismus ‚tragisch', bis er zum kalten Schema der Notwendigkeit erstarrt; und mit pathetischer Geste beschwört er eine neue Monumentalität der Form. Im Versuch, dieser Form Gesellschaft zu unterbauen, trifft sich der Neuklassizist mit Lukács, der im Marxismus „die grausamste und die strengste Synthese seit dem mittelalterlichen Katholizismus" sieht. Ihm entspreche eine „Kunst der großen Ordnung, der Monumentalität"[9].

---

[4] Kierkegaard, Abschließende Unwissenschaftliche Nachschrift II, S. 60.
[5] Rang, „Vom Weltbuch der Person", S. 287 f.
[6] Kassner, Zahl und Gesicht, S. 231.
[7] Rosenzweig, Der Stern der Erlösung, S. 86.
[8] Ernst, Erdachte Gespräche, S. 169.
[9] Lukács, Entwicklungsgeschichte des modernen Dramas, S. 358 f.

Zweideutig — rational und rauschhaft zugleich — zeigt sich die neuklassische Form in ihrem Imperativ des Bis-zu-Ende-Treibens: „zu Ende gedacht, ins Äußerste gelebt (— bis ins denkbar Tiefste hinunter abstrakt, begrifflich und ‚lebensfremd' —), wird alles lebendig, lebensspendend und von selbstherrlichem Glanze."[10] Die Tragödie inszeniert den Augenblick des Selbstseins als das vollständige Leben. Das Selbst ist in tragischer Form ‚subiectum' metapsychischer Notwendigkeit. Die Form hat erlösende Kraft, denn sie konstituiert eine reine, von keiner Dinglichkeit getrübte Seelenwirklichkeit. Doch darf das tragische als nichtseiend Setzen des Empirischen nicht als Jenseitsbezogenheit mißverstanden werden. Vielmehr ermöglicht die Suspension des kontingenten Lebens gerade eine radikale Diesseitigkeit und Selbstaffirmation des tragischen. Eine strikt lebensimmanente Transzendierung des Menschen — das ist die Formerfüllung des Tragikers. Der Mystiker hat Gott als Form; den Weg zur Form geht er als Weg zu Gott. Das muß mitbedacht werden, wenn die Neuklassiker ihre ästhetischen Bestimmungen um „Bedürfnisse der Form"[11] zentrieren. Paul Ernst steht für das verzweifelte Konservieren nicht eines besonderen Stils, sondern von Kunst überhaupt — ein Festhalten am nackten Daß der Form.

Deshalb muß jeder Sehnsuchtsruf nach einem kommenden Gott, jeder Sehnsuchtsblick in eine neue Welt die kristalline Struktur der Tragödie aufbrechen — religiös im Gnadendrama, geschichtsphilosophisch im Roman. Fichte hat dem dialektischen Umschlag der Verzweiflung über den Zusammenbruch der europäischen Ordnung 1914 das Stichwort gegeben: Wir leben im Zeitalter der vollendeten Sündhaftigkeit. Der Roman ist seine paradigmatische Form. Nun fällt vom antizipierten, aber unentschiedenen Kommen der neuen Welt ein fahles Licht auf das bloß Seiende. Am 14. 4. 1915 schreibt Lukács an Paul Ernst: „die Macht der Gebilde scheint in stetigerem Zunehmen zu sein als das wirklich Seiende. Aber — dies ist für mich das Kriegserlebnis — wir dürfen das nicht zugeben. Wir müssen immer wieder betonen, daß das einzig Essentielle doch nur wir sind, unsere Seele."

Die Todsünde des Gebildefetischismus, der in Hegels metaphysischer Verklärung der Macht gipfelt, entspringt einer Verwechslung von Seele und Selbst (qua synthetischer Vernunftfunktion). Die philosophische Versubstantiierung des Subjekts ereilt die Rache seines dadurch substantiell gewordenen Objekts, des dinghaften Gebildes. Die Organisation dieses Gebildefetischismus heißt Kapitalismus: „die sündhafte und unheilvolle Selbständigkeit des wirtschaftlichen Lebens"[12].

Das sind mittelalterliche Töne, die Naphta/Lukács theokratisch verstärkt, wo er die Verteufelung des Lebens durch die Satansherrschaft des Geldes als „immanenten Kapitalismus des weltlichen Staates"[13] bestimmt. So wird die Frage nach der Produktion unmittelbar ethisch gestellt: Das

---

[10] Lukács, „Zwei Wege und keine Synthese".

[11] Ernst, Der Weg zur Form, S. 97.

[12] Lukács, Werke Bd. 2, S. 81.

[13] Mann, Der Zauberberg, S. 485.

Ende der Vorgeschichte wäre eins mit dem Vorrang der Moral vor den Institutionen. Dem Theoretiker der vollendeten Sündhaftigkeit liegt der Spätkapitalismus als ‚grausiger Totentanz' vor Augen — letzte Etappe „eines Ödipusweges dem unvermeidlichen Schicksal entgegen"[14]. Unvermeidlich ist die ruinöse naturgesetzliche Entfaltung des Kapitalismus, nicht aber ihr befreiender Umschlag. Unwiderstehlich treibt die Welt auf einen Katarakt zu, und es ist an der Geistesgegenwart des Proletariats allein, die Katastrophe abzuwenden.

„Wenn etwas einmal problematisch geworden ist (...), so kann das Heil nur aus der äußersten Zuspitzung der Fragwürdigkeit, aus einem radikalen Bis-zu-Ende-gehen in jeder Problematik entspringen."[15] Aug' in Aug' mit der kapitalistischen Katastrophe bis zum Ende gehen, um sie abzuwenden, statt sie nur katechontisch aufzuhalten: „diese Berufung zur Erlösung der Gesellschaft ist die welthistorische Rolle des Proletariats"[16]. Indem es seine Klasseninteressen erfüllt, erlöst es die Welt. Sein Eigensinn stiftet Solidarität, und die „zunehmende Aushöhlung der Verdinglichungsformen — man könnte sagen, das Platzen ihrer Kruste vor innerer Leere"[17] — ist nur ein anderer Ausdruck für die proletarische Innervation der Welt.

Es liegt nahe, den schroffen Radikalismus solcher Thesen als Konversion eines empfindsamen Kulturrevolutionärs ins Lager marxistischer Orthodoxie zu deuten. Thomas Mann hat das Entweder/Oder des geistigen Menschen: Ironiker oder Radikalist zu sein, unzweideutig formuliert. Der das Leben nicht achtende Terror ist die Tat des reinen Geistes, während in konservativer Ironie Geist selbst dem Leben den Vorrang vor dem Geist sichert. Die selbstironisch pointierte „Lebensbürgerlichkeit" des großen Unpolitischen wird von Naphta vor dem Hintergrund der großen Antithese: bürgerliche vs. religiöse Welt, als „inkarnierte Irreligiosität"[18] kenntlich gemacht. Denn Religion bleibt dem Leben fremd. Mann aber fügt sich jener Antithese nur ironisch, denn er versteht sich selbst im Gegensatz zur ‚äußeren Politik' des Bürgertums. „Ironie als Bescheidenheit (...) ist persönliche Ethik, ist ‚innere Politik'."[19]

Ironie als Bescheidenheit — das ist die Grenze der Mannschen Optik. Die für Lukács charakteristische Haltung ironischer Bescheidenheit kann sie nicht mehr perzipieren. Diese sprengt die Disjunktion von Terror und Ironie. Lukács ist der Intellektuelle, der aufs Eschaton drängt und zugleich um die Schwäche seiner messianischen Kraft weiß. „Aber ironisch fügt er sich in diese Kleinheit ein, in die ewige Kleinheit der tiefsten Gedanken dem Leben gegenüber und mit ironischer Bescheidenheit unterstreicht er sie noch."[20]

---

[14] Lukács, Geschichte und Klassenbewußtsein, S. 44 f.
[15] Lukács, SuF, S. 33.
[16] Lukács, Werke Bd. 2, S. 60.
[17] Lukács, GuK, S. 227.
[18] Mann, Der Zauberberg, S. 558.
[19] Mann, Betrachtungen eines Unpolitischen, S. 596; vgl. Lepenies, Die drei Kulturen, S. 357.
[20] Lukács, SuF, S. 21.

Ironie ist die Anstrengung, den Bruch zwischen Subjekt und Objekt, Innerlichkeit und fremder Welt immanent zu korrigieren, d. h. die Unerfüllbarkeit der Sehnsucht und die Feindseligkeit des Draußen zugleich anzuerkennen und als blinde Komplementarität zu durchschauen. In ironischer Selbstannihilation verdoppelt sich das ästhetische Subjekt in leidende Innerlichkeit und eine durchaus empirische Subjektivität, die in all ihrer Beschränktheit doch die Notwendigkeit jenes Bruches erkennt. Das ist die Selbstapplikation ironischer Welterkenntnis, in der sich das Subjekt „selbst, geradeso wie seine Geschöpfe, als freies Objekt der freien Ironie“[21] nimmt.

Die ästhetische Synthese stellt selbst eine ethische Antithese dar. Ironie setzt eine Dialektik zwischen empirischer und ästhetischer Realität in Gang. Ästhetisch stiftet Ironie die Einheit der Form, empirisch hält sie am Hier und Jetzt des bestimmten Inhalts fest und ethisch spricht sie den Gegensatz zur Welt aus. So ist Ironie das Inkognito des gnostischen Protests in der gottlosen Moderne und jeder ästhetischen Objektivität transzendental. Lukács legt nahe, den Irrweg des Leidens in der entfremdeten Welt als Spur des kommenden Gottes zu deuten. Ironie objektiviert ineins „die Schadenfreude des Schöpfergottes über das Scheitern aller schwachen Aufstände gegen sein mächtiges und nichtiges Machwerk und das über allen Ausdruck hohe Leiden des Erlöser-Gottes über sein Noch-nicht-kommen-können in diese Welt“[22]. Ironie stellt dar, daß der Kampf gegen diese Welt hoffnungslos ist — hoffnungsloser aber jedes Aufgeben des Kampfes, jeder Versuch der Anpassung an sie. Die demiurgische Wirklichkeit siegt; aber so, daß sich ihre „Nichtigkeit vor dem Besiegten“ enthüllt und dieser Sieg immer schon von „neuen Aufständen der Idee“[23] dementiert wird. Denn nur wo die Menschen ihre sozio- und psychologische Umzirkelung durchschlagen, „enthüllt sich plötzlich das Gottverlassene der Welt als Substanzlosigkeit“. So antwortet Ironie als ästhetische Spitze des religiösen Bewußtseins einer Zeit auf die Frage, wie Anerkennung der Wirklichkeit mit deren radikaler Negation vereinbar sei. „Die Ironie des Dichters ist die negative Mystik der gottlosen Zeiten: eine *docta ignorantia* dem Sinn gegenüber.“[24]

Daß das theoretisch Unmögliche *in der Tat* wirklich werden könnte, ist für Lukács ästhetisch bezeugt durch Figuren wie Kierkegaards Abraham und Fürst Myschkin. Sie sind „Gnostiker der Tat“[25]. Das ist vor dem Hintergrund des Jesusworts zu verstehen, niemand sei gut, denn der einige Gott. Das gnostische Sein ‚sicut deus‘ wäre die zur Tat gewordene Güte in dieser Welt. Nur negativ kann Lukács diese Güte beschreiben, in deren Namen die Bergpredigt die jehovaische Gerechtigkeit aufhebt: ohne Nutzen und Grund, herausgeschlagen aus der psychologischen Zeichenwelt,

---

[21] Lukács, ThR, S. 68.
[22] A.a.O., S. 91; vgl. Lukács, „Dostojewski-Notizen“, Nr. R/b.
[23] A.a.O., S. 81.
[24] A.a.O., S. 87.
[25] Lukács, „Von der Armut am Geiste“, S. 74.

jenseits von Gut und Böse, dem Alltag unverständlich. „Das lebendige Leben liegt jenseits der Formen, während das gewöhnliche diesseits liegt, und die Güte ist das Begnadetsein: die Formen zerbrechen zu können.“[26] Psychologie, Begegnung und Verstehenwollen stiften nur Verwirrung im Reich der Güte. Das Eine, was not tut, ist aller Kommunikation und Zwischenmenschlichkeit inkommensurabel. Gottes Forderung ist ein unmenschlicher Befehl und die ihm adäquate Haltung ein Wachestehen gegen das bloße Leben. Denn Güte hilft nicht, sondern erlöst. Brutal schlägt sie von der Seele die Ornamente des Intersubjektiven ab. „Güte ist Besessenheit, sie ist nicht mild, nicht raffiniert und nicht quietistisch, sie ist wild, grausam, blind und abenteuerlich. Die Seele des Guten ist leer geworden von jedem psychologischen Inhalt, von Gründen und Folgen, sie ist ein reines weißes Blatt geworden, auf das das Schicksal seinen absurden Befehl schreibt, und dieser Befehl wird blind, tollkühn und grausam zu Ende geführt.“[27]

Wie solche göttliche Güte, die die Verzirkelung der jehovaischen Gesetzeswelt durchbricht, in ihrer Verschränkung von Grausamkeit und Heiligkeit dem Gesetz selbst entspringt, hat Th. Mann der Herkunft Naphtas einbeschrieben. Seit sein Vater nach jüdischem Ritual das große Schachotmesser mit „feierlicher Mitleidlosigkeit“ gegen die unbetäubten Schlachttiere führte, habe sich in Naphtas Phantasie die „Idee des Heiligen“ untrennbar mit blutiger Grausamkeit amalgamiert.[28] So beerbt die gnostische Brutalität der Güte die rituelle Grausamkeit des Gesetzes, das sie zerbricht.

Nun kann Naphtas dämonische Bejahung der allgemeinen Kriegslüsternheit nicht mehr überraschen, denn Krieg ist das große Dementi bürgerlicher Sekurität: ein Zutagetreten der ‚wölfischen Krudität‘ des Kapitalismus, ein Abstreifen seiner schlaffen humanitären Gewandung. Naphta begreift den Weltkrieg als Resüme kapitalistischen Zerfalls und als Geschichtszeichen der Weltrevolution. Der Weltkrieg enthüllt die imperialistische Koalition der Ideenfeindlichkeit, destruiert die abendländische Seinssystematik und tilgt jede Möglichkeit eines ‚Außerhalb‘; er potenziert das Chaos des bloßen, formjenseitigen Lebens bis zur Provokation einer terroristischen Ethik, die nun gewaltsam und unmenschlich Klarheit in der verwirrten Welt des Humanen schafft.

„Zu Ende gehen (Sprengen der Gebilde II. Ethik). Notwendig Verbrechen“ — der Terrorist ist ein Verbrecher aus Unglück, der gegen die machthabenden Verbrecher der Gesetzeswelt aufbegehrt und das Ende bedrängt: die „Aufhebung des objektiven Geistes“[29]. Der Terrorist ist der Gnostiker der Tat, der das Verbrechen als Notwendigkeit im Kampf gegen das Jehovaische auf sich nimmt. „Die Übertretung ist das Positive!“[30] So

[26] A.a.O., S. 72; vgl. Lukács, „Ethische Fragmente“, S. 125.
[27] A.a.O., S. 78.
[28] Mann, Der Zauberberg, S. 532.
[29] Lukács, „Dostojewski-Notizen“, Nr. 19, 31, 64.
[30] Lukács, „Ethische Fragmente“, S. 125.

bestimmt Lukács die Stellung seiner Zweiten Ethik zum Recht. Den terroristischen Rechtsbruch stilisiert er zum „Durchbruch ins Religiöse": „der Heilige muß Sünder gewesen sein; er kann nur durch (...) das Gesündigthaben hindurch das Sein absolut unter sich haben"[31].

Der jungen Generation der kommunistischen Partei hat Lukács den frühen Aufsatz ‚Taktik und Ethik' gewidmet. Er zeigt den revolutionären Terroristen am Scheideweg zweier Schuldformen. Der Terrorist als Held opfert sein Ich auf dem Altar der Idee, die sich „als ein Befehl der welthistorischen Situation, als geschichtsphilosophische Berufung" verkörpert. Nicht daß die Berufung den Mord legitimierte — der Terrorist darf nicht morden und muß es doch. Er opfert seine Moral, und dieses sacrificio dell'anima geleitet ihn ins Reich der Zweiten Ethik. „Nur die mörderische Tat des Menschen, der unerschütterlich und alle Zweifel ausschließend weiß, daß der Mord unter keinen Umständen zu billigen ist, kann — tragisch — moralischer Natur sein."[32] Das Urbild dieser Reflexion findet Lukács in Hebbels Judith, die auf eine zwischen sich und ihre Tat von Gott gestellte Sünde prallt und doch weiß, daß sie nicht darüber hadern darf. Und nur vor Gott ist ihre Unreinheit, notwendige Schuld, rein.

Zweite Ethik besagt aber nicht einfach, daß Imperative der Seele die starren Pflichten den Gebilden gegenüber durchschlagen. Denn der Revolutionär reflektiert nicht ethisch auf die eigene Seele sondern aufs Kollektiv. Ihren terroristischen Index gewinnt die Zweite Ethik durch die Überschreitung des absoluten Gesetzes, nicht zu töten. „Hier muß — um die Seele zu retten — gerade die Seele geopfert werden: man muß, aus einer mystischen Ethik heraus, zum grausamen Realpolitiker werden."[33] Daß der absolute Zweck die verbrecherischen Mittel heiligt, präsupponiert eine strenge Bindung ans Unbedingte: Der Selbsttechnik terroristischer Disziplin entspricht die aus absolutem Geist geborene Organisation. Vor ihr verblaßt die Idee bürgerlicher Freiheit.

Mit säkularisiertem Gotteseifer steht Naphta für jenen asketischen Herrschaftsanspruch ein: antiliberal, antipazifistisch, jenseits von Gut und Böse. „Nicht Befreiung und Entfaltung des Ich sind das Geheimnis und das Gebot der Zeit. Was sie braucht, wonach sie verlangt, was sie sich schaffen wird, das ist — der Terror."[34] In seiner Rede über Politik als Beruf hat Max Weber dem Gesinnungsethiker, der die ethische Irrationalität der Welt nicht erträgt, vorgeworfen, in seiner Liebespredigt lauere chiliastischer Prophetismus, stets bereit, zur letzten Gewalt gegen die Welt der Gewalt aufzurufen. Und in der Tat ist es die entscheidende ethische Aufgabe der Revolution, ihr Zerstörungswerk als „höchste Manifestation reiner Gewalt durch den Menschen"[35] zu begründen. Denn auch die neue

---

[31] Lukács, Tagebucheintragung vom 23. Okt. 1911.

[32] Lukács, Werke Bd. 2, S. 52.

[33] Lukács, Briefwechsel 1902—1917, S. 352; vgl. Mommsen, Max Weber und die deutsche Politik, S. 50.

[34] Mann, Der Zauberberg, S. 483; vgl. Lepenies, Die drei Kulturen, S. 253.

[35] Benjamin, GS II, S. 202; vgl. Schmitt, Lage, S. 76 f.

Weltordnung proletarischer Theokratie kann sich nur durch Gewalt herausbilden. Und zwar antwortet die revolutionäre auf jene kapitalistische Gewalt, die im Augenblick der Krise zur entscheidenden ökonomischen Potenz wird. Revolution entscheidet die Krisis zur „unvermittelten Wendung auf das radikal Neue". „Und diese Gewalt ist nichts anderes als der bewußt gewordene Wille des Proletariats, sich selbst — und zugleich die knechtende Herrschaft der verdinglichten Beziehungen über den Menschen, die Herrschaft der Ökonomie über die Gesellschaft — aufzuheben."[36]

Am Ende bürgerlicher Demokratie, wo der liberalen Diskussion Schweigen geboten wird, eröffnet Diktatur den Schauplatz einer Entscheidungsschlacht zwischen Bourgeoisie und Proletariat. Das zur stellvertretenden Diktatur berufene Weltproletariat ist kommunistischer Erbe des christlichen Gotteseifers gegen die bürgerliche Welt. Sein Antikapitalismus trägt die Signatur des theokratischen Kampfes gegen den heidnischen Staat. So steht die Diktatur des Proletariats im Zeichen des Kreuzes: Beherrschung der Welt um ihrer Überwindung willen. „Seine Aufgabe ist der Schrecken zum Heile der Welt und zur Gewinnung des Erlösungsziels, der staats- und klassenlosen Gotteskindschaft."[37]

Strenge, Askese und Antiindividualismus sind ‚katholische' Momente des Sozialismus im Sinne Naphtas. In der römischen Kirche erkennt er die Einheit von revolutionärer und aristokratischer Macht — revolutionär in ihrer Gegenweltlichkeit, aristokratisch in ihren geistbestimmten strengen Lebensformen. So hat der junge Lukács eine Organisation der Gegenwart im Namen des Heiligen Geistes als metaphysische Restitution des Kastenwesens ersehnt; jede Kaste wäre der geistige Ausdruck einer möglichen ethischen Haltung. „Der Substanzhunger des Geistes zwingt ihn, die Menschen in Kasten einzuteilen, um aus dieser wirreinheitlichen Welt die vielen klaren Welten der Formen zu erschaffen."[38] Das ist Kommunismus als Theokratie. Der naheliegende Einwand, die proletarische Bewegung sei radikal atheistisch, dementiert diese Formel nicht, denn Atheismus steigert nur die ‚Katholizität' des Sozialismus: Man streicht Gott, „um desto besser katholisch sein zu können"[39]. Die katholische Bestimmung trennt das kommunistische Reich entschieden vom Schlaraffenland — es ist das Paradies der Asketen und Gotteskämpfer. Es geht nicht um die endliche Erlangung von Milch und Honig, sondern um eine Restitution der Gottesunmittelbarkeit durch die Destruktion profaner Ordnungen. Der Terrorist ist vom Geist der Askese beseelt. Auch offenbart die proletarische Bewegung die tiefste Tendenz jener in der Kirche inkarnierten „religiös-asketischen Idee": „die Neugestaltung der Gesellschaft nach dem Vorbilde des idealen, des kommunistischen Gottesstaates"[40].

---

[36] Lukács, GuK, S. 258.
[37] Mann, Der Zauberberg, S. 487.
[38] Lukács, „Von der Armut am Geiste", S. 90.
[39] Mann, Der Zauberberg, S. 624; vgl. Schmitt, PuB, S. 138.
[40] A.a.O., S. 712.

Walter Benjamins ,Theologisch-politisches Fragment' skizziert eine mystische Geschichtsauffassung, deren Philosophie die Beziehung von Historischem und Messianischem selbst als messianische Erlösung lehrt. Deshalb kann das Gottesreich kein Ziel der Geschichte sein. Theokratie ist politisch bedeutungslos, aber doch auch als rein religiöse nicht ohne Beziehung zur „rein profanen Ordnung des Profanen". Diese Beziehung versteht Benjamin nicht als Säkularisierung, sondern als vermittlungsloses, paradoxes Umschlagen beider Observanzen ineinander; „nicht Ziel, sondern Ende" der Geschichte ist das Reich Gottes. Das Bündnis mit dem Gewesenen erweist sich als Bedingung dafür, die Revolution nicht mehr als Ziel, sondern als Unterbrechung der Geschichte zu denken; das macht sie aufs Ende beziehbar. Soll einmal, gegenstrebig zum Messianischen, eine freie Menschheit auf dem Feld des Historischen das Glück suchen, so muß die unfreie heute im Hoffnungslosen Fuß fassen — Fuß, nicht Hoffnung.[41] Organisierter Pessimismus, der Statthalter der Glücksidee, und Messianismus sind die gegenstrebigen Vektoren, die sich wechselseitig intensivieren.

Walter Benjamin hat es als größtes Verdienst von Blochs ,Geist der Utopie' gewürdigt, die *politische* Bedeutung der Theokratie geleugnet zu haben: Das Gottesreich ist nicht Telos der Geschichte und deshalb auch nicht Maßstab der Profanpolitik. Die Undarstellbarkeit Gottes auf Erden raubt dem Theokratiegedanken jede politische Valenz. Theokratische Politik vollendet den Schein des Rechten und schafft deshalb summa iniuria. „*Unsere* Sache kann es nicht sein, uns mit dem Maßstab Gottes zu bewaffnen und zu tun, als ob Gott durch uns täte! Auf die blaue Blume der *Romantik* muß auch die Revolution verzichten."[42] Dies scheint Benjamins Bemerkung aus dem ,Theologisch-politischen Fragment' zu besagen. Doch trifft sie tatsächlich Blochs Position? „Wir haben genug Weltgeschichte gehabt (...): offen regt sich ein anderes, ein unwiderstehliches Leben, der enge Hintergrund der Geschichtsbühne (...) entweicht; Seele, Tiefe, über allem ausgespannter Traumhimmel."[43] Die Exzentrizität echter

[41] Benjamin, GS II, S. 509.

[42] Barth, Römerbrief II, S. 468; vgl. Benjamin, GS VI, S. 99: „Das Problem des Katholizismus ist das der (falschen, irdischen) Theokratie. Der Grundsatz ist hier: echte göttliche Gewalt kann *anders als zerstörend* nur in der kommenden Welt (der Erfülltheit) sich manifestieren." F. Chr. Rang hat die Geburt des deutschen Reichsgedankens aus dem Unglauben an das Gottesreich gegeißelt. Jede „gewollte Form von Theokratie" sei eine ,Scheinheiligung' von Staatsallmacht, politisch vergötzter Gottesgedanke: „Das Reich", S. 119. — Diese Kritik datiert auf Nietzsche zurück; er hat christliche Politik als contradictio in adjecto, als Lüge denunziert, da unpolitische Privatheit die christförmige Daseinsform darstellt, während politische Theokratie „den ,Gott der Heerscharen' als Generalstabschef behandelt." — Nietzsche, SW Bd. 12, S. 532. Wie Rang schließt auch Hugo Ball seine Polemik gegen das Reich an diesen Gedanken Nietzsches an und zieht von Luther über Hegel bis Bismarck eine antichristliche Linie, die in der Anmaßung einer militärischen Verwirklichung des Gottesreichs terminiere: „Theokratie, von Gott eingesetzte Gewalt, das Sakrileg aller Sakrilegien." — Kritik der deutschen Intelligenz, S. 240.

[43] Bloch, Ges. Bd. 2, S. 229.

Geschichte nötigt ihre Darstellung zu extremen Formen. So hat Bloch die Legende als geschichtsphilosophische Form rehabilitiert: Das eingedenkende Porträt potenziert — im Namen des herauszutreibenden menschlichen Inkognito überhaupt — die historische Person zum geschichtsphilosophischen Mandatar. Bloch bürstet Geschichte gegen den Strich, indem er das Schicksal in Legenden korrigiert und vergessene Revolten in einer Epopöe der Neuen Welt rettet — „alles wartet auf uns, die Dinge suchen ihren Dichter und wollen auf uns bezogen sein“[44]. Es geht um das Nachleben der historischen Gestalt im geschichtstranszendenten Feld der messianischen Zeugnisse, wo die niedergeschlagenen Revolten als Palimpsest der Neuen Welt lesbar werden. Durchs „produktive Schema des Eingedenkens“ wird Erinnerung zum Neudruck der Geschichte potenziert, in dem historisch Unbetretenes geschichtsphilosophisch doch betreten wird. So wird Geschichte in revolutionären Koordinaten „zur Legende“ getrieben.[45]

Blochs Wille zum Reich versteht sich als Christusmystik nach dem Tod Gottes. Vom Nihilismus unterscheidet sich der mystische Atheismus gerade dadurch, daß er die religiöse Reichsintention in jenen Hohlraum projiziert, den Gottes Tod eröffnet hat. Weil der Himmel zögert, auf Erden zu werden, soll ein „heroisch-mystischer Atheismus“ in verzweifelter Empörung den an sich ohnmächtigen Gott in die Erscheinung zwingen — mystisch in der Beleuchtung der Weltfinsternis aus dem einzigen Licht des Subjekts, heroisch in der Anstrengung, die Mythosleere selbst als Mythos zu glauben: „auch diese Leere ist nur ein Teil geschichtsphilosophischer Zusammenhänge, auf den sie notwendig und konstitutiv auftrifft, auch die Verlassenheit ist eine Art, eine furchtbare Art, von Gott umfangen zu sein: er ist nicht, Gott gilt erst, auch der ‚Atheismus‘ ist eine ungeheure Frömmigkeit, heißeste Gottesliebe, kann sie bedeuten: die Entlastung, Reinhaltung Gottes von dieser Welt“[46].

Der bei Bloch durchgängigen Verknüpfung von mystischem Atheismus und proletarischer Revolution entspricht ein chiliastischer Begriff des Kommunismus, demgegenüber die Marxsche Nationalökonomie als positivistisch verstockt erscheinen muß. So polemisiert Bloch 1919 in einer Formulierung, die sich in der Gesamtausgabe seiner Schriften nicht mehr findet, gegen die ökonomistische Borniertheit „in orthodoxer Marxbürokratie, die vergessen hat, daß Sozialismus Theologie war, bevor er Nationalökonomie wurde, und erst recht wieder Theologie bleibt, illusionslose, nachdem er Nationalökonomie geworden ist“[47]. Wo der Marxismus vergißt, daß er nur aus verzweifeltem Prophetismus Nationalökonomie wurde, verrät er den Willen zum Paradies, zum Himmel auf Erden und zur Auswendigkeit des Inwendigen.

Der Sprung vom alten Adam der Knechtschaft zum mystischen Citoyen gelingt nicht ohne messianische Hilfe. Die Selbstbegegnung des Kollektivs bleibt eine zwar beschworene konkrete, „jedoch irdisch nicht realisier-

---

[44] A.a.O., Bd. 16, S. 335.

[45] A.a.O., Bd. 2, S. 14 f.

[46] A.a.O., Bd. 16, S. 341, 230.

[47] Bloch, Durch die Wüste, S. 35.

bare Utopie"[48]. Die Wahrheit der Neuen Welt fordert vom revolutionären Subjekt eine Haltung innerweltlicher Ablehnung *dieser* Welt. Irdisch nicht realisierbar heißt ja nicht unrealisierbar. Die endlich gelungene Wirbegegnung denkt Bloch als Konstitution einer civitas Dei in spiritualer Gemeinschaft. Sie stellt die schärfste, übernatürliche Antithese zum politischen Staat dar, und zwar gerade als utopisches Politikum und irdische Transzendenz, gemäß dem Dies septimus nos ipsi erimus des Augustinus. Blochs dialektischer Begriff des Kommunismus meint die „zur Gesellschaft gewordene Christförmigkeit"[49]. Hier erweist sich Mystik als Telos revolutionärer Politik und zugleich einzige Legitimationsinstanz für die Sozialismus genannte, nüchterne Verwaltung des Unwesentlichen. In seinem Gottesstaat ohne politischen Staat und transzendenten Gott erweisen sich Orthodoxie und Radikalität als zwei Namen desselben Begriffs: „das neue, gereinigte Rechts"[50].

Nach Blochs Selbstverständnis verhält sich sein ‚Geist der Utopie' zu Marxens ‚Kapital' wie die Kritik der praktischen zu der der reinen Vernunft. Auch von der klassenlosen Gesellschaft bliebe das religiös-utopische Reich durch einen Sprung geschieden, und es ist die Aufgabe des ‚Geists der Utopie', Marx in den „oberen Raum" der Liebeswelt und Wirbegegnung hinaufzuretten[51] — Aufhebung der sozialistischen Konstruktion in Dostojewskis Neuer Welt. In Rußland haben Bloch und Lukács das wahre Philadelphia hineingesehen, das Bruderreich der reinen Seelenwirklichkeit.

Jene Bemerkung Benjamins, es sei das größte Verdienst von Blochs ‚Geist der Utopie', die politische Bedeutung der Theokratie geleugnet zu haben, mag mit dessen Fazit der politischen Mystik — „die Organisation der Erde besitzt im philadelphischen Reich ihre letzthin ausrichtende Metaphysik"[52] — gerade noch kompatibel sein. Doch heißt es noch in der Ersten Auflage von 1918: „die Organisation der Erde besitzt im Geheimnis des Reichs ihre unmittelbar einwirkende, unmittelbar deduzierende Metaphysik"[53]. Hier wird also doch die Ordnung des Profanen am Gedanken des Gottesreichs aufgebaut, Historisches unmittelbar auf Messianisches bezogen — und Theokratie politisch. Für Bloch bilden die messianische Intensität des Herzens und die Dynamis des Profanen eben keine entgegengesetzten Vektoren der Geschichte; zwar bleiben sie wohlunterschieden, doch treten sie in eine „Funktionsbeziehung zwischen Entlastung und Geist, Marxismus und Religion"[54], die völlig vom messianischen Apriori bestimmt ist.

Blochs Blick auf chiliastische und täuferische Sekten sieht in deren „luziferisch-parakletischen Experiment mit Gott" eine antireformatorische Wahlverwandtschaft mit der katholischen Idee. Katholizismus als echte Idee des Allgemeinen und religiös gekrönte Solidarität, die das Individuum weder ausschließt noch hypostasiert und so zum Remedium gegen den

[48] Bloch, Ges., Bd. 3, S. 201.
[49] A.a.O., Bd. 5, S. 598.
[50] A.a.O., Bd. 16, S. 410.
[51] A.a.O., Bd. 3, S. 306.
[52] A.a.O., S. 307.
[53] A.a.O., Bd. 16, S. 411.
[54] A.a.O., Bd. 3, S. 346.

„entarteten Individualismus der Neuzeit"[55] wird, bricht gerade aus der Verzweiflung und dem Wertebankerott des Ersten Weltkrieges auf, um „endlich eine andere Hierarchie freizulegen als die des Geldes oder auch des damit verbündeten Kreaturadels"[56]. Auf dem Weg zur neuen spirituellen Hierarchie der erlösten Gemeinde rehabilitiert Bloch ganz folgerichtig die Idee der Kirche als leitender Erziehungsmacht — gebaut an der Grenze dieser Welt und sich selbst suspendierend in die Neue. „Nicht die wirkliche Kirche also, sondern allein eine auf letzthinnigen Abbruch orientierte ist helfende Formung, Ort metaphysischer Predigtgewalt."[57]

Den sozialistischen Gedanken krönt ein ‚roter Glaube', der, nach gelungener Entlastung vom Unwesentlichen, jenseits von Arbeit und Staat eine parakletische Institution der „Verwaltung des Sinns"[58], einen Thesaurus neuer Offenbarungsgehalte fordert. Die endlich von ihren autoritären theologischen Antworten emanzipierten großen Fragen der Metaphysik fordern vom Geist in der klassenlosen Gesellschaft um so dringlicher einen das Inwendige der Menschen neu ordnenden Wiederaufbau der Kirche als Umbau aller Philosophie und spirituelle Macht der Lehre des Wozu. Blochs Neue Welt ist zugleich sozialistische Gesellschaft und Ökumene des Geistes; ihre historische Beleuchtung empfängt sie von der russischen Revolution. Reich ist Blochs zentrale Kategorie einer Metaphysik der solidarischen Innerlichkeit, in der sich das Paulinische cognoscam sicut cognitus sum verwandelt hat in ein Erkennen des Menschen „gleichwie er im gemeinsamen Raum erkannt wird"[59]. Zwar trennt Bloch mit größtem Nachdruck diese tätig bauende von der objektlosen Innerlichkeit eines bloßen Rückzugs aus dieser Welt. Aber die Baumaterialien für „das große römische Reich aus Inwendigkeit"[60] sind doch nur ästhetisch, letzthin scheinhaft. Nicht umsonst artikuliert sich der Geist der Utopie als Philosophie der Musik. Ihr terminus ad quem ist die geschichtstheologische Auflösung der ästhetischen Kategorien. Wie „das moralische Als Ob" liest Bloch auch das ästhetische „als ein theologisches Noch Nicht"[61]. Diese Verzeitlichung der Geltungssphäre konstituiert eine utopische Wirklichkeit, das gefährdete Sein der Sehnsucht, gemäß dem in futuro jener Welt (Mat. 12, 32). Der künftige Äon der utopischen Wirklichkeit ist geschichtsphilosophisch so gewiß, wie das Wissen, „daß es einen Gott gibt, obwohl es keinen gibt, noch keinen gibt"[62].

Blochs Deutung des ‚aufgedeckten Angesichts' bezeichnet den Punkt, an dem Eschatologie die Grenzen der Theologie sprengt. Aufgedecktes

---

[55] Bloch, Durch die Wüste, S. 109.

[56] Bloch, Ges., Bd. 11, S. 26.

[57] A.a.O., Bd. 2, S. 169.

[58] A.a.O., Bd. 6, S. 310; vgl. Barth, Römerbrief I, S. 444: In der erfüllenden geschichtlichen Stunde werde „die jetzt erlöschende Glut des marxistischen Dogmas als Weltwahrheit neu aufleuchten" und „die sozialistische Kirche in einer sozialistisch gewordenen Welt auferstehen".

[59] A.a.O., Bd. 3, S. 198.

[60] A.a.O., S. 88.

[61] A.a.O., S. 224.

[62] A.a.O., Bd. 11, S. 82.

Angesicht des Kollektivs meint die Offenbarung des mit Christus in Gott verborgenen Lebens (Kol. 3, 3), ein Kommen des Reichs mitten unter den Menschen, in dem Gott sich selbst auflöst. Auf der Schwelle zum Reich ohne Gott mag man mit der Geste eschatologischer Verachtung gegenüber einer Macht, deren Untergang nahe bevorsteht, dem Kaiser geben, was des Kaisers ist. Bloch folgt hier Max Webers Beschreibung der aktuellen Endzeiterwartung in Israel, der in Hoffen und Harren eschatologischen Vergleichgültigung der Gegenwart. Die Erste Auflage des ‚Geists der Utopie' ist von Spuren dieser „utopistischen Weltindifferenz der Propheten"[63] durchzogen.

In Blochs mystischer Auflösung der Gotteshypostase verschwindet Gott nicht, sondern nimmt „Asyl in der Subjektivität"[64], deren luziferisch-parakletische Kraft allein noch an seinem Kommen arbeitet. Nur subjektmagische Einwirkung des Subjekts auf sich selbst halte Gott von heidnischer Objekthaftigkeit frei. So bezeichnet die unmittelbare Beziehung der Glaubensgewißheit qua Subjektivität überhaupt den archimedischen Punkt des Geistes der Utopie. Ihr Denken ist mit hohem Bewußtsein erbaulich: Einrückung des Göttlichen ins Nächste. „Gott Vater, Sohn und Heiliger Geist zerbrechen vor dem Ansturm der Subjektmagie gleich bloßen Bildern, vergänglichen Abbildern der Selbstbetretung, das ist, der Wiroffenbarung als des einzig realen Ebenbilds Gottes."[65] Derart befreit vom Dasein Gottes kann nun die Theokratie in den Dienst der sozialistischen Gemeinde treten: „einer allein ist Herr: Gott, aber lediglich die ‚Eigenschaften' dieses nicht auf Erden Wandelnden fingieren der bedürftigen Weggemeinde hier unten als Vorbilder, Ziele, Postulate"[66].

Eine Theokratie des fremden Gottes, der das apokalyptische Ende dieser Welt will, kämpft nicht für bessere Tage, sondern aller Tage Ende. Blochs Radikalismus verschmäht die Abschlagzahlung auf die Brüdergemeinde, die man in dieser Welt Demokratie nennt, und beschwört das Kollektiv im Namen von „Christus, mystischer Weltrepublik, Theokratie"[67].

Bloch stilisiert den Messiaskrieg christlicher Sekten zum revolutionären Urmodell — dem modernen Proletariat Vorbild in Klassenhaß und inbrünstiger Ungeduld. Ihr hochverursachter Aufruhr aus dem Gewaltrecht des Guten erscheint hier als Werk der großen Entsagung: im Zeitalter der vollendeten Sündhaftigkeit kein Heiliger sein zu dürfen. Diese „revolutionäre innerweltliche Askese"[68] arbeitet am Exodus. Kampf ist der einzige Kompromiß des theokratischen Revolutionärs mit dieser Welt. Konsequent deutet Bloch nun den Bolschewismus als höhere, erfüllende Wiederholung des täuferischen Gotteskampfes gegen „das blöde Bestehende" des Demiurgen. Dabei korrumpiert die böse Macht dieser Welt durchaus die Seele des Gottesstreiters und läßt ihn schuldig werden: „als kategorischer Imperativ mit dem Revolver in der Hand" kämpft der theo-

---

[63] Weber, Religionssoziologie III, S. 342.
[64] Bloch, Ges., Bd. 8, S. 318.
[65] A.a.O., Bd. 2, S. 203.
[66] A.a.O., Bd. 10, S. 207.
[67] A.a.O., Bd. 2, S. 98.
[68] A.a.O., S. 175.

kratische Bolschewik mit zwar „unchristlichen, aber von Christus geführten“ Waffen.[69]

Die heimatliche, andere Welt hinter dem demiurgischen Labyrinth dieser Welt bindet Bloch streng an ein Wissen der Selbstbegegnung. „Das Nichtwissen um uns ist der letzte Grund für die Erscheinung dieser Welt.“[70] Solange wir uns selbst verfehlen, irren wir durchs Labyrinth. Dem Labyrinth der Welt entrinnen heißt aber sich selbst qua empirischem Charakter entrinnen. Bloch betritt hier den Kantischen Weltweg, vermittels dessen das Inwendige auswendig werden kann: die Bildung des intelligiblen Charakters als Eintritt ins „Paradies des Herzens“[71].

In Blochs subjektmagischem Prozeß steht die Selbstbegegnung des Kollektivs in genauer Entsprechung zur theurgischen Ernennung des Gottes der Gerechten: Wir entscheiden apriorisch, wann, wie und mit welchen Folgen für das Heute Gott am Ende der Geschichte erscheint. „Und die ernennende, aufdeckende, schöpferisch informierende, schließlich identifizierende Kraft der Philosophie ist so groß, daß selbst das völlig enthüllte Jetzt, die vollkommene Vergegenwärtigung unserer gelebten Gegenwart, daß selbst noch dieses ehedem als Werk des Messias und der allverwandelnden Apokalypse Gedachte als Werk der Identifizierung ein philosophisches Werk darstellt.“[72] Weil der gute Gott nur durch uns besteht, kraft unserer Ernennung, ist alle wahre Philosophie Gottesbeschwörung und die Wahrheit Gebet. Sie zielt auf den endlich wiederkehrenden Luzifer, sein Erwachen im allzu milden Jesus: „erst in diesem großen kommenden, allmächtigen, dynamisch-innerlichen *Christos imperator maximus Theurgos* bricht das selbstische Ichdunkel zusammen, der wesenlose Demiurg erzittert und das wahrhafte Menschenreich, vielfältigste Selbstreich, die absolute Christförmigkeit über aller Welt kann beginnen“[73].

Ästhetik als Geschichtsphilosophie

Zur „Krisis des Krieges“ bemerkt Georg Simmel: „Es besteht eine tiefe innere Verbindung zwischen der zu nahen Fesselung an die Dinge und dem zu weiten Abstand, der uns mit einer Art von ‚Berührungsangst‘ ins Leere stellt.“[74] Freuds ironische Charakterisierung des Menschen als ‚Pro-

[69] A.a.O., Bd. 16, S. 405 f.

[70] A.a.O., Bd. 3, S. 287.

[71] A.a.O., S. 222.

[72] Bloch, Tendenz-Latenz-Utopie, S. 116 f. Vgl. den Brief S. Kracauers an L. Löwenthal vom 4. 12. 1921: „Scheler soll einmal von Bloch gesagt haben, dessen Philosophie sei ein Amoklauf zu Gott. (...) Es steckt in diesem Messianismus, der die ganze Welt überspringt, ein Krampf, der mir bis ins Innerste fremd ist, und ich möchte Ihr ausgezeichnetes Wort von der ‚blasphemischen Frömmigkeit‘ anwenden. Gott selbst kann diese rasende Wut zu ihm nicht gewollt haben“.

[73] Bloch, Ges., Bd. 16, S. 381.

[74] Simmel, Der Krieg und die geistigen Entscheidungen, S. 25; vgl. Simmel, „Berliner Gewerbeausstellung“: „Die nachbarliche Enge, in die die heterogensten Industrieprodukte gerückt sind, erzeugt eine Paralyse des Wahrnehmungsvermögens, eine wahre Hypnose“.

thesengott‘ weist auf denselben Sachverhalt. In diesem Kontext steht Ernst Blochs Kritik der Sachlichkeit als der Herrschaft ichfremder, materialgerechter Zweckformen, eines lückenlosen Gefüges von Prothesen des schwachen Leibes, das die Welt der Seele verberge. Der Prothesengott hat sich den Weg zum seelischen Jerusalem verbaut.

So erscheint zunächst der Maschinengeist als Widersacher des Geists der Utopie. Im Kapitel ‚Die technische Kälte‘ stellt Bloch die Neue Sachlichkeit als Vollendung des neuzeitlichen Nihilismus dar. Dabei knüpft er an Max Webers Diagnose der okzidentalen Entzauberung der Welt an, die er als ein Werk des „Teufels der Kälte“[75] deutet. Diese Anknüpfung an Weber ermöglicht nun aber eine entscheidende Differenzierung. Kritisiert wird die spezifisch okzidentale kapitalistische Rationalität (Rentabilität, Fachmenschentum) im Namen einer humanistischen Technik, d. h. einer Welt rein sachlicher, funktionell entlastender Maschinen. So wird ein dialektischer Begriff von Sachlichkeit zum Motor einer Geschichtsphilosophie des Maschinengeistes, die Max Webers stahlhartes Gehäuse eines zum Schicksal erstarrten Kapitalismus sprengt.

Doch noch darin folgt Bloch Webers Spur. Max Webers geschichtstheologisches Bewußtsein, in einer gottfremden Zeit zu leben, hat ihn zum sachlichen Kritiker der Verdinglichung, d. h. der Sachlichkeit ohne Geist, werden lassen. So setzt der zweite Satz der ‚Vorbemerkung‘ den Begriff ‚Wissenschaft‘ in Anführungszeichen — es sind Krisenzeichen, die im ‚Geist der Utopie‘ wiederkehren. Dort heißt es, alles Bedeutende atomisiere sich „vor dem ‚wissenden‘ Blick in falsche, entzauberte Einzelheiten“[76]. Auch hier verleihen Anführungszeichen dem okzidentalen Wissen einen Krisenindex. Die Entwicklung des Sozialismus von der Utopie zur Wissenschaft wird gegen den Strich gebürstet. Das ist der polemische Sinn des Titels ‚Geist der Utopie‘. Wissenschaft soll auf Gnosis, Sozialismus auf „politische Mystik“[77] durchgebrannt werden.

An Max Webers Werk hat Bloch die Signatur okzidentaler Wissenschaft abgelesen: „analytischen Nihilismus“ und „religiöse Anämie“. So lautet die Parole: „Also gehen wir nach Osten.“[78] Und diese Antithese strukturiert das ganze Buch: Hier der Okzident aus Entzauberung, Sachlichkeit und technischer Kälte, das eherne Gehäuse, in dem „der verändernde, aber leere westliche Mensch“ haust. Dort der Orient aus Eingedenken und Ornament. Vergleichbar allein der spätromantischen Orientbegeisterung zielt Blochs Überinterpretation des alexandrinischen Späthellenismus auf eine zu Webers Bestimmung des okzidentalen Rationalismus genau gegenstrebige Orient-Aufwertung. Gegen den Versuch, Europa aus sich selbst zu verstehen, will Bloch die Eigen-Oriente der Neuzeit freilegen. Ost und West werden nun zu metaphorischen Bestimmungen der Doppel-

[75] Bloch, Ges., Bd. 3, S. 216.

[76] A.a.O., S. 211.

[77] A.a.O., S. 306; vgl. Schmitt, Lage, S. 64 f.

[78] A.a.O., S. 213. — Vgl. Ebner, Schriften I, S. 41; und zur „ornamentalen Heimat“: Lukács, Werke Bd. 16, S. 100 f.

welt, die Bloch beschwört. Denn was sich als Orient und Okzident geschichtlich starr gegenübersteht, soll sich als „interne Vertikale" der Selbstbegegnung, als externe Utopie der Weltveränderung sphärenhaft ergänzen. Hier die Werke, Entlastungen, der Marxismus und die Sachlichkeit — dort die Gebete, der Geist, die Religion und das Ornament. Dem doppelten Blick entspricht die geschichtsphilosophische These, sachliche Maschinentechnik und „antiluxuriöser Expressionismus" seien gleichursprünglich. Dieser Expressionismus heißt antiluxuriös, weil er den Impuls der Sachlichkeit rezipiert hat.[79] In ihm wird die integrale, freie Ausdrucksbewegung des Ornaments zur „begriffenen Entladung". Ihr korrespondiert die „begriffene Entlastung" durch eine technische Sachlichkeit, die Bloch als „pathoslose Praxis" des Unwesentlichen definiert.[80] Sachlichkeit und Ornament sind die dialektischen Momente des Auszugs aus der entzauberten Welt. Erst die Entlastung vom Unwesentlichen schafft den Ausdrucksraum des Wesentlichen.

Blochs Werk ist eine Phänomenologie des utopischen Geistes, die den Exodus aus dem Labyrinth der Welt ins Ornament des Ich beschreibt. Begriffene Sachlichkeit leistet dabei eine Entzauberung dieser Welt im Dienste der Erzeugung des transzendierenden Ornaments, der gebauten Innerlichkeit. Damit rückt die Ästhetik in eine zentrale Stellung. Bloch exponiert sie in einem geschichtsphilosophischen System, das in einer einfachen Dialektik strukturiert ist. These: das Griechische als das Reich des schönen Scheins, unernst und entscheidungslos; eine Kunst ungegenständlicher Immanenz und äußerlicher Lebendigkeit; jene kraftlose Schönheit, von der Hegel sagt, daß sie dem Tod nicht ins Angesicht schauen kann — Antithese: das Ägyptische als der „Ort der rein anorganischen Wertsphäre"; die reine Konstruktivität aus dem Geist des Grabes — Synthese: das Gotische als Geburt der freien Ausdrucksbewegung aus dem Geist der Auferstehung; die organisch-abstrakte Linie des „exzessiven Ornaments" als Figur der Selbstbegegnung „mit dem Ich, der Ich sein werde". So verwandelt Bloch den Gottesnamen von Exodus 3, 14 in die Formel des „christlichen Abenteuers" der Selbstbegegnung.[81]

Selbstbegegnung ist das wertphilosophische Äquivalent der Apokalypse. Sie zielt auf eine andere Wahrheit, die nicht von dieser Welt ist. Entsprechend bestimmt Bloch Aug' in Aug' mit Max Weber den „Begriff der Hoffnung" als Zentrum seiner „*Wert*philosophie"[82]. Blochs „Bestimmen im Wertbegriff" ist „gültig auch ohne Welt"[83]. Wo der wertphilosophische Richtspruch den Tatsachen nicht entspricht, ist es — wie bei Fichte und Hegel — um so schlimmer für diese. Der Wertbegriff Hoffnung entwertet die Welt, um den „Mehrwert" des Menschlichen abzuschöpfen.

---

[79] A.a.O., S. 23.

[80] A.a.O., S. 25. — Vgl. Schmitt, RK, S. 39; ganz im Sinne der Blochschen Dialektik hat Benjamin, GS V, S. 573, die Bogenspannung zwischen Breton und Le Corbusier gemessen.

[81] A.a.O., S. 39. — Zur ‚griechischen' These vgl. Lukács, ThR, S. 11 f, 13 f; und zur ‚gotischen' Synthese: Brief von R. M. Rilke an Lou Andreas-Salomé vom 15. Aug. 1903.

[82] A.a.O., S. 252. [83] A.a.O., S. 257.

Dieses gnostische Grundmotiv des Blochschen Denkens zeigt sich noch deutlicher in seiner Rettung der Glossolalie gegen Paulus. Bekanntlich heißt es 1. Kor. 14, 4: ‚Wer mit Zungen redet, der bessert sich selbst; / wer aber weissagt, der bessert die Gemeine'. Mit einer für Blochs Gnosis charakteristischen Wendung, die diese Paulinische Antithese von Glossolalie und Prophetie gerade umwertet, heißt es im ‚Geist der Utopie': „Zwar, wer mit Zungen redet, bessert sich selbst, wer aber weissagt, der bessert die Gemeinde: jedoch es ist noch wichtiger, daß das sich bessernde Ich in der Welt nicht verloren gehe."[84]

Bloch interpretiert die Musik als Glossolalie der Neuzeit. Und der geschichtsphilosophische Weg zum sozialen Utopia findet sich allein in der „Auslegung des ‚Zungenredens' zur ‚Weissagung'"[85]. Das ist die Bewegungsfigur von Blochs mystischem Nominalismus: Es geht um einen Aufbruch des Ich durch die Befreiung von den Objekten; deshalb heißt der gotische Dom eine „zweite Arche Noah"[86]. Diese Gotik ist nicht historisch gemeint, sondern apriorisch: ein Programm der antiphysis, das Rettung durch Abstraktion verspricht. Entsprechend deutet Bloch die abstrakte Organik des Ornaments als Negation jeder nicht menschenförmigen Gegenstandsbeziehung. Das führt ihn zu einer metaphorischen Übersteigerung des Ornamentbegriffs. Denn die lineare, rein abstrakte Form von Teppich und Arabeske gilt jetzt nur noch als „Vorspiel" des transzendierenden *metapsychischen* Ornaments — metapsychisch ist das christliche Abenteuer der Seele —, das die gesuchte „Abstraktheit der Expression" erreicht.[87] Bloch propagiert einen ikonoklastischen Expressionismus ohne Werk und Stil. Er entwertet die ästhetische Formung zugunsten einer Ichexpression im Ichornament. Das Ornament ist Zeichen einer Formung durch das Selbst „wie wir lebend nicht sein könnten"[88].

Das Siegel des Selbst ist lebensimmanent unauffindbar. Deshalb gewinnt die Erkenntnis der ästhetischen Wirklichkeit eine überragende Bedeutung. Sie ist der Schauplatz des utopischen Geistes, der soziologisch nicht auszumessen ist und historisch einsam, exzentrisch und ungleichzeitig erscheint. Die Phänomenologie des utopischen Geistes steht zum Weltlauf wie die Ketzergeschichte zur offiziellen Kirchengeschichte.

Kunst synkopiert die Geschichte. Ihre Werke leben „vor einem apriorischen Zuschauer", d. h. „für eine andere Gesellschaft"[89]. Wenn Bloch an den Ungleichzeitigkeiten der ästhetischen Wirklichkeit eine „Geschichtsphilosophie der erbauten Innerlichkeit"[90] abliest, erscheint der von Max Weber analysierte protestantische Geist katholisch überwölbt. Der Akzent dieser Formel liegt nämlich darauf, daß die ästhetische Erbauung der Innerlichkeit *in der Welt* die bloße Innerlichkeit des Herzens verläßt und

---

[84] A.a.O., S. 235.

[85] A.a.O., S. 296.

[86] A.a.O., S. 40.

[87] A.a.O., S. 29, 65; vgl. Worringers Begriff der „expressiven Abstraktion", in: Abstraktion und Einfühlung, S. 160.

[88] A.a.O., S. 19.

[89] A.a.O., S. 58 f.

[90] A.a.O., S. 66.

„das große *römische* Reich aus Inwendigkeit“[91] errichtet. Damit ist aber auch die immanente Beschränkung aller spezifisch ästhetischen Wirklichkeit bezeichnet: Ihre Erhellung dringt nur in die Vorhalle der Parusie.

Fast gleichzeitig mit dem ‚Geist der Utopie‘ hat Max Weber das Schicksal derer, die „auf neue Propheten und Heilande harren“, in einem Wächterlied der Exilszeit gespiegelt. Bekanntlich antwortet der Wächter auf die Frage, wie lange noch Nacht, d. h. Unerlöstheit, sei, man solle, um zu fragen, ein andermal wiederkommen — noch sei es Nacht. Dem Harren aufs Heil hat Weber als Wissenschaftler mit resignierter Sachlichkeit die „Forderung des Tages“ entgegengehalten.[92] Dem entspricht, daß Weber der Kunst das Pianissimo des Intimen als heute einzig legitimen Ort zuspricht. Genau dagegen richtet sich Blochs Formel der erbauten Innerlichkeit: Kunst ist der „Stern der Antizipation“ in der Nacht der Neuzeit.

Vorraum, Vorschein, Vorwegnahme — hier liegt das zentrale geschichtstheologische Problem der Blochschen Ästhetik: Wie ist ästhetische Vollendung ohne apokalyptisches Ende möglich? Auf diese Frage antwortet Bloch mit einer Ästhetik innerweltlicher Weltablehnung. Die innerweltlich virtuelle Vollendung im Ästhetischen wird zugleich als „Widerspruch aller Vollendung *auf Erden*“ konzipiert.[93] Zwischen dem trägen Selbstgenuß des Mystikers und der selbstgerechten Verstrickung ins gottfremde Treiben der Welt durch innerweltliche Askese situiert sich Blochs Ästhetik als Erbauung der Innerlichkeit.

Der Bau bleibt aber Vorbau, die Utopie ist „irdisch nicht realisierbar“[94]. Gerade deshalb steht höher noch als alle großen Kunstwerke der ästhetischen Ketzergeschichte die ihr Zungenreden als Weissagung auslegende spekulative Ästhetik. Das Kapitel ‚Erzeugung des Ornaments‘ benennt die spezifische Leistung des spekulativen Ästhetikers: Bloch selbst ist der „letzte Künstler“[95]. Und ganz konsequent heißt das nächste Kapitel ‚Philosophie der Musik‘. Das ist gerade auch als genitivus subiectivus zu lesen: Musik selbst philosophiert. Das Klangbild der absoluten Musik ist die Restitution des Ichornaments aus dem Labyrinth der Welt.

In einer berühmten Rede hat Max Weber die Wissenschaften dem Ablauf des Fortschritts unter- und damit der Kunst entgegengestellt, die keinen Fortschritt kenne, sondern geschichtsphilosophische Hieroglyphen an den Rand des Lebens male. Wissenschaft hat es mit Tatsachen, Zusammenhängen und Inhalten zu tun. Ihre exakten Resultate sind darauf angelegt, überflüssig zu werden; zuinnerst klein und gleichgültig. Anders die Kunst, die jene Inhalte ganz in Form auflöst und aus dem Reich des Zufälligen in das des ‚einzig Möglichen‘ geleitet. In den Forderungen der Form setzt sich die Ethik im Bereich des Ästhetischen prägnant durch. Sie eröffnen den Schauplatz nicht für Tatsachen und Gesetze, sondern für

[91] A.a.O., S. 88.

[92] Weber, Wissenschaftslehre, S. 613.

[93] Bloch, Ges., Bd. 3, S. 151.

[94] A.a.O., S. 201.

[95] A.a.O., S. 155.

Seelen und Schicksale. „Und zwischen Kunstwerk und wissenschaftlichem Werk ist der ausschlaggebende Unterschied vielleicht der: das eine ist endlich, das andere unendlich; das eine geschlossen, das andere offen; das eine ist Zweck, das andere Mittel. Das eine ist — wir beurteilen die Sache jetzt von den Folgen aus — unvergleichbar, etwas Erstes und Letztes, das andere wird durch jede bessere Leistung überflüssig gemacht. Kurz gefaßt: das eine hat Form, das andere nicht."[96]

Max Weber hat den Preis wissenschaftlichen Fortschritts nach der Logik des okzidentalen Rationalismus genannt: strenge Askese gegenüber der Wertung und Entzauberung der transzendentalen Topologie zu einem Polytheismus der Wertreihen. Doch je strenger die Askese, desto größer die Sehnsucht nach „Erfüllung im großen, erlösenden System" jenseits partikularistischer Forschung und blinden Spezialistentums. Für Lukács ist das echte „System der Werte" aber nur durch jene Sehnsucht verbürgt. Und so läßt sich die Form seiner dialektischen Essays charakterisieren: Sie erlösen die „Sehnsucht nach Wert" selbst zum Wert.[97] Der Lichtstrahl des Werts polarisiert das Leben in ein empirisches und ein apriorisches. „Das biologische und soziologische Leben"[98] tendiert dazu, sich träge und selbstgenügsam in seiner Immanenz einzuhausen. Sein Leben ist den Dingen, sein Welt-Bild den Tatsachen geschuldet. Es hat keinen terminus ad quem und kann die Idee der Erfüllung gar nicht mehr perzipieren. „Das Leben ist das Unwirklichste und Unlebendigste alles denkbaren Seins; nur verneinend kann man es beschreiben; nur so: etwas kommt immer störend dazwischen ..."[99]

Anders das apriorische, empirisch unmögliche und, weil das Licht des Werts auf es gefallen ist, wahre Leben. Es sieht die Welt nicht als Bild, sondern in mystischer Bildlosigkeit jenseits der Gestalt als Bedeutung. Es ist ein Leben in den begriffsrealistischen Koordinaten „der letzten Fragen und letzten Antworten"[100], die eine Welt sokratischer Transparenz aufbauen. Doch bleibt die Antithese von empirischem und apriorischem Leben in dieser Starrheit unfruchtbar. Deshalb zielen Lukács' Fragen auf den Wert der Form im Leben, den Lebenswert der Formen; denn die Form ist, ethisch, Repräsentant des Werts dem Leben gegenüber. Der Wert der Form im Leben — damit ist eine Perspektive bezeichnet, in der die Kunst lebensparadigmatisch, als Modell, erscheint; das indizieren Prägungen wie ‚kunstethisch' und ‚stilethisch'.

Doch um ein Abgleiten in romantischen Subjektivismus und Panpoetismus zu verhindern, muß Lukács eine geschichtsphilosophische Basis für seine Wertmaßstäbe gewinnen. Er entwickelt sie in einem theologischen Schema: „der große Wertbestimmer der Ästhetik" verhält sich zum Essayisten, wie der Messias zu Johannes dem Täufer.[101] Der Essay ist Vorläufer des Systems. Er kann nicht das Urteil sprechen, aber den Prozeß des Richtens ins Werk setzen. Stets wiederkehrende Formeln wie „rich-

---

[96] Lukács, SuF, S. 159 f.
[97] A.a.O., S. 36 ff.
[98] A.a.O., S. 87.
[99] A.a.O., S. 329.
[100] A.a.O., S. 334.
[101] A.a.O., S. 35 f.

tende Werte", „Recht zum Gericht", „richtende Kraft der geschauten Idee"[102] provozieren die Frage: Quis judicabit? Wenn Gestaltung Wertung heißt, liegt die oberste Instanz des Richtens über das Leben in der Form.

Nach ihrer innersten Bestimmtheit sind Formprobleme Schicksalsprobleme. Schicksalsbestimmungen sind das Profilierende der Formen; sie konturieren die Dinge. Schicksal heißt hier prägnant „die Gewalt der einfachen menschlichen Verhältnisse"[103], die dazu tendieren, sich als Beziehungen an sich in abstrakter Reinheit von den Menschen abzulösen. Geschichte hat sich zur „sinnlosen Planmäßigkeit"[104] verwirrt. Damit ist ein Ineinander von äußerster Rationalität und äußerster Irrationalität bezeichnet, das den Kapitalismus als schicksalhafte Macht der Moderne charakterisiert. Tragödie und Novelle machen beide Momente noch getrennt, in jener abstrakten Reinheit von Schicksalsbeziehungen an sich, sichtbar: „Abstraktion der großen Rationalität" — bis zu einem „mystischen Rationalismus" des Tragischen[105] — und „Abstraktion der Irrationalität"[106] kennzeichnen ästhetisch die Brennpunkte der von Max Weber konstruierten Ellipse der Moderne. Doch ihre paradigmatische Form ist der Roman.

„Das Sollen, in dessen verzweifelte Intensität das auf der Erde vogelfrei gewordene Wesen flüchtet"[107] — diese Formel Lukács' wirft ein verzehrendes Licht auf den Neukantianismus bis hin zu Blochs ‚Geist der Utopie'. Lukács' Hinwendung zum Roman ist eine Abwendung von der Utopie; ein Schritt von der Formenwelt des intelligiblen in die des empirischen Ich. Doch warum werden das Sollen und die Utopie für Lukács, der doch von Kant und Kierkegaard herkommt, problematisch? Es geht um die Frage der Verantwortung für die utopische Gesinnung, der ethischen Rechtfertigung eines „Besserdenkenkönnen(s) der Welt"[108]. Der Bloch des ‚Geists der Utopie' wird in dieser Perspektive als gnostischer Ästhetiker erkennbar, der es nicht aushält, nur den Stand der Weltuhr abzulesen und geschichtsphilosophisch deskriptiv den ‚Forderungen des Tages' zu entsprechen. Solche utopisch überschießende Gesinnung muß an der zeitparadigmatischen Form der Moderne, dem Roman, zerschellen. Der Roman ist als streng empirisch gebundene Form für die schicksalhafte Macht des Kapitalismus historisch transzendental: „die Form der Epoche der vollendeten Sündhaftigkeit, nach Fichtes Worten, und muß die herrschende Form bleiben, solange die Welt unter der Herrschaft dieser Gestirne steht"[109].

Lukács' Romantheorie enthält eine Geschichtsphilosophie des „apriorischen Utopismus"[110], der von den Sollensforderungen des abstrakten Idealismus bis zur Desillusionsromantik reicht, die das Subjekt als Brennpunkt aller Werte situiert. Dabei ist Lukács auf der Suche nach einer dialektischen Mitte zwischen Max Webers Resignation im ehernen Gehäuse und

---

102 A.a.O., S. 34 f.
103 A.a.O., S. 144.
104 A.a.O., S. 331.
105 A.a.O., S. 353.
106 A.a.O., S. 249 f.
107 Lukács, ThR, S. 33.
108 A.a.O., S. 120.
109 A.a.O., S. 167 f.
110 A.a.O., S. 123.

Blochs Anrennen gegen seine Mauern. So wird Gesinnung nicht undialektisch als Antithese zu Verantwortung verabschiedet, sondern ästhetisch im ‚Kunstwollen' (Riegl) sublimiert. Denn Totalität läßt sich, seit die „selig daseiende"[111] verloren ist, nur noch in der formgehaltenen Gesinnung zu ihr vergegenwärtigen — d. h. im Roman. Deshalb nennt Lukács das Auftreffen der „Aufbaukategorien des Romans auf den Stand der Welt"[112] konstitutiv. Der Roman ist die — nach Fr. Schlegels Wort — ‚antithetische Synthesis' von Totalität und Zerfall: Synthesis als Totalität im Zerfall; antithetisch als ästhetisch gegen den Zerfall aufgerichtete Totalität.

Lukács bedient sich hier einer einfachen Kontrastfolie. Die homogene Welt der Antike, geschlossen, vollendet, eine Welt der Urbilder in problemlos daseiender Totalität — vor diesem überhellen Hintergrund zeichnet Lukács die Moderne: den Riß durch die Welt, die Inthronisierung des Subjekts als Substanz und eine „Produktivität des Geistes", für die wir den Preis entrichten, daß sich ein Abgrund auftut „zwischen uns und uns selbst"[113]. Wenn Lukács von urbildlicher Landkarte und transzendentalen Orten spricht, meint er jene Homogeneität von Innen und Außen, Seele und Welt, Idee und Leben. Das zerstört der Riß der Moderne. Er macht die transzendentalen Orte problematisch, die Seele heimatlos, die Landkarte unlesbar. Der Riß der Moderne reißt das Ästhetische ins Zentrum der Geschichtsphilosophie — seine Formenwelt muß nun die erlösende Symbolik stiften. Ästhetik als Geschichtsphilosophie heißt: Erlösung der Sinnlosigkeit durch die „Weihe der Form"[114].

Daß Formprobleme nach ihrer innersten Bestimmtheit Schicksalsprobleme sind, läßt sich nun präzisieren: Jede echte ästhetische Form trifft auf eine totalitätsstiftende „metaphysische Lebensdissonanz" konstitutiv auf. „Die Kunst ist — im Verhältnis zum Leben — immer ein Trotzdem; das Formschaffen ist die tiefste Bestätigung des Daseins der Dissonanz, die zu denken ist."[115] Georg Simmel hat diese Konzeption vorgedacht: Der Antagonismus zur Wirklichkeit, der das Subjekt vergewaltigt, wird ‚trotzdem' lebensteleologisch umgriffen; die Lebensdissonanz ist die Form der Einheit des Sinns. Lukács folgt der Seele auf dem von jener metaphysischen Lebensdissonanz vorgezeichneten Umweg zu sich selbst. Es geht um die Anstrengung, den Abgrund zwischen mir und mir selbst zu überbrücken. Und die Gebilde des objektiven Geistes sind nichts als Stationen auf diesem Passionsweg des Subjekts.

Wenn nun, wie in der Moderne, die Dissonanz so angewachsen ist, daß die Immanenz des Sinnes überhaupt keinen Ort mehr im empirischen Leben findet, erwächst die für den Roman spezifische Paradoxie: „die formgeforderte Immanenz des Sinnes entsteht gerade aus dem rücksichtslosen Zu-Ende-Gehen im Aufdecken ihrer Abwesenheit". Diese negative Mystik objektiviert der Roman schon rein formal als Ironie, subjektiv als Resignation und gesinnungsmäßig — mit der spezifisch romantischen

[111] A.a.O., S. 46.
[112] A.a.O., S. 91.
[113] A.a.O., S. 15 f.
[114] A.a.O., S. 38.
[115] A.a.O., S. 64.

Maskierung geschichtsphilosophischer Bestimmungen in Lebensaltern — als gereifte Männlichkeit. Nicht enttäuschte Romantik, sondern Resignation als erkämpfte Reife; eine Form gewordene Ironie, die nicht souveräne Subjektivität feiert, sondern den Sieg einer gottverlassenen Wirklichkeit in ihrer eigenen Nichtigkeit spiegelt — das definiert den Roman als „Form der gereiften Männlichkeit“[116]. Und das ist die Gesinnung des Kritikers der Gesinnungsethik: Max Weber. Lukács' ‚Theorie des Romans‘ kann nun als Versuch verstanden werden, auf dem Boden der Weberschen Erfahrung dialektisch über jene ‚Forderungen des Tages‘ hinauszukommen.

Es geht Lukács in der Frage nach dem geschichtsphilosophischen Substrat der Formen um die Möglichkeit einer positiven Geschichtsphilosophie. Seine Geschichtsphilosophie des Ästhetischen mündet in die formverbürgte Prophetie einer Neuen Welt. Und in den Umrissen dieser Neuen Welt annihiliert die Theorie des Romans als der paradigmatischen Form des Zeitalters der vollendeten Sündhaftigkeit, d. h. der Moderne, sich selbst.

Ästhetik als Geschichtsphilosophie fragt nach der zeitparadigmatischen Form als der wahren Wirklichkeit. Und diese Frage wird in Lukács' Essay hermeneutisch figuralisiert als Suche nach dem Vorläufer. Der Essayist sucht sich einen Helden, und in der negativ-dialektischen Darstellung des Scheiterns des Vorläufers formiert sich die Geschichtsphilosophie ästhetisch. Wenn Simmel in einem Brief an Rickert vom 4. 6. 1904 bekennt, er habe seine Logik der historischen Erkenntnis „auf dem Umweg über das Wesen der Kunst“ entdeckt, so deutet sich schon eine Umkehrung der Hegelschen These an, daß die Kunst nach der Seite ihrer höchsten Bestimmung für uns ein Vergangenes sei. „Nur in der Ästhetik kommt noch das Geschichtliche an der Geschichte wirklich zu sich.“ Gleichzeitigkeit mit sich erreicht die Gesellschaft nur noch in der ästhetischen Form. Was an der Zeit ist, manifestiert die Form, antithetisch zum bloß Innerzeitigen, „zeitüberhoben in der Zeit“[117]. Die Welt als Innenwelt zu deuten, hat Simmel als das Wesen der Moderne definiert. Psychologie höhle die Monumentalität, das Motiv die Tat, die Begründung die Geste aus. Das Ich wird immer raffinierter und differenzierter; aber für die großen antimodernen Gnostiker schließt es sich gerade dadurch immer tödlicher als Kerker um die Seele. Die Rede vom Weg der Seele zu sich selbst, von Selbstbegegnung, gebraucht einen bewußt vor-analytischen, mystischen Seelenbegriff. So schildert die ‚Theorie des Romans‘ die Geburt der Innerlichkeit „aus dem peinvollen Abstand zwischen Psyche und Seele“, den zu vergessen in „dämonische Verblendung“ stürze. Jeder Roman erzählt die Geschichte der sich bewährenden Seele, und wenn Lukács vom „Abenteuer des Eigenwerts der Innerlichkeit“[118] spricht, meint er das Abenteuer dieser Bewährung. So zeigt jeder Roman die Signatur der modernen Einsamkeit: Das Wissen des Menschen von der Idee seines Selbst stammt nicht von dieser Welt.

[116] A.a.O., S. 63.

[117] Michel, Marxistische Ästhetik — Ästhetischer Marxismus II, S. 11, 25.

[118] Lukács, ThR, S. 85 f, 96

Mit einer gnostischen Geste wendet sich Lukács gegen das puritanische Ethos kapitalistischer Welteroberung ad majorem dei gloriam. Wenn Max Weber von der innerweltlichen Askese des calvinistischen Berufsmenschen sagt, sie sei mit „glücklicher Borniertheit für jede Frage nach einem ‚Sinn' der Welt geschlagen"[119], so ist damit der ideale Gegentypus eines Romanhelden charakterisiert, dessen Siege im Wirklichen Niederlagen seiner Seele sind und dessen einzig wahre Eroberung ein Stück Wegs zum „illusionsfrei gewordenen Selbst"[120] ist.

Die Seele und die Formen; der Weg der Seele zu sich selbst; I go to prove my soul (Browning) — auch Lukács denkt offenbar in jenen Koordinaten, denen Bloch die Formel ‚Psyche über Pneuma' gefunden hat. Doch löst Lukács schon in der Differenzierung zwischen Seele und Psyche den starren gnostischen Dualismus des utopischen Geistes dialektisch auf. Die Theorie des Romans schildert die Menschwerdung der Seele auf dem Schauplatz „zweiter Natur" — einer sinnlos planvollen Welt der Konvention, der Einerleiheit ewiger Wiederkehr und richtungsloser Bewegtheit. Zweite Natur: „ein Inbegriff sinnesfremder Gesetzlichkeiten, von denen aus keine Beziehung zur Seele gefunden werden kann"[121]. Dieser Gesetzesbegriff ist gnostischer Provenienz: „die Erkenntnis der Macht, die sie knechtet, nennen die Menschen Gesetze, und die Trostlosigkeit ihrer Allmacht und ihres Allbereichs wird für die Erkenntnis im Begriff des Gesetzes zur erhabenen und erhebenden Logizität einer menschenfernen, ewigen und unwandelbaren Notwendigkeit"[122]. So hat nur Max Weber von der schicksalhaften Macht des Kapitalismus, der Unentrinnbarkeit der Bürokratisierung und dem ehernen Gehäuse, zu dem sich der einstmals dünne Mantel der Lebenssorge petrifizierte, gesprochen. „Die heutige kapitalistische Wirtschaftsordnung ist ein ungeheurer Kosmos, in den der Einzelne hineingeboren wird und der für ihn, wenigstens als Einzelnen, als faktisch unabänderliches Gehäuse gegeben ist, in dem er zu leben hat."[123]

Allein das „Innerste der Seele", der akosmische Selbstkern des Gnostikers, ist dieser Welt der Konvention entzogen. Gnostisch ist auch die Rede vom „Kerker", als der sich die vom Menschen selbst geschaffene Umwelt erwiesen hat; ihre Notwendigkeiten sind sinnfremd, ihre Objektivität totenstarr. Hegels Begriff der zweiten Natur wird hier geschichtsphilosophisch negativiert; in äußerster theologischer Schärfung spricht Lukács von einer „Schädelstätte vermoderter Innerlichkeiten"[124]. Dieser Begriff zweiter Natur ermöglicht es dem Gnostiker, den Haß gegen das

---

119 Weber, Wirtschaft und Gesellschaft, S. 332; vgl. Religionssoziologie I, S.101 und Lepenies, Die drei Kulturen, S. 358.

120 Lukács, ThR, S. 114.

121 A.a.O., S. 117.

122 A.a.O., S. 56.

123 Weber, Religionssoziologie I, S. 37.

124 Lukács, ThR, S. 52—55; zur damaligen geschichtsphilosophischen Orientierung an Dostojewski vgl. Weber, Soziologie, S. 467, 470.

demiurgische Machwerk dieser Welt in gesellschaftliche Begriffe zu transponieren. Die von ihm selbst gemachte Welt tritt dem Menschen als feindseliger Kosmos entgegen. „Das Tun des Menschen gerät in ein von ihm unabhängiges, ihm gegenüber ewig gleichgültiges und eben deshalb seinen Willen zerschmetternd feindseliges System."[125] Daraus gewinnt Lukács eine für seine eschatologische Orientierung an Dostojewski ebenso wie für Blochs geschichtsphilosophischen Orientalismus entscheidende dialektische Einsicht in die Spezifität jeder okzidentalen Utopie: Aller westliche Geist der Utopie ist stets nur Kritik an der Geistlosigkeit, Seelenfremdheit der Konventionen, die nie an der Konventionalität als solcher rührt. Und wieder zitiert Lukács' entscheidender Satz eine Webersche Schlüsselvokabel: „die westeuropäische Kulturwelt wurzelt so stark in der *Unentrinnbarkeit* der sie aufbauenden Gebilde, daß sie niemals fähig sein kann, sich anders als polemisierend ihr entgegenzustellen"[126]. Lukács hat sich sehr intensiv mit Max Webers Darstellung des protestantischen Pflicht- und Erwähltheitsgedankens befaßt und dem Jehova der herrschenden Gewaltordnung die Züge des calvinistischen Gottes verliehen. Vor dem Gott des Calvinismus ist alles rein Kreatürliche gottverlassen und wertlos — in der Engführung absoluter innerer Vereinsamung und Isolierung des einzelnen vollendet diese Lehre mit ‚pathetischer Unmenschlichkeit' den „großen religionsgeschichtlichen Prozeß der *Entzauberung* der Welt"[127].

Um diesem Begriff Kontur zu verleihen, muß die radikale Entzauberung der Welt auf dem Wege innerweltlicher Askese von der idealistischen Entzauberung der entfremdeten Welt unterschieden werden. Für diese figuriert bei Lukács und Bloch paradigmatisch Don Quixote. Er will von der Neuzeit nichts wissen, deren Wirklichkeit ihm deshalb nicht als Entzauberung seiner Träume sondern als Verzauberung des wahren Seins entgegentritt. Er ist der lächerliche Ritter des Seinsollenden in einer Welt, die unter puritanische Konstellation zu treten beginnt: der verzweifelte Repräsentant des gotischen Gottes gegen den calvinistischen. Don Quixotes Brüder sind nach Connecticut und Rhode Island weitergezogen, und gerade, daß sie dort nun „Wälder ausroden und mehr auf die Kalkulation als auf die transzendentalen Wege vertrauen, macht Quixote einsam und problematisch, wahrhaft zum letzten ‚Gotiker'. Der Ritter ist irrsinnig im Vergleich zu seiner Zeit, irrsinnig geworden an der Gottleere seiner Zeit"[128].

Die frühromantischen Erben des Don Quixote haben die Inkommensurabilität von Sollen und Wirklichkeit als eine Verzauberung gedeutet, die durchs poetische Zauberwort idealistisch aufgehoben werden soll. Daß die Welt „in Prosa verzaubert"[129] sei, charakterisiert die Haltung idealistischer Entzauberung im Innersten. Und neben dem gotischen Ritter des Sein-

---

125 Lukács, Entwicklungsgeschichte des modernen Dramas, S. 344.
126 Lukács, ThR, S. 158.
127 Weber, Religionssoziologie I, S. 94.
128 Bloch, Ges. Bd. 16, S. 61; vgl. Schmitt, PR, S. 207.
129 Lukács, ThR, S. 104

sollenden und dem romantischen Magier des Zauberworts gehört auch Blochs gnostischer Utopismus letztlich dieser Haltung zu. Sein Urteil über die Natur, sie sei ein Schutthaufen des Irrtums, durchschaut Lukács als Projektion der Entfremdung. Diese ist absolut geworden, d. h. alles ist zu fremd, um auch nur noch feind zu sein. Die Wirklichkeit der Moderne ist in sich selbst anachronistisch; nur verneinend kann man sie beschreiben. Das heißt aber für eine geschichtsphilosophisch ausgerichtete Ästhetik: „Das Leben ist (...) romanhafter geworden, als es je gewesen ist."[130]

Das ist vor dem Hintergrund des geschichtsphilosophischen Schemas der ‚Theorie des Romans' leicht zu verstehen: Ausgangspunkt ist die Antike mit der Epopoe als Theodizee. Sodann erscheint in des Paulus Wort vom Kreuz der „neu schicksalhafte Geist"[131] des Christentums und stiftet eine Zwei-Welten-Totalität als Theodizee. Lukács definiert die christliche Gestaltung als „abgerundete Irrationalität", die sich prägnant vom Chaos jener „dämonischen Irrationalität"[132] abhebt, wie sie für die gottverlassene Welt der Moderne spezifisch ist. Die antike Epopoe ist Theodizee, weil sie in allem scheinbaren Chaos doch mit jedem Bild eine fraglose Identität von Geschichte und Geschichtsphilosophie bekundet: Der Weg der Seele folgt hier unbeirrt einer urbildlichen Landkarte. Daß Zeit für die Form des Romans konstitutiv wird, setzt den Verlust jener urbildlichen Heimat voraus: „die Form des Romans ist, wie keine andere, ein Ausdruck der transzendentalen Obdachlosigkeit"[133]. Sie kennzeichnet die Moderne als „Epoche der Apokalypse"[134]. Erst mit dem Roman erfolgt für Lukács der Einbruch der Zeit in die Form. Während sich selige Zeiten in „zeitlos paradigmatische Formen"[135] hüllen, fordert die Moderne ihre zeitparadigmatische Form. Von nun an entscheidet eine geschichtsphilosophische Dialektik über die transzendentalen Existenzbedingungen einer Form.

Die Form richtet über die Welt der Moderne, indem sie sie geschichtsphilosophisch schichtet: *Diese* Welt ist das feindselige System eines unlebendigen Lebens. Ihr konfrontiert die Kunst eine „visionäre Wirklichkeit der uns angemessenen Welt"[136]; d. h. die zeitparadigmatische Form konstituiert die eigentliche Geschichte im Ästhetischen. Und wiederum antithetisch dazu zeichnen sich in der Selbstannihilation dieser Form die Konturen der Neuen Welt ab. Doch allein das Jüngste Gericht, heißt es in dogmatischer Klarheit bei Lukács, verwandelt „die Welt zur philoktetischen Wunde, deren Heilung dem Parakleten vorbehalten ist"[137]. Deshalb droht aller autonomen Kunst, die eine uns angemessene Welt schafft, die Gefahr des Luziferismus eines ästhetisch auferstandenen Griechentums.

---

[130] Lukács, Entwicklungsgeschichte des modernen Dramas, S. 671.
[131] Lukács, ThR, S. 19.
[132] A.a.O., S. 103, 112.
[133] A.a.O., S. 23 f.
[134] Lukács, „Ethische Fragmente", S. 128.
[135] Lukács, ThR, S. 17.
[136] A.a.O., S. 19.
[137] A.a.O., S. 21.

Dieses Problem ist Max Weber in äußerster Schärfe an Lukács' frühen ästhetischen Studien deutlich geworden — nämlich „ob das Reich der Kunst nicht vielleicht ein Reich diabolischer Herrlichkeit sei, ein Reich von dieser Welt, deshalb widergöttlich im tiefsten Innern und in seinem tiefinnerlichst aristokratischen Geist widerbrüderlich"[138]. In der Moderne konstituiert sich Kunst „als ein Kosmos immer bewußter erfaßter, selbständiger Eigenwerte. Sie übernimmt die Funktion einer, gleichviel wie gedeuteten, innerweltlichen *Erlösung*: vom Alltag und, vor allem, auch von dem zunehmenden Druck des theoretischen und praktischen Rationalismus. Mit diesem Anspruch aber tritt sie in direkte Konkurrenz zur Erlösungsreligion. Gegen diese innerweltliche irrationale Erlösung muß sich jede rationale religiöse Ethik wenden als gegen ein Reich des, von ihr aus gesehen, verantwortungslosen Genießens und: geheimer Lieblosigkeit"[139].

„Erlösung zu absoluter ästhetischer Bedeutsamkeit"[140] als Luziferismus der reinen Formen — diese prägnante Charakterisierung der Romantik kann zugleich als Palimpsest einer geschichtsphilosophischen Bestimmung der Zwischenkriegszeit gelesen werden: Eine neue Religion sollte eine neue harmonische Kultur fundieren; doch was die romantischen Revolutionäre auftürmten, war ein „geistiger Babelturm"[141]. Der innere Weg, der allein noch offen schien, erwies sich als „heroisch-frivoler Flug gen Himmel"[142]. Und um eine Ordnung ohne Entsagung zu stiften, hat ihr Panpoetismus das Schicksal ästhetisiert. Lukács zeigt nun aber, daß diese romantische Ordnung ohne Entsagung auf Askese gegründet war; denn die Romantiker waren Lebenskünstler nur um den Preis einer „Abkehr vom Leben"[143]. Damit ist innerhalb der christlichen Askese die äußerste Antithese zur puritanischen Technik bezeichnet, die das Leben, statt es durch Ästhetisierung auszuschließen, in die starre Reinheit ihrer Linienführung einschließt.

Den Glanz des Lebens ins Werk retten — das ist bürgerlich. Lebenskunst um den Preis einer Abkehr vom Leben — das ist romantisch; hier gibt es nirgends klare Scheidungen und statt Dezision nur Sphärenvermischung. Deshalb versucht Lukács in seinem Kierkegaard-Essay die Bedeutung des Sprungs und der klar getrennten Sphären an einem Lebensschicksal herauszupräparieren. Es geht hier um die Bedeutung der Form für das Leben; die im Leben Form stiftende Kraft der Dezision. Wie später Carl Schmitt zeichnet Lukács Kierkegaards Gestalt als verkörperte „Pflicht der Entscheidung"[144]. An die Stelle des romantischen Versuchs, inmitten eines problematisch gewordenen Lebens eine Ordnung ohne Ent-

---

[138] Weber, Wissenschaftslehre, S. 600.

[139] Weber, Religionssoziologie I, S. 555.

[140] Simmel, Das individuelle Gesetz, S. 72; vgl. Bloch, Briefe, S. 163 und Benjamin, GS VI, S. 196.

[141] Lukács, SuF, S. 94.

[142] A.a.O., S. 109.

[143] A.a.O., S. 108.

[144] A.a.O., S. 69.

sagung durch asketische Ästhetisierung zu stiften, tritt die Lösungsfigur des Bis-zu-Ende-gehens. Die Frage nach der Bedeutung der Form für das Leben wird nicht mehr ästhetisch aufgehoben, sondern ethisch zu Ende gebracht — bis zum „Zerschellen" der Form.

Auch das Bis-zu-Ende-gehen ist eine Form der Askese. Und so zeichnet Lukács das Bild Kierkegaards: ein Asket unter der Maske des Verführers. „Zwei reine Typen produzierte die heutige Zeit: den Fachmann und den Ästheten."[145] Max Weber hat den Fachmann in seiner rationalen Lebensführung und glücklichen Borniertheit dem Sinn gegenüber dargestellt. Den Ästheten beschreibt Lukács als paradigmatische Gestalt einer Zeit ohne rationelles Formgefühl, in die er sein nur inneres seelisches Leben projiziert. Beide, Fachmann und Ästhet, erheben ihre Arbeit zum Selbstzweck, d. h. zum Beruf: zur Verpflichtung gegenüber einer Arbeit, die geleistet wird, als ob sie keinen Zweck außer sich habe.

Mehr noch als die Verkörperung der Berufsidee ist der Fachmann Ausdruck ihrer Krisis. Denn die puritanische Möglichkeit, den schmalen Grat zwischen den Gefahren des puren Genießens und der Lebensverneinung als Weg einer von der Peitsche ‚Bürgerlichkeit' getriebenen Seele zu meistern, bleibt an einen unwiederholbaren geschichtsphilosophischen Augenblick gebunden: die Möglichkeit einer Rettung aus Sentimentalität in Objektivität durch dauernde Arbeit. Schon für das 19. Jahrhundert ist der Beruf als Rückgrat des bürgerlichen Lebens, als das Stil und Kontur Gebende, problematisch geworden. Und er wird um so kraftloser, je weniger die Objektivationen des sozialen Lebens noch Bedeutung für die Seele gewinnen. Der letzte Beruf, der dem modernen Leben noch die Weihe der Form verleiht, das letzte Asyl asketischer Bürgerlichkeit, ist die Kunst. Deshalb fragt Lukács ganz im Stile Max Webers nach dem Zusammenhang der „Lebensführung mit der Kunst"[146]. Und wenn es von Theodor Storm heißt, ihm sei Pflichterfüllung der einzig sichere Weg der Seele gewesen und er habe sich mit einer apotropäischen Geste von den Bildern des Glücks abgewendet, um die Forderungen des Tages zu religiöser Intensität zu steigern, dann liest sich dies wie ein mit geschlossenen Augen erstelltes Porträt Max Webers — ein Porträt, das den Dargestellten dialektisch berichtigt. Denn darin scheidet sich Lukács von Weber: Wo dieser nur dualistische Spannungen sieht, spitzt Lukács sie antithetisch zu, bis die Extreme ineinander umschlagen.

Die Antithese zum Askesemotiv hat Weber in der erotischen Sphäre gefunden. Erotik ist die Sublimierung des irrationalen Sexus zur Sphäre des Außeralltäglichen; natürliche Geschlechtlichkeit wird antiphysisch transponiert und kann dadurch als Königsweg des wahrhaft Lebendigen gegenüber der kalten Sachlichkeit okzidentaler Rationalisierung erscheinen. Den „direkten Durchbruch der Seelen" in der erotischen „Sensation einer innerweltlichen Erlösung vom Rationalen" hat Weber mit emphatischen Formeln gefeiert: „Allem Sachlichen, Rationalen, Allgemeinen so radikal

[145] Lukács, Ästhetische Kultur, S. 13.

[146] Lukács, SuF, S. 132.

wie möglich entgegengesetzt, (...) den kalten Skeletthänden rationaler Ordnung ebenso völlig entronnen wie der Stumpfheit des Alltags"[147] — so charakterisiert er die spezifisch moderne Liebe. Und deutlich liegt bei Weber der Akzent auf der bacchantischen Ekstase, nicht auf der ,temperierten' Leidenschaft des Platonischen Eros.

Dagegen versucht Lukács den Weberschen Dualismus von bürgerlicher Askese und erotischer Erlösung dialektisch zu überbieten. Die Figur des Platonischen Eros steht in der Mitte, ohne zu versöhnen. Sie ist Figur des Heils für den Unerlösbaren und zugleich Ausdruck des absoluten Heimwehs ohne Heimat. „Aus starken Träumen des letzten Verlassenseins formt die Sehnsucht ihr verlorenes Vaterland."[148] Deshalb hat sich der junge Lukács in Tagebuchaufzeichnungen mit der Frage gegeißelt, ob sein Essayismus nicht „frivol" sei. Frivol nämlich ist die dialektische Überbietung der Weberschen Spannung zwischen asketischem Geist und erotischer Erlösung durch eine ästhetische Figur: den „Epikuräer der Askese"[149].

Wege aus dem ehernen Gehäuse

Max Weber hat gezeigt, wie der asketische Umbau der Welt die Macht der äußeren Güter ins Unermeßliche ansteigen ließ, bis aus dem puritanischen „dünnen Mantel" der Lebenssorge ein „stahlhartes Gehäuse" geworden war, dessen Gesetze den Lebensstil jedes einzelnen bis in die Gegenwart hinein determinieren. Aug' in Aug' mit dem Ersten Weltkrieg stellt Weber seiner Zeit die Diagnose: schicksalhafte Unentrinnbarkeit einer universellen Bürokratisierung. Hinter dem Schrecken der Materialschlachten erkennt er den Triumph rationaler, arbeitsteiliger, fachmäßiger Organisation aller Lebensformen. Was die Rationalität der Bürokratie unentrinnbar macht, ist die fachliche Spezialisierung, die die Matrix aller Organisationen bildet.

Unentrinnbare Rationalität, die das Soziale in zweite Natur verzaubert, hat ihr Modell am maschinenmäßigen Funktionieren: „Eine leblose Maschine ist *geronnener Geist. Nur* daß sie dies ist, gibt ihr die Macht, die Menschen in ihren Dienst zu zwingen und den Alltag ihres Arbeitslebens so beherrschend zu bestimmen, wie es tatsächlich in der Fabrik der Fall ist. *Geronnener Geist* ist auch jene *lebende Maschine*, welche die bürokratische Organisation mit ihrer Spezialisierung der geschulten Facharbeit, ihrer Abgrenzung der Kompetenzen, ihren Reglements und hierarchisch abgestuften Gehorsamsverhältnissen darstellt. Im Verein mit der toten Maschine ist sie an der Arbeit, das Gehäuse jener Hörigkeit der Zukunft herzustellen, in welche vielleicht dereinst die Menschen sich, wie die Fellachen im altägyptischen Staat, ohnmächtig zu fügen gezwungen sein werden."[150]

[147] Weber, Religionssoziologie I, S. 560 f.
[148] Lukács, SuF, S. 200.
[149] A.a.O., S. 210.
[150] Weber, Gesammelte politische Schriften, S. 332; vgl. Schmitt, Nordlicht, S. 63 f.

Standardisierung, Uniformierung, arbeitsteilige Spezialisierung, Berufsschulung von Verwaltungskasten und die fortschreitende Domestizierung des Gesellschaftskörpers durch „stets neues Schreibwerk“ präparieren das „Gehäuse für die neue Hörigkeit“[151]. Und zwar meint Hörigkeit eine spezifisch bürokratische Gewissenhaftigkeit und prompte Subsumtion unter Sachzwänge, d. h. innerpsychische Arbeitsteiligkeit. Die Vernunftherrschaft der reinen bürokratischen Verwaltung praktiziert Sachlichkeit ohne Geist. Weber ist ihr Kritiker im Geist der Sachlichkeit. Er hat einen geschichtstheologischen Index: Zur Sachlichkeit nötigt das „Schicksal (...) in einer gottfremden, prophetenlosen Zeit zu leben“[152]. Auch für den Weber-Schüler Ernst Bloch definiert der Erste Weltkrieg die Situation des Denkens. Gerade der Augenblick der Vollendung des Nihilismus wird ihm zur philosophischen Stunde. Paradox deduziert er aus der Gewalt des Nein den Drang der utopischen Affirmation, endlich zu erscheinen. Der „Teufel der Kälte“ herrsche gerade „als pures Nichts, als völlige Entzauberung“[153], und das eherne Gehäuse sei sein demiurgisches Machwerk. Wie der Aufklärungsprozeß der Entzauberung in totaler Verblendung, so terminiert für Bloch jener Prozeß des Wirklichwerdens christlicher Askese im Teufelswerk der Moderne.

Dieser Zusammenhang hat im Titel eines Buchs von Alfred Seidel eine prägnante Formel gefunden: ‚Bewußtsein als Verhängnis‘. Die Werte seien durch Nietzsche, Freud und Weber entzaubert oder objektivistisch eingeklammert worden. Analytische Sachlichkeit schließe Herz und Halt in der vollends aufgeklärten Welt aus; so fallen Wert und Wahrheit auseinander. Bloch hat Seidel — und a fortiori auch Max Weber — als einen schlecht Entzauberten kritisiert, der auf die nihilistischen Leerstellen in den alten Wertetafeln fixiert bleibe. „Die Kategorie des ‚Nichts-Als‘, die Kategorie der Entzauberung, wurde statisch und absolut gesehen, tödlich verschlingend, nicht umschlagend.“[154] Sie „umschlagend“ zu sehen, hieße, das entzaubernde Nichts-als zu dechiffrieren als prophetisches Noch-nicht. Dieser Umschlag wäre eins mit dem Exodus aus dem stahlharten Gehäuse; ein dem ‚Verhängnis‘ Entrinnen. Im Umschlag von Entzauberung in Prophetie erweist sich auch der Geist der Sachlichkeit: die Entlastung des Menschen durch integrale Technik, als Variable des Exodus. Doch die zweite Variable, „integrale Expression“[155], verweist auf den eigentlichen Träger prophetischer Gewißheit in Nacht und Kälte der Moderne: die Musik. Blochs ‚Geist der Utopie‘ ist die spekulative Ästhetik des musikalischen Auszugs aus der entzauberten Welt; sie deutet Musik als Theologie der noch nicht existenten Gemeinde. Bloch schreibt Musiktheorie als Reichstheologie, und diese musikalische Phänomenologie des gnostischen Menschengeistes sagt Hegels Phänomenologie des Geistes dieser

---

[151] A.a.O., S. 63.
[152] Weber, Wissenschaftslehre, S. 610.
[153] Bloch, Ges. Bd. 3, S. 216.
[154] A.a.O., Bd. 9, S. 69. — Zu Seidel vgl. Lepenies, Die drei Kulturen, S. 252 f.
[155] A.a.O., Bd. 3, S. 25.

Welt den Kampf an. Doch wie Hegel spottet Bloch über die „kraftlose Schönheit“ der Griechen und der Renaissance, die sich vor der ungeheuren Macht des Negativen bewahren möchte. Im Ernst der echten utopischen Kunst spricht der gotische Geist der Auferstehung, der dem Tod ins Angesicht geschaut hat: „Exitus-Exodus“[156].

Gnostisch denunziert Bloch *diese* Welt als Irrtum, als Labyrinth des bloß Tatsächlichen, als „Sarg des gottverlassenen Seins“[157]. Und dies blinde demiurgische Machwerk, das wert ist, daß es zugrunde geht, besteht nur als unsere verhinderte Selbstbegegnung. Weil wir uns selbst nicht haben, kann diese Welt erscheinen. Gnosis, das Wissen um uns, wäre ihr Ende. So dechiffriert Bloch „das moralische Als Ob“ Kants „als ein theologisches Noch Nicht“[158]. Den ‚schädlichen Raum‘ zwischen dem Bestehenden und der Utopie überbrücke das weltlose Gelten abstrakter, selbstpräsenter Expression, in der ein Noch-nicht als Forderung an uns doch schon Realität habe. So verdankt sich die Kraft zum Auszug aus der entzauberten Welt dem intelligiblen Charakter; nur das Licht des moralischen Ich macht die Spuren der Utopie im Schutthaufen dieser Welt sichtbar.

Blochs ‚Geist der Utopie‘ ist die Philosophie des unerschienenen Logos, die Lehre vom Inkognito unserer Zukunft. Das Nichterscheinenkönnen des Messias ist Blochs zentrales Theologumenon. Und weil das Kommen oder Vereiteltwerden Gottes über die Wahrheit des Glaubens an ihn entscheidet, beschwört in Blochs Erkenntnisgebet das moralische Ich den zögernden Gott, der alle „eigene Kraft, zu kommen und scheinend zu wirken, eingebüßt“[159] hat. So triumphiert im Geist der Utopie die Seele über den Weltgeist: „Psyche über Pneuma“[160].

Doch der abstrakte Wille, die Empirie nicht hinzunehmen, läuft immer Gefahr, diese gerade dadurch in ihrer Unmittelbarkeit zu bestätigen, sofern er das Ökonomische undialektisch „als objektive Dinglichkeit faßt, dem das Seelische, die Innerlichkeit usw. entgegengestellt werden soll“[161]. Nur der geht wahrhaft über die Unmittelbarkeit der Empirie hinaus, der, statt utopisch die Immanenz der Gesellschaft zu transzendieren, ihre Gegenstände als Momente der Totalität erfaßt. Georg Lukács' Studien in ‚Geschichte und Klassenbewußtsein‘ zielen auf eine Aufhebung des Geistes der Utopie in dialektischer Totalitätsbetrachtung. An die Stelle der Kantischen Postulate gegen die Weltgegenständlichkeit tritt der Hegelsche Aufweis ihrer Vermittlungen: „das Offenbarwerden ihrer eigentlichen, objektiven, gegenständlichen Struktur selbst“[162]. Statt das eherne Gehäuse mit utopischen Sollensforderungen zu bestürmen, konstruiert Lukács den Umschlag radikaler Verdinglichung in Befreiung: Die vollends versachlichte und rationalisierte Welt werde auf der Spitze ihrer Unmenschlichkeit ihren Kern, den vergesellschafteten Menschen, enthüllen. Und Lukács bleibt im apokalyptischen Bild, wenn er der bürgerlichen Gesellschaft

---

156 A.a.O., S. 316 f.
157 A.a.O., S. 208; vgl. Schmitt, PT II, S. 37.
158 A.a.O., S. 224.
159 A.a.O., Bd. 16, S. 230.
160 A.a.O., Bd. 3, S. 236.
161 Lukács, GuK, S. 211.
162 A.a.O., S. 178 f.

„die zunehmende Aushöhlung der Verdinglichungsformen — man könnte sagen, das Platzen ihrer Kruste vor innere Leere"[163] voraussagt. In Lukács' Kampf gegen das eherne Gehäuse bilden Hegels Kritik der starren Reflexionsbestimmungen und Marxens Analyse des Warenfetischismus die theoretische Armatur. Denn wie die „Ewigkeitshülle" und „Dinghaftigkeitshülle" der Kategorien den revolutionären Erkenntnisweg versperren, so schließt sich der fetischistische Schein der Warenwelt zum Gefängnis des geschichtlichen Menschen zusammen. Und wie das bürgerliche Denken mit dem Fetisch der ‚Tatsachen' das Bestehende zum Fatum versteinert, so verdeckt und vertilgt die „neue Dinghaftigkeit" des Warencharakters die „eigentliche Dinghaftigkeit" aller Dinge.[164] Wo der Warencharakter universal geworden ist, treten den Menschen die eigenen gesellschaftlichen Kräfte fetischistisch verschleiert als zweite Natur entgegen — undurchschaubar, seelenlos und starr wie Stein. Jeder Schritt rationell-kapitalistischer Ablösung von den Zwängen erster Natur verstärkt den Bann der selbsterzeugten zweiten. Rationalisierung und Versachlichung erscheinen als Selbstvollzug. Die Frage nach dem Sinn wird im Horizont der Entzauberung irrational. Was ist, ist und geschieht nur noch, ohne zu bedeuten. Diese Dialektik von formaler Rationalität und materialer Irrationalität im Kapitalismus spitzt sich im Schein der absoluten Herrschaft übers Ökonomische zu. Er entspringt der Berechnung gesellschaftlicher Naturgesetze, deren „undurchdringbare Rationalität" die Welt „brutal und sinnlos schicksalhaft" zu regieren scheint und zu denen sich der einzelne „rein kontemplativ, fatalistisch verhält"[165]. Der fetischistische Schein ist nicht nichtig, keine bloße Tatsache des Bewußtseins, sondern macht sich in der kapitalistischen Wirklichkeit geltend. Die Struktur der Verdinglichung wird für das ganze Leben konstitutiv. Wie für Max Weber die Entzauberung, so verzaubert sich für Lukács die Verdinglichung zum Schicksal. Doch er gebraucht das Wort mit jener Ironie, die Marx von den ‚Naturgesetzen' der Gesellschaft sprechen ließ. Geschichte hat sich real zur Totalität zusammengeschlossen, macht sich als solche geltend und fundiert alle Einzeltatsachen. Doch aus welcher Perspektive wird Gesellschaft als Ganzes sichtbar? „Die Totalität des Gegenstandes kann nur dann gesetzt werden, wenn das setzende Subjekt selbst eine Totalität ist; wenn es deshalb, um sich selbst zu denken, den Gegenstand als Totalität zu denken gezwungen ist. Diesen Gesichtspunkt der Totalität als Subjekt stellen in der modernen Gesellschaft einzig und allein die Klassen vor."[166]

---

[163] A.a.O., S. 227.

[164] A.a.O., S. 104, 28. — Vgl. Marx, MEW 25, S. 838, 887; Lask, Gesammelte Schriften I, S. 318 f.

[165] A.a.O., S. 50.

[166] A.a.O., S. 40; vgl. Theunissen, Selbstverwirklichung und Allgemeinheit, S. 45 f. In einem Brief an Bloch vom 27. Mai 1926 hat Kracauer den Preis genannt, den Lukács für den Verzicht auf Theologie zu entrichten hat: „Sein ob der eigenen Formalität verzweifelter Totalitätsbegriff hat mehr Ähnlichkeit mit Lask als mit Marx."

Die Erkenntnis der Totalität (— gen. subiect. und gen. obiect. —) verändert aber die Wirklichkeit selbst, denn es ist unser Nichtwissen, das ihren fetischistischen Schein stabilisiert. Totalitätsbetrachtung liefert also eine methodische Garantie für den Untergang des Kapitalismus; sie ist Lukács' objektives Gegenstück zu Blochs System des Messianismus. In der Betrachtung seiner Totalität haucht der Kapitalismus seinen Geist aus und erstarrt zur ‚facies hippocratica'; sein Leben wird als ‚Totentanz', seine Geschichte als ‚Ödipusweg' erkennbar.[167]

Schicksalhaft unentrinnbar ist aber nur der Untergang, ‚naturgesetzlich' notwendig nur das Eintreten der letzten Krisis, nicht aber der Übergang ins Reich der Freiheit. Und da sich dem verdinglichten Bewußtsein alle dialektischen Übergänge als Katastrophen darstellen, gewinnt die objektive historische Möglichkeit der Befreiung ihren paradoxen Ausdruck gerade darin, „daß die blinden Kräfte in wirklichem Sinne blind, mit ständig wachsender, scheinbar unwiderstehlicher Gewalt zum Abgrund dahintreiben"[168]. Revolution heißt die Katastrophe abzuwenden.

Im katastrophischen Prozeß des Kapitalismus erscheint die blendende Schauseite des geschichtlichen Werdens, das den Tatsachen gegenüber „eine höhere Wirklichkeit"[169] darstellt. Und das konstitutive Auftreffen der Kategorien auf eben diese höhere Wirklichkeit ist Lukács' Wahrheitskriterium. Der Glanz des revolutionären Sinns strahlt nun aus der Konstruktion der gesellschaftlichen Vermittlung selbst. Die historische Formierung der Klassentotalität hat es möglich gemacht, „den Sinn des Geschichtsprozesses als dem Prozeß selbst immanent innewohnend aufzufassen und nicht mehr als transzendente, mythologisierende oder ethische Sinngebung auf ein an sich sinnesfremdes Material zu beziehen"[170]. Damit ist die schärfste Differenz zu Max Weber benannt, der ja gerade aus der Entzauberung und Verdinglichung der Welt die Unmöglichkeit ableitete, den Sinn des Weltgeschehens aus dessen immanenter Erkenntnis zu entziffern.

Der Webersche Hiatus zwischen Kausalität und Sinn in der entzauberten Welt ist nur zu überbrücken, wenn es eine Erkenntnis gibt, deren Vollzug selbst eine sinnstiftende struktive Veränderung jener Welt bewirkt, d. h.: die Entzauberung entzaubert. In den permanenten Krisen des Kapitalismus lernt das Proletariat leidend, daß die Möglichkeit der Befreiung aus dem ehernen Gehäuse an die Übernahme der Führung der Geschichte gebunden ist: „das Proletariat kann sich seinem Beruf nicht entziehen"[171]. Für Lukács sind die Berufung zur Herrschaft, der Exodus aus der Krise und die Konstitution als Klasse drei Aspekte desselben proletarischen Prozesses, der die Erniedrigten und Beleidigten aufs Niveau ihrer „objektiven geschichtlichen Sendung"[172] erhebt.

---

[167] A.a.O., S. 44 f.

[168] A.a.O., S. 82.

[169] A.a.O., S. 198.

[170] A.a.O., S. 36.

[171] A.a.O., S. 89; die genaue Antithese bildet Webers resignierte Bestimmung des geschichtlichen Berufs des Bürgertums; vgl. Marcuse, Kultur und Gesellschaft II, S. 114 f.

[172] A.a.O., S. 92.

In dieser Konzeption haben Sollensforderungen keinen Ort. Lukács hebt die Blochschen Postulate im Klassenbewußtsein auf; denn das Proletariat findet seine Ethik einzig im Bewußtsein seiner als Klasse. Und indem er uns als wahre Ethik das Klassenbewußtsein, als Waffe der Entscheidung die Wahrheit und als struktive Veränderung der Wirklichkeit die Selbsterkenntnis des Arbeiters als Ware vorkonstruiert, erfüllt Lukács zuletzt doch ein Webersches Programm: Er zeigt, wie sehr „*die Macht einer jeden Gesellschaft im Wesen doch eine geistige Macht* (ist), von der uns nur die Erkenntnis befreien kann“[173].

---

[173] A.a.O., S. 267.

II. Die Zeit der Entscheidung

Sprengkommandos gehören zum Rückzug. O. Marquard[1]

Das examen rigorosum der Nivellierung

Gegen Hegels Mahnung wollte Blochs Geist der Utopie ausdrücklich erbauliche Philosophie sein: „nur das Erkennen, das sich wesentlich zu unserer Existenz verhält, das sich in Existenz Denken, ist wesentliches Erkennen mit dem Paradox im Blick, existentielles Pathos, demgegenüber die ganze entäußerte, leidenschaftslos systematische Prozession nichts als lügenhaftes, wohlfeiles sich Herausreflektieren aus dem Unmittelbaren bedeutet, aus dem uns allein die Wahrheit entgegensieht"[2]. Und im selben utopischen Geiste hat der junge Lukács die Gestalt Kierkegaards beschworen. Es geht um Ethik als Pflicht der Entscheidung und die im Leben Form stiftende Kraft der Dezision. Auch Heideggers existenziale Analytik geht von Kierkegaards Einspruch gegen Hegel aus; und ‚Sein und Zeit' ist dem protestantischen Theologen viel tiefer verpflichtet, als es drei Anmerkungen, die Kierkegaard ‚existenzielle' Eindringlichkeit nur bestätigen, um ihm zugleich jede ‚existenziale' Durchdringung der Daseinsproblematik abzusprechen, einbekennen.

Heidegger aktualisiert Kierkegaards Bestimmung der Moderne als Zeit nivellierender Abstraktion, der niemand Einhalt tun kann. Um nun dennoch die religiöse Bildung des Subjekts denken zu können, hat Kierkegaard eine Dialektik von Besonderung und Nivellierung konstruiert: Der Einzelne macht die Erfahrung des Wesentlichen gerade im „examen rigorosum der Nivellierung"[3]. Eine rudimentäre Form dieser Dialektik findet sich in den zahlreichen Beteuerungen Heideggers, der Titel ‚Man' bedeute keine Herabminderung, und jedes Dasein werde sich selbst zunächst aus dem Man her und als dieses gegeben — und bleibe zumeist so. Eigentliches Selbstsein sei nur eine existenzielle Modifikation des wesenhaften Existenzials Man. Dessen konkretes Urbild hat Kierkegaard gezeichnet: die Nivellierungsmacht des Publikums, der Presse und Öffentlichkeit. Kierkegaard beschwört das Man als ein „ungeheuerliches Nichts", dessen

[1] Marquard, Skeptische Methode, S. 81.
[2] Bloch, Ges. Bd. 16, S. 368.
[3] Kierkegaard, Literarische Anzeige, S. 93.

„grausame Abstraktion“[4] den Einzelnen erzieht oder zum Untergang verurteilt.

Es handelt sich also um eine an Kierkegaard orientierte, unausdrückliche Kritik der Moderne, wenn Heidegger vom alltäglichen Sein zu Anderen sagt, in ihm sei das Dasein nicht es selbst; „die Anderen haben ihm das Sein abgenommen“. Unter dieser unauffälligen Herrschaft der Anderen, zu denen man selbst gehört, löst sich das Dasein in das Man auf. Heidegger spricht sogar von einer „Diktatur“ des Man. Ihr Diktat schreibt die Alltäglichkeit vor. So konstituiert sich Öffentlichkeit in einem Prozeß der „Einebnung aller Seinsmöglichkeiten“: Ausnahme, Vorrang, Echtes, Ursprüngliches und Geheimnis werden nivelliert. Weber hat diesen Prozeß als Entzauberung, Benjamin als Entauratisierung bezeichnet. Doch in der Kierkegaardschen Nivellierungsformel gewinnt der Begriff der Öffentlichkeit einen polemischen Index. Heidegger konterkariert mit ihm den Anspruch seiner Ursprungssphäre: Aufklärung. „Öffentlichkeit verdunkelt alles.“[5]

Öffentlichkeit verdunkelt durch Licht, sofern sie kein Geheimnis wahren kann. Historisch hat sich die Forderung nach Öffentlichkeit (der Meinung) gegen die Arcana rei publicae, den Kern der Lehre von der Staatsräson, gebildet. Nachdem sie sich im 17. Jahrhundert als politische Praxis gegen die absolutistische Geheimpolitik formiert hatte, wurde Öffentlichkeit im 18. Jahrhundert zum Medium von Aufklärung schlechthin und verlor ihre konkrete Antithese; „das Postulat der Öffentlichkeit hat seinen spezifischen Gegner in der Vorstellung, daß zu jeder Politik *Arcana* gehören, politisch-technische Geheimnisse, die in der Tat für den Absolutismus ebenso notwendig sind, wie Geschäfts- und Betriebsgeheimnisse für ein auf Privateigentum und Konkurrenz beruhendes Wirtschaftsleben“[6]. Das Betriebsgeheimnis ist die Schwundstufe des aristokratischen Begriffs Geheimnis. Was sich in der Moderne nicht dem Licht der Öffentlichkeit stellt, erscheint per se als illegitim. Dagegen fordern die dezisionistischen Denker den Mut zum Geheimnis. Wo er fehlt, gäbe es „überhaupt keine Politik mehr, denn zu jeder großen Politik gehört das ‚Arcanum‘. Alles

---

[4] A.a.O., S. 97, 100. — Vgl. Rang, Deutsche Bauhütte, S. 46; Lask, Gesammelte Schriften I, S. 303: „Allein Simmel glaubt, daß der moderne Entpersonalisierungsprozeß nur die Außenseiten des Lebens ergreift, daß also die Persönlichkeit sich zwar mit gewissen Partikelchen ihres Wesens immer mehr unpersönlichen Organisationen unterordne, dagegen desto schärfer ein nicht zu verdinglichender Persönlichkeitskern sich von allen seinen absplitterbaren Bruchteilen unterscheide und unangreifbar erhalte.“

[5] Heidegger, SuZ, S. 126 f; zur „Einebnung aller Seinsmöglichkeiten“ vgl. S. 195: „möglichkeitsblind“ und „Abblendung des Möglichen“. Auch in dem Begriff „Gerede“, der für die Öffentlichkeit des „Man“ charakteristisch ist, rezipiert Heidegger eine theologische Vokabel Kierkegaards: „Geschwätz“. Zur Verdunkelung durch das Licht der Öffentlichkeit schreibt Dempf, Sacrum Imperium, S. 33: „Für die Neuzeit und neueste Zeit ist die Öffentlichkeit durch die Veröffentlichung und die Buchdruckerkunst fast völlig verschüttet worden. Das Trommelfeuer der Druckschriften, Zeitungen und Reklame hat das öffentliche Leben betäubt. Man hört gar keine Veröffentlichungen mehr, wie der Müller die Mühle nicht mehr hört.“

[6] Schmitt, Lage, S. 48. — Vgl. Habermas, Strukturwandel der Öffentlichkeit, S. 70 und Luhmann, Soziale Systeme, S. 465.

wird sich vor den Kulissen abspielen (vor einem Parkett von Papagenos)"[7]. Auch diese Überlegung Carl Schmitts wiederholt einen Gedanken Kierkegaards, der die ethische Realität (der Reue) gerade als eine definiert, die sich nicht vor die Kulissen zerren läßt; „sie will nicht gesehen werden, am allerwenigsten vom Zuschauer"[8]. Schon für Kierkegaard geht es hier um einen dezidiert antimodernen Begriff: Was den Menschen adelt, ist die Kraft, ein Geheimnis zu wahren. Auch Kierkegaard folgt dem geschichtsphilosophischen Schema, die griechische Polis als gemeinschaftliche „Konkretion" zu verklären; sie dient dann als Kontrastfolie für die „Abstraktion" der modernen Gesellschaft. Gesellschaft heißt die Macht des abstrakten Zusammenhangs der Isolierten. Es herrscht die Gleichgültigkeit der Zahl, die Menge der „Einer", statt der mit sich selbst einigen Einzelnen. Gleich-Gültigkeit meint diese Geltung als Numerus — das ist Kierkegaards Formel für Verdinglichung, das schlechthinnige Widerspiel des Vor-Gott-Seins. Denn die streitende Wahrheit des Christentums ist minoritär. „Das Numerische versetzt den Menschen in einen exaltierten Zustand, gleich wie durch Opium."[9]

Wie jedes Rauschmittel bringt das Opium der Zahl „Seinsentlastung". Das ist Heideggers Wort für die schon von Kierkegaard beschriebene Entlastung des Daseins durch die Anderen. Man nimmt die Verantwortlichkeit ab und verdrängt die Entscheidung. Man ist niemand. „Jeder ist der Andere und Keiner er selbst." So verhält es sich zunächst und zumeist. Nur „Destruktion" kann den Weg zur Eigentlichkeit freilegen: „als Wegräumen der Verdeckungen und Verdunkelungen, als Zerbrechen der Verstellungen, mit denen sich das Dasein gegen es selbst abriegelt"[10].

Heideggers methodologischer Schlüsselbegriff der Destruktion hat einen dezisionistischen Index. Dem „unzerstreuten, existenzial verstehenden Blick", der das Dasein aus seiner Zerstreutheit ins Man herausreißt, entspricht existenziell der „Augenblick", den Kierkegaard als „Standrecht" charakterisiert hat.[11] Dieses Standrecht des Augenblicks offenbart das Zentrum des Dezisionismus: Entschlossenheit in existenzieller Unbestimmtheit, das nackte Daß, Glaube ohne Dogma, Marschieren ohne Fahne. Für Heidegger und Carl Schmitt ist Entscheidung ein Offenbarungsersatz. Die Zeit der Entscheidung, den Augenblick, denken sie geschichtlich; damit wird der Gedanke selbst zur Krisis, d. h. er bestimmt selbst einen geschichtlichen Augenblick und sich aus ihm. Der datierenden Berechnung in ‚Geschichtszahlen' bleibe der entscheidende geschichtliche Augenblick inkommensurabel.

---

[7] Schmitt, RK, S. 58; zum Zusammenhang von Macht und Arkandisziplin vgl. die Exegese des Satzes von C. J. Friedrich „all power hinds", in: „Nomos-Nahme-Name", S. 92 ff.

[8] Kierkegaard, Entweder/Oder I, S. 159.

[9] Kierkegaard, Pap XI 1 A 512; für den Anti-Marx ist die Zahl als das Anti-Religiöse Opium fürs Volk: Entweder/Oder I, S. 151 und Tagebücher III, S. 3 f. — Zur soziologischen Konkretion des ‚Man' vgl. Luhmann, Gesellschaftsstruktur und Semantik I, S. 238 f: das Sozialapriori des ‚jedermann'.

[10] Heidegger, SuZ, S. 129, 127 f; nicht anders verfährt Benjamins „destruktiver Charakter": GS IV, S. 396 f.

[11] A.a.O., S. 323, 328; Kierkegaard, Literarische Anzeige, S. 97.

Was Heidegger mit dieser ‚anderen‘, weil ‚seltenen‘ und ‚einzigen‘ Geschichte meint, verdeutlicht er 1929 in der Davoser Disputation mit Cassirer: Das ins bloß Seiende geworfene Dasein vollziehe „als freies einen Einbruch in das Seiende (...), der immer geschichtlich und in seinem letzten Sinn zufällig ist“. Nur „ganz wenige und seltene Augenblicke“ lang erfüllt die Existenz die Forderung ihrer höchsten Form. Und Geschichte ist eben deshalb selten, weil „der Mensch nur in ganz wenigen Augenblicken auf der Spitze seiner eigenen Möglichkeiten existiert“[12]. Die Zeitentscheidung für das geschichtlich Mögliche soll das historisch-chronologische Bewußtsein sprengen.

Wer sind wir zeitlich? So laute die eigentliche geschichtliche Frage, mit der Heidegger aus dem Zeithorizont des bloß Heutigen heraustreten will. Das Heutige ist die leere homogene Zeit einer endlosen Jetztfolge, die als ‚Vergehen an sich‘ den Schein von Kontinuität stiftet. Das ist die Kontrastfolie für Heideggers Lehre von der ekstatischen Erstrecktheit der Zeit, den „Ekstasen der Zeitlichkeit“[13]. 1932 schreibt Karl Barth: „So interpretiert denn heutige, durch Kierkegaard theoretisch und durch Weltkrieg und Revolution praktisch eines Besseren belehrte Ontologie das menschliche Dasein nicht erst sekundär, sondern von Hause aus als ‚Geschichte‘.“[14]

Nicht erst sekundär — in der Tat bestimmt Heidegger das Dasein als „*primär* geschichtlich“; eine Behauptung, deren polemischer Sinn darin liegt, Weltgeschichte als „sekundär“ zu depotenzieren. Eigentliche Geschichtlichkeit liege ‚vor‘ der Weltgeschichte. So bereitet Heidegger eine radikale Kritik des Historismus vor: Im Namen eines ‚sachlichen‘ historischen Interesses verdeckt die herrschende Tradition ihren Ursprung, vergißt die Herkunft und „entwurzelt die Geschichtlichkeit“. Heidegger will nun diese verhärtete Tradition durch eine antihistoristische „Destruktion“ „auf die ursprünglichen Erfahrungen“[15] hin zerfällen, um eine ursprüngliche Aneignung der Tradition allererst möglich zu machen. So artikuliert sich die Arbeit der Destruktion zunächst als Kritik des Heute. Wer wirklich weiß, wer er zeitlich ist, duldet die „Entwöhnung von den Üblichkeiten des Man“. Erst in dieser Entwöhnung reift er zum Subjekt geschichtlicher Erkenntnis. Für Heidegger „wird die eigentliche Historie zur Entgegenwärtigung des Heute, das ist zum leidenden Sichlösen von der verfallenden Öffentlichkeit des Heute“[16].

---

[12] Heidegger, Kant und das Problem der Metaphysik, S. 262; vgl. zur „anderen Geschichte“ als Antithese der neuzeitlichen Entgötterung: Gesamtausgabe Bd. 39, S. 1 und Holzwege, S. 70.

[13] Heidegger, SuZ, S. 329; vgl. S. 423, 425.

[14] Barth, Kirchliche Dogmatik I, 1, S. 36. — Barths These legt ihre Umkehrung nahe: nicht daß Ontologie geschichtlich belehrt, sondern Geschichte ontologisiert werde, sei an Heideggers Begriff der Geschichtlichkeit abzulesen — so der Tenor von Adornos Kritik; auch Marquard entlarvt Geschichtlichkeit als „Schwundstufe der Geschichtsphilosophie“, und das Sein zum Tode sei Heideggers Eschatologie-Ersatz: Schwierigkeiten mit der Geschichtsphilosophie, S. 25.

[15] Heidegger, SuZ, S. 21 f.

[16] A.a.O., S. 397, 391.

Hier zeigt sich, daß sich die Arbeit der Destruktion nicht nur in Gegenwartskritik erschöpft, sondern zugleich den Weg zur „strukturalen Konkretion“[17] bahnt. Die herauspräparierten Strukturen bestimmt Heidegger durch Kategorien der Existenz, denn es geht ihm um eine „*existenziale* Konstruktion der Geschichtlichkeit“[18]. Daraus folgt aber, daß der Ort des Problems der Geschichte nicht auf dem Feld historischer Vergegenständlichung liegt. Beide Momente der Destruktion, Gegenwartskritik und existenziale Konstruktion, bestimmen nun auch die Hermeneutik Heideggers. Dabei entspricht das Verhältnis der geschichtsstiftenden Mächte Schicksal und Wiederholung genau dem Verhältnis von Geworfenheit und Entwurf. Denn eigentliches Verstehen wählt aus „der überkommenen Ausgelegtheit (...) und gegen sie und doch wieder für sie“ das je geschichtlich Mögliche. Die Formel vom „Sichüberliefern überkommener Möglichkeiten“[19] ist als genitivus obiectivus zu lesen: „sich selbst die ererbte Möglichkeit überliefernd, die eigene Geworfenheit übernehmen und *augenblicklich* sein für ‚seine Zeit‘“. Hermeneutik der Geschichte heißt für Heidegger also: Das Dasein wählt sich „seinen Helden“ durch „kämpfende Nachfolge“ und ausdrücklich überliefernde „Wiederholung einer überkommenen Existenzmöglichkeit“. Damit schließt Heidegger aber ‚Einfühlung‘ oder andere mimetische und identifikatorische Verhaltensweisen gerade aus. Denn die existenzialhermeneutische „Wiederholung *erwidert*“ gewesene Möglichkeiten, und diese wiederholende Erwiderung ist „*als augenblickliche* der *Widerruf* dessen, was im Heute sich als ‚Vergangenheit‘ auswirkt“[20]. Die widerrufende Wiederholung löst das Dasein aus seiner Traditionsverhaftung und öffnet seine Geschichte, indem sie es in zeitlich-ekstatische Unmittelbarkeit zum Gewesenen versetzt.

Wenn Heidegger nun jene wiederholbaren Existenzmöglichkeiten als die einzige Autorität bezeichnet, vor der ein freies Selbst sich beugt, so liegt der Akzent auf der „stillen Kraft des Möglichen“. Denn wiederholen heißt für Heidegger: Geschichte auf ihre Möglichkeit hin entwerfen, Gewesenes aus seiner Möglichkeit verstehen. Diesen Begriff von Geschichte als Virtualität gewinnt Heidegger zwar exoterisch aus einer Exegese Yorckscher Briefe an Dilthey, esoterisch aber wiederholt er einen Grundgedanken Kierkegaards: „Die Möglichkeit, aus der das Mögliche, welches das Wirkliche ward, hervorgegangen ist, begleitet fort und fort das Gewordene, und bleibt bei dem Vergangenen und lägen selbst Jahrtausende dazwischen; sobald der spätere wiederholt, daß es geworden sei (...), wiederholt er dessen Möglichkeit.“[21] Wiederholt wird Vergangenes also nur als in Existenz-Möglichkeit zurückverwandeltes. Nur so ist Heideggers Erwartung sinnvoll, „daß in der Wiederholung die ‚Kraft‘ des Möglichen in

[17] A.a.O., S. 52; vgl. S. 26.
[18] A.a.O., S. 376.
[19] A.a.O., S. 383.
[20] A.a.O., S. 385 f.
[21] Kierkegaard, Philosophische Brocken, S. 82; vgl. Michel, Marxistische Ästhetik — Ästhetischer Marxismus I, S. 73 ff.

die faktische Existenz hereinschlägt, das heißt in deren Zukünftigkeit auf sie zukommt“[22].

Um diese Kraft überhaupt erfahren zu können, muß man die lebensweltliche Alltäglichkeit hinter sich lassen. Auch ‚Sein und Zeit‘ ruft zum Auszug aus der entzauberten Welt. Seine Destruktionen bereiten den „Exodus aus dem Sklavenland des Seienden“[23] vor. Und damit rückt Heideggers frühes Hauptwerk (1927) in nächste Nähe zu Lukács' ‚Geschichte und Klassenbewußtsein‘ (1923). In der Abgrenzung seiner Daseinsanalytik gegen konkurrierende Ansätze kritisiert Heidegger ausdrücklich die Rede von der Verdinglichung des Bewußtseins. Weil Dinglichkeit selbst ontologisch unaufgeklärt bleibe, komme Lukács, den Heidegger nicht nennt, aber zweifelsfrei meint, nicht zu positiven Bestimmungen eines „nichtverdinglichten“ Subjektseins. Auch am Ende der Daseinsanalytik steht wieder die Frage nach der Bedeutung von Verdinglichung und dem Grund ihrer „Herrschaft“[24]. Denn Heideggers zentraler Anspruch ist es, Bewußt-Sein jenseits von Verdinglichung in seiner positiven Strukturiertheit aufgewiesen und nichtverdinglichtes Subjektsein positiv bestimmt zu haben. Das war nur in destruktiver Arbeit zu leisten, denn auch Heidegger erkennt die fortdauernde Herrschaft der Verdinglichung in dem, was man „das Moderne“ nennt.[25] Er kritisiert es als Inbegriff uneigentlicher Geschichtlichkeit und Komplement des Historismus als der Verdinglichung des historischen Bewußtseins. Die Moderne, der Historismus, das Man — Heidegger deutet sie als apotropäische Mächte, die das Dasein zum „Wegsehen von der Endlichkeit“[26] verleiten. Nur das Sein zum Tode aber verleihe die Kraft zur dezisionistischen Sprengung der Verdinglichungskruste.

Unter nationalsozialistischer Herrschaft hat Heidegger dann nicht gezögert, seine Kritik der Moderne in politischen Klartext zu übersetzen. Die berühmte, in die Metaphysik einführende Vorlesung von 1935 adressiert die Frage nach dem Sinn von Sein an das deutsche Volk. Heidegger beschwört es als „das metaphysische Volk“, das „heute in der großen Zange“ zwischen den geschichtslosen Mächten Rußland und Amerika liege. Weil Deutschland „als in der Mitte stehend den schärfsten Zangendruck“ erfahre, sei es der metaphysische Ort für „die große Entscheidung über Europa“[27].

---

[22] Heidegger, SuZ, S. 395.

[23] Blumenberg, Lebenszeit und Weltzeit, S. 18.

[24] Heidegger, SuZ, S. 46, 437; vgl. Goldmann, Lukács und Heidegger, S. 113 ff. — Zur materialistischen Deduktion der Dinglichkeit vgl. Sohn-Rethel, Warenform und Denkform, S. 40 f.

[25] A.a.O., S. 391.

[26] A.a.O., S. 424.

[27] Heidegger, Einführung in die Metaphysik, S. 28 f; mit dem Kriegseintritt der Amerikaner nimmt der Ungeist der Geschichtslosigkeit endgültige Gestalt an: Der Amerikanismus vernichte das ‚Abendländische‘. Der Zweite Weltkrieg erscheint nun als „Entscheidung“ über „Geschichtslosigkeit und Geschichtlichkeit“; „das metaphysische Volk“ kämpft gegen die Macht des „katastrophenhaft“ Ungeschichtlichen: Gesamtausgabe Bd. 53, S. 68, 86, 179, 191 und Gesamtausgabe Bd. 54, S. 127.

1922 erscheinen in der Erinnerungsgabe für Max Weber drei Kapitel über „Soziologie des Souveränitätsbegriffes und politische Theologie". Carl Schmitt weiß sich im Schatten Max Webers und will aus ihm heraustreten. Weber ist für Schmitt der hervorragendste Repräsentant jenes Geistes, den der ‚Untergang des Abendlandes' populär resümiert hat: die „Kassandra-Figur" des ausgehenden 19. Jahrhunderts, die das eherne Gehäuse eines durchorganisierten bürokratischen Betriebs ankündigt. „Wenn Max Weber gerade vor zwei bestimmten soziologischen Typen — vor dem Bürokraten und vor dem Literaten — seine Gelehrtenruhe verliert und in Affekt gerät, so ist das aus dieser Lage zu verstehen und ein Zeichen politischer Kraft und politischen Bewußtseins. Leider hat es die Gesamtlage der deutschen Intelligenz nicht ändern können. Im Jahre 1914 hatte die deutsche bürgerliche Bildung kaum noch staatstheoretische Interessen. Sie war auf der einen Seite eine unpolitische, technische Beamtenbildung, auf der andern eine ebenso unpolitische, auf privaten, hauptsächlich ästhetischen Konsum gestellte, schattenhafte Literatenbildung geworden."[28] Weber hat den modernen Staat als großen Betrieb gesehen und damit die Herrschaft des ökonomisch-technischen Denkens auf den Begriff gebracht. Fabrik und Staat verlieren ihre spezifische Differenz: das Politische. „*Legitime* Geltung" gibt es im durchrationalisierten Betrieb des modernen Staates, der von fachgeschulten Bürokraten getragen wird, nur noch „kraft positiver Satzung, an deren *Legalität* geglaubt wird. Diese Legalität kann als *legitim* gelten"[29].

Der positivistische Funktionalismus des Beamtenapparats erscheint Max Weber als das Wertneutrale, das er auf den ‚wertfreien' Begriff der Bürokratie bringt. Dadurch tritt das scheinbar Unpolitische einer rational-technischen Beamtenmaschine in Antithese zum Politischen einer parlamentarischen Elitebildung. Gemeinsam aber stehen Bürokratie und Parlament im Kampf gegen den Dilettantismus. Die Idee der demokratischen Führerauslese gilt Schmitt als letzte ideologische Bastion eines an sich verzweifelnden Parlamentarismus: „Was Max Weber forderte, war politisches Führertum nach dem Vorbild des staatsmännischen Parteiführers in England."[30] Wie schon am Begriff der Bürokratie wird auch an dem der Führerauslese für Schmitt eines deutlich: Webers wissenschaftliche Wertfreiheit ist die genaue methodologische Entsprechung zu jener alles neutralisierenden Legalität; beide können die Wirklichkeit des Politischen nur verfehlen.

Nach dem Zweiten Weltkrieg hat Schmitt seine Weber-Kritik differenziert und gemäßigt. Er sieht nun, daß Weber den Begriff Wert v. a. als

---

[28] Schmitt, Hugo Preuss, S. 16; Schmitt, Donoso Cortés, S. 19.

[29] Weber, Wirtschaft und Gesellschaft, S. 19. — Zur Verfallsgeschichte legitimierender Legalität von der revolutionären Botschaft der Göttin Vernunft zur Gangsterparole und bis hin zur „legalen Weltrevolution" vgl. Schmitt, LuL, S. 14; Schmitt, PT II, S. 113; Schmitt, „Die legale Weltrevolution".

[30] Schmitt, Verfassungslehre, S. 335. — Zu Max Webers Begriff der Partei qua auf freier Werbung beruhendes Gebilde und seinen historischen Grenzen vgl. Schmitt, Hugo Preuss, S. 33 und Schmitt, Der Hüter der Verfassung, S. 84.

Vorbehalt gegen rein kausale Analysen geltend macht und durchaus erwägt, daß er vor dem „Konkretissimum des Erlebens“, das aus „dem Angeschmiedetsein an das leblose Gestein des Alltagsdaseins“[31] befreit, obsolet werden könnte. Selbst in der Optik des Wertdenkens findet Schmitt eine Ansatzstelle zur Überwindung des wissenschaftlichen Neutralismus: Er liest an Webers Wort vom „‚Angriffspunkt‘ der ‚Wertung‘“[32] den polemischen, latent aggressiven Index der Wertphilosophie ab. Der Angriff der Wertung antwortet auf eine Welt der bloßen Tatsachen. „Danach ist es das menschliche Individuum, das in voller, rein subjektiver Entscheidungsfreiheit die Werte setzt. Auf diese Weise entgeht es der absoluten Wertfreiheit des wissenschaftlichen Positivismus und setzt ihm seine freie, das heißt: subjektive Weltanschauung entgegen. Die rein subjektive Freiheit der Wertsetzung führt aber zu einem ewigen Kampf der Werte.“[33] Werte gelten allein aufgrund ihres Gesetztseins. Entsprechend schrumpft das Gesetz zur legalitären Setzung — im Kern ist es reiner Wille zur Durchsetzung. Für diese disziplinäre Legalitätswelt hat Max Weber den Begriff der Gehorsamserzwingungschance geprägt: Sie absorbiert das Gesetz in der Maßnahme. In dem Wort Chance, das in Webers Soziologie „besonders häufig vor(kommt)“, gewinnt die neutralisierende Wertfreiheit eine extreme terminologische Zuspitzung: „Es gehört eigentümlich zur Denkweise und Mundart eines liberalen Zeitalters der freien Konkurrenz und der *expectation* und trifft die Mischung von Glücksfall und Gesetzmäßigkeit, Freiheit und Berechenbarkeit, Willkür und Haftbarkeit, wie sie dieser Ära charakteristisch ist.“[34]

Immer wieder betont Schmitt Webers methodische Reduktion der politischen Wirklichkeit auf ‚wertfreie‘ Kategorien, um ihren eigenen politischen Index zu bestimmen: Neutralisierung wird zum Kampfbegriff. Webers Satz über die Legalität, die als legitim gelten könne, interpretiert Schmitt als Signatur seiner Zeit: Ein Staat, der sich nur auf den rein formalen Normativismus wertneutraler Legalität stützt, ist aus den Fugen. Er schrumpft zum funktionalistischen Ordnungsgedanken, ohne Qualität und Inhalt. Zuletzt erweist sich absolute Legalität als neutral gegen den Unterschied von Recht und Unrecht. Nun wird deutlich, warum Carl Schmitt in einem Vorspruch seiner Analyse betont, sie habe „am 10. Juli 1932 abgeschlossen vor(gelegen)“ — also zehn Tage vor dem ‚Preußenschlag‘. Seine Kritik wertneutraler Legalität terminiert in einer Formel, der die Machtergreifung Hitlers den entscheidenden historischen Gehalt verliehen hat: „Er dürfte auf legale Weise die Tür der Legalität, durch die er eingetreten ist, hinter sich schließen.“[35]

Schmitts Dezisionismus formiert sich Aug’ in Aug’ mit dem wert- und wahrheitsneutralen Staat des dilatorischen Formelkompromisses, der noch der Frage nach Neutralität oder Nicht-Neutralität gegenüber neutral bleibt und damit auf den „Nullpunkt des Willens“[36] zum Politischen absinkt.

[31] Weber, Wissenschaftslehre, S. 506.
[32] A.a.O., S. 246.
[33] Schmitt, „Die Tyrannei der Werte“, S. 54.
[34] Schmitt, LuL, S. 30 Anm.
[35] A.a.O., S. 33.
[36] Schmitt, Staatsgefüge, S. 49.

Wo alles, ohne Ansehen des Inhalts, durch einfachen Gesetzesbeschluß legal werden kann, wird die legale Aufhebung der Legalität selbst möglich: staatliche „Neutralität bis zum Selbstmord“[37].

Den Lauen, die im Kampf Gottes mit Luzifer neutral bleiben wollten, hat schon Dante im Inferno (III, 37 ff.) ihren Platz bezeichnet:

> Mischiate sono a quel cattivo coro
> de li angeli che non furon ribelli
> nè fur fedeli a Dio, ma per sè fuoro.

Wehe den Besiegten. Doch Schlimmeres steht den Neutralen bevor. 1938 ruft Carl Schmitt ein „neues Vae neutris!“. Dieses Motiv instrumentiert er in einer ausführlichen Rezension des Buches von Chr. Steding, das dem Neutralismus als der „Krankheit der europäischen Kultur“ das „Reich“ als Remedium entgegenhält. Entpolitisierung, Entscheidungslosigkeit und Nihilismus sind nur verschiedene Namen desselben reichsfeindlichen Geistes der Neutralität. Schmitt nimmt jedoch die scharfe Polemik Stedings in eine historische Dialektik der Neutralisierung zurück. „Der entscheidende erste Schritt wurde in einem Jahrhundert getan, das von religiösen und theologischen Kämpfen, Disputationen und blutigen Kriegen bis zur Verzweiflung und zum Ekel erfüllt war.“[38] Seit dem 16. Jahrhundert ist der Staat die Macht der Neutralisierung, die den konfessionellen Bürgerkrieg überwindet; er schafft ein neutrales Gebiet, auf dem die theologischen Kämpfe aufhören. Neutralität *entre Rome et Genève* ist also zunächst eine innerpolitische. Doch der Prozeß der Neutralisierung, den der Staat inaugurierte, absorbiert schließlich diesen selbst — wissenschaftliche Wertfreiheit und methodischer Atheismus markieren den Punkt des dialektischen Umschlags. Was als Emanzipation vom theologischen Absolutismus begann, endet im geistigen Nichts einer scheinbar neutralen Technik. Restlos entpolitisiert, funktioniert der Staat als technischer Apparat, jedem zu Diensten, gleichgültig gegen Inhalte — wie ein Telefon. Doch diese Sachlichkeit durchschaut Carl Schmitt als Schein. „Die Technik ist immer nur Instrument und Waffe, und eben weil sie jedem dient, ist sie nicht neutral. Aus der Immanenz des Technischen heraus ergibt sich keine einzige menschliche und geistige Entscheidung, am wenigsten die zur Neutralität.“[39] Fortschreitend räumt der Neutralisierungsprozeß Theologie, Metaphysik, Staat und Kultur aus der von ihm eröffneten Sphäre, bis dann die Technik endgültig tabula rasa macht. Das politische Resümee dieses Prozesses zieht der liberale *stato neutrale ed agnostico* des 19. Jahrhunderts. Er bezeichnet das politische Minimum eines in die immanente Entfaltung der Wirtschaft nicht eingreifenden Staates. „Im 19. Jahrhundert wird erst der Monarch, dann der Staat zur neutralen Größe, und hier vollzieht sich in der liberalen Lehre vom *pouvoir neutre* und von dem *stato neutrale* ein Kapitel politischer Theologie, in welchem der Prozeß der Neutralisierung seine klassischen Formeln findet, weil er jetzt auch das Entscheidende, die poli-

---

[37] Schmitt, LuL, S. 50. [38] Schmitt, Leviathan, S. 64. [39] Schmitt, BdP, S. 90.

tische Macht, ergriffen hat."[40] Schmitt forciert die Darstellung des *stato neutrale*, bis sie ihren polemischen Gegenbegriff provoziert: den totalen Staat.

Der Entpolitisierung des 19. antwortet im 20. Jahrhundert eine totale Politisierung des menschlichen Daseins. Der totale Staat entspringt, so Carl Schmitts Analyse, der allein in plebiszitärer Legitimität fundierten modernen Massendemokratie. Dabei ist es entscheidend, zu sehen, daß gerade auch jener *stato neutrale* aus seiner Schwäche heraus total werden kann; denn gerade sein Versuch, den gesellschaftlichen Interessengegensätzen gegenüber neutral zu bleiben, schlägt rasch um in die Nötigung, permanent in alle Lebensgebiete zu intervenieren, um alle Interessen erfüllen zu können. Doch ob aus Stärke oder aus Schwäche — der totale Staat ist die politische Spiegelung der von Ernst Jünger erstmals auf den Begriff gebrachten totalen Mobilmachung.

Gegen den liberalen Staat des politischen Minimums will der faschistische wieder „Staat mit antiker Ehrlichkeit"[41] sein. In dieser politischen Wiederholung der Antike auf der Spitze der Modernität verschleift Schmitt die spezifische historische Differenz des totalen Staates; jetzt ist ihm „jeder echte Staat ein totaler Staat; er ist es, als eine societas perfecta der diesseitigen Welt, zu allen Zeiten gewesen"[42]. Schmitt trägt hier also die Theorie des faschistischen Staates in die Koordinaten der katholischen Lehre von den beiden societates perfectae ein, nämlich von Kirche und Staat, die in ihrem jeweiligen Bereich souverän und autark seien.

Zugleich trägt die Vorstellung von staatlicher Klassizität in „antiker Ehrlichkeit" deutlich jene ästhetischen Züge, aus denen G. Benn dann seine „Dorische Welt" konstruiert hat. Dort heißt es: „der Staat, die Macht reinigt das Individuum, filtert seine Reizbarkeit, macht es kubisch, schafft ihm Fläche, macht es kunstfähig"[43]. Was sich hier als Ästhetisierung der Politik offen einbekennt, wird von Schmitt vorbereitet. Schon 1917 feiert er die staatliche Umschmelzung des Individuums: Der Staat ist keine Konstruktion, sondern er macht eine — nämlich aus dem Menschen. Und darin liegt sein Wert. Jeder Staat wirkt katechontisch gegen das im ‚ungefilterten', noch nicht ‚kubischen' einzelnen lauernde anarchische Chaos. Anarchie drohte ja schon im ständischen oder kirchlichen Widerstandsrecht, und von seinem Ursprung an war Staat die rationale Einheit, die das pluralistische Chaos des Mittelalters überwand und dem Bürgerkrieg ein Ende setzte. Das ist die ‚gute' Neutralisierung in der Geschichtstheorie Carl Schmitts: In der Enttheologisierung des öffentlichen Lebens erweist

[40] A.a.O., S. 89.

[41] Schmitt, PuB, S. 114. — Über den ‚totalen Staat' schreibt Ernst Forsthoff an Jean Pierre Faye in einem Brief vom 31. August 1963: „Geprägt wurde die Formel 1931 oder 1932 von Carl Schmitt unter dem Eindruck der Lektüre von Ernst Jüngers ‚Totaler Mobilmachung' und in bewußter Anlehnung an diese Formulierung. Sie ist m. E. das Ergebnis der Analyse der damaligen Situation mit den Denkmitteln, die wesentlich auf Hegel zurückgehen." Vgl. hierzu kritisch: Habermas, Der philosophische Diskurs der Moderne, S. 89.

[42] A.a.O., S. 186.

[43] Benn, GW I, S. 290.

sich der Staat als Spitzenprodukt des okzidentalen Rationalismus. Staatlichkeit realisiert sich in Säkularisierungen. Das Selbstbewußtsein, mit dem Schmitt Geschichte in der Engführung staatsrechtlicher Terminologie schreibt, gründet in der Überzeugung, daß sich der Staat als neuzeitlicher Träger des Fortschritts im Sinne fortschreitender Rationalisierung bewiesen hat. „Der Staat hat seine Ehre und Würde in der organisierten Geschlossenheit und Berechenbarkeit, mit der er als Befehlsmechanismus rational funktioniert."[44] Die *ratio status* bemißt sich also allein an der Effektivität, mit der der Status schlechthin im entscheidenden Fall das politische Maß gibt.

Staat qua Status schlechthin liegt jenseits von Privatem und Ökonomischem. Die in ihm regierenden Begriffe der Repräsentation, Person, Ehre und Würde sind konstitutiv für die „Sphäre der Publizität". „Dieser status bedeutet die grundlegende und umfassende Einheit einer substantiellen, seinsmäßigen, wesentlich öffentlichen Ordnung, er hat die innere Rationalität eines Seins und will deshalb ‚in suo esse perseverare'."[45] Aus dem Sein des Staates heraus wird für Schmitt Freiheit überhaupt erst möglich. Indem der Staat die anarchischen Impulse der einzelnen und das pluralistische Chaos der Interessengruppen niederhält, garantiert er dem Individuum den „Spielraum seiner Freiheit"[46]. Deshalb fallen einer Unterscheidung von Staat und individueller Freiheit beide zum Opfer.

Der Staat verwirklicht das Recht in der Welt, indem er es in ein Gesetz verwandelt; er bringt das Recht in Befehlsform. Als Macht ist der Staat das Nicht-Recht *im* Recht, das es realisiert. Das Recht ist nicht im Staat, sondern der Staat ist im Recht; aber es gibt kein Recht vor dem Staat. Auctoritas, non Veritas facit Legem. Damit ist der Streit um die *justa causa* beendet: Recht ist durch und durch staatsförmig geworden.

Hier hebt die für Schmitts politische Theologie strukturbestimmende Dialektik an: Die Souveränität des Staates, das Recht in der Welt zu verwirklichen, bewährt sich gerade in der Suspension des Rechts. Im Ausnahmefall setzt der Staat das Recht, um es zu retten, außer Kraft. Darin manifestiert sich seine Macht der souveränen Definition von Ordnung. Er schafft eine normale Situation, in der Rechtsnormen überhaupt erst Geltung gewinnen können. Wie das Recht staatsförmig, wird die Ordnung polizeiförmig. Deshalb nennt Schmitt den echten, funktionierenden Staat „das unwiderstehliche Instrument der Ruhe, Sicherheit und Ordnung"[47].

Definiens der Staatssouveränität ist das Entscheidungsmonopol. Hier bekundet Carl Schmitt seine Wahlverwandtschaft mit jenen gegenrevolutionären Dezisionisten, die den Staat auf eine absolute Entscheidung reduziert haben. Die Frage nach dem Souverän lautet: Quis judicabit? So verleiht die Wirklichkeit des Staates allen Lebensproblemen die schneidende Klarheit des Befehls. Vom dezisionistischen Index staatlicher Rechtsver-

---

[44] Schmitt, Leviathan, S. 73.
[45] Schmitt, PuB, S. 51.
[46] A.a.O., S. 138; vgl. S. 145 und Schmitt, Staatsgefüge, S. 20.
[47] Schmitt, Leviathan, S. 71.

wirklichung heißt es: „Dem Gesetz, das seinem Wesen nach ein Befehl ist, liegt eine Entscheidung über das staatliche Interesse zugrunde, aber das staatliche Interesse besteht erst dadurch, daß der Befehl ergeht. Die im Gesetz liegende Entscheidung ist, normativ betrachtet, aus einem Nichts geboren. Sie wird begriffsnotwendig ‚diktiert'."[48] Die Formel von der Entscheidung aus dem normativen Nichts säkularisiert die Lehre von der Schöpfung aus Nichts. Der Ausnahmezustand, der dem Wunder entspricht, gewinnt seine überragende Bedeutung in der ‚Politischen Theologie' als Provokation „der immer latent vorhanden bleibenden, prinzipiell unbegrenzten Substanz der staatlichen Allmacht"[49]. Allmacht, das Gottesprädikat, ist auf den sterblichen Gott übergegangen. So deutet Schmitt die Geburt des modernen Staates im 16. Jahrhundert als den wunderbaren Übergang vom homo natura homini lupus zum homo artificialis homini deus mortalis. „Der Schrecken des Naturzustandes treibt die angsterfüllten Individuen zusammen, ihre Angst steigert sich aufs äußerste, ein Lichtfunke der *ratio* blitzt auf — und plötzlich steht vor uns der neue Gott."[50]

Deus mortalis, magnus homo und homo artificialis sind nur verschiedene trügerische Namen desselben Menschengebildes Staat. Trügerisch, denn der Staat — „das Wort ‚Staat' immer in seinem geschichtlich-konkreten, an die Zeit etwa von 1492 bis 1890 gebundenen Sinn genommen"[51] — ist von Ursprung an Maschine. Carl Schmitt folgt hier Hugo Fischers Definition des Staates als *machina machinarum* und bestimmt ihn als erstes Produkt des technischen Zeitalters. Technizität ist seine Form der Rationalität; sie legitimiert sich durch Effektivität. Und das heißt: Der Staat ist im Kern Exekutive.

Das Politische und sein Feind

„Der Begriff des Staates setzt den Begriff des Politischen voraus."[52] Dieser Begriff des Politischen ist selbst ein politischer Begriff und hat demnach einen polemischen Sinn; d. h. er will in einer historisch konkreten Situation bekämpfen und negieren. Erst die konkrete Antithese macht ihn verständlich. Begriffe wie der des Politischen „sind keine nominalistischen Etiketten, keine normativistischen Fiktionen, keine bloß suggestiven Schlagworte. Sie sind unmittelbare Träger politischer Energien, und es gehört zu ihrer realen Kraft, daß sie einer überzeugenden juristischen Begriffsbildung fähig sind. — Daher ist auch der Kampf um sie kein Streit um leere Worte, sondern ein Krieg von ungeheurer Wirklichkeit und Gegenwart"[53].

---

[48] Schmitt, Die Diktatur, S. 23.

[49] A.a.O., S. 193.

[50] Schmitt, „Der Staat als Mechanismus bei Hobbes und Descartes", S. 623.

[51] Schmitt, NdE, S. 120.

[52] Schmitt, BdP, S. 20.

[53] Schmitt, PuB, S. 198; vgl. Hugo Preuss, S. 5; NdE, S. 56; Der Hüter der Verfassung, S. 74 Anm.

Carl Schmitts Begriff visiert drei konkrete Feinde. Zunächst die politische Romantik, die alle spezifisch politische Energie in Diskussionen verschwendet und jede Entscheidung in „ein lyrisch-räsonnierendes Tremolieren von Gedanken"[54] verschweben läßt. Der zweite Gegner ist die von Karl Barth am schärfsten zugespitzte protestantische Rede von Gott als dem Ganz Anderen, soweit sie in säkularisierter Form die liberalistische Lehre vom Staat prägt; sie erzeugt den Schein einer unpolitischen Sphäre. Bastion des Politischen gegen die neutralisierenden Kräfte ist für Schmitt der Katholizismus. Gelänge die moderne Entpolitisierung des Daseins, „so bliebe die Kirche die einzige Trägerin politischen Denkens und politischer Form; sie hätte ein ungeheuerliches Monopol, und ihre Hierarchie wäre der politischen Weltherrschaft näher als jemals im Mittelalter"[55]. Schmitt definiert das Politische also gerade nicht von der griechischen Polis her. „Wir denken das ‚Politische' römisch, d. h. imperial."[56] Das besagt aber, daß die Entscheidung, ob etwas unpolitisch ist, selbst politisch ist. Man kann vom Politischen nicht mehr abstrahieren: 1933 ist es total.

Diese historische Manifestation des Totalen interpretiert Schmitt als lebensrettende Antwort auf die „tödlichen, die Totalität des Politischen aufspaltenden Zerreißungen"[57] durch die Autonomieansprüche von Ökonomie, Technik und Militär, deren gemeinsamer Nenner die Sachlichkeit ist.

1922 heißt es: „Heute ist nichts moderner als der Kampf gegen das Politische."[58] Der Erste Weltkrieg markiert für Schmitt die Subversion des Staatsmonopols an Politik. Während im Westen die indirekten Mächte der Sachlichkeit den Staat zum Betrieb erstarren lassen, konstituiert sich im Osten das Proletariat als neues Subjekt des Politischen. Hegel, den Schmitt immer wieder als konkreten Dialektiker des Politischen würdigt, ist „über Karl Marx zu Lenin und nach Moskau"[59] gewandert. Die politische Präsenz seines Geistes beweise Lukács' ‚Geschichte und Klassenbewußtsein' von 1923. Beide Prozesse: die Erstarrung des Staates zum Großbetrieb und die Emigration des politischen Geistes ins revolutionäre Moskau, zeigen für Schmitt, daß das Politische jetzt nicht mehr vom Staat her definiert werden kann. Dessen Begriff setzt den des Politischen voraus, dessen einziges Kriterium die Freund-Feind-Unterscheidung ist.

Daraus folgt, daß es sich beim Politischen nicht um eine Frage der Substanz, sondern der Intensität handelt. Staat heißt die intensivste Einheit, Feindschaft die intensivste Dissoziation. Im Leben bezeichnet das Politische den äußersten Punkt und die extremste Möglichkeit. So ist ihm die Gefahr wesentlich, das Risiko. Die Feinde des Politischen: die jene intensivste Einheit Staat subvertierenden Mächte des ‚pluralistischen Chaos', umgehen

---

[54] Schmitt, PR, S. 224.

[55] Schmitt, RK, S. 42.

[56] Heidegger, Gesamtausgabe Bd. 54, S. 63; vgl. Heidegger, Gesamtausgabe Bd. 53, S. 117 f. — Den ‚antirömischen Affekt' in reiner Form bekundet Landauer, Die Revolution, S. 60 f.

[57] Schmitt, Staatsgefüge, S. 23.

[58] Schmitt, PT I, S. 82.

[59] Schmitt, BdP, S. 62.

diese Gefahr systematisch. Ohne das Risiko des Politischen einzugehen, nehmen sie qua soziale Interessengruppe oder Partei Einfluß auf den staatlichen Willen. Dieses Spiel *a deux mains* aufzudecken, ist der unmittelbare Sinn des Schmittschen Begriffs des Politischen. Er bekämpft den trügerischen Schein eines entpolitisierten Staates. „Die Flucht aus der Politik ist die Flucht aus dem Staat."[60]

So charakterisiert Carl Schmitt die Moderne; sie sei politikvergessen. In dieser Perspektive erscheinen Kommunismus und Kapitalismus als komplementäre Größen einer unpolitischen Sachlichkeit, die den terminus ad quem einer mechanistischen Versachlichung des Sozialen seit dem 17. Jahrhundert darstellt. Um dieses Menetekel des okzidentalen Rationalismus anzuschreiben, denkt Schmitt Spenglers Steinmasse der absoluten Stadt und Webers ehernes Gehäuse zusammen: „In der modernen Großstadt hat er sich ein Gebäude errichtet, in dem alles berechenbar zugeht. Dieses System unbeirrter Sachlichkeit kann einen frommen Katholiken erschrecken, und zwar gerade aus Rationalität."[61]

Hier konstruiert Carl Schmitt die entscheidende Antithese, kraft derer sein Begriff des Politischen aus dem Schatten der Weberschen Soziologie heraustreten soll: Dem ökonomischen Rationalismus der protestantischen Sachlichkeit setzt er den juristischen Rationalismus der römisch-katholischen Institutionen entgegen. „Der Rationalismus der römischen Kirche erfaßt moralisch die psychologische und soziologische Natur des Menschen und betrifft nicht, wie Industrie und Technik, die Beherrschung und Nutzbarmachung der Materie."[62] Die letztlich gegen Weber gewendete Antithese schreibt sich von Weber selbst her. Er hatte ja die streng logische, formaljuristische Eigenart des kanonischen Rechts im Christentum herausgearbeitet und aus der eschatologischen Weltabgewandtheit einerseits, aus dem rational bürokratischen Amtscharakter der Kirchenfunktionäre andererseits abgeleitet. Eigenart — denn „sonst nirgends" in der Geschichte sei „das kanonische Recht für das profane Recht geradezu einer der Führer auf dem Wege zur Rationalität"[63] geworden. Rechtswissenschaft als Beruf legitimiert Schmitt demnach aus ihrer Abstammung vom römischen Recht und von der römischen Kirche. Feind solcher katholischen Rationalität ist die ökonomische. Ihr Träger ist das rationalistisch unerfaßbare puritanische Individuum. „Hier ist jeder Einzelne ein über jede rationale Ableitung und Erklärung und daher über jede Begrenzung und Zuweisung, über jede Rationierung seines Wertes erhabener Träger der unsterblichen, von Gott geschaffenen und erlösten Seele. Hier können wohl Staat und Gesellschaft rationalisiert werden, ja diese prinzipielle Irrationalität des Einzelnen macht den Weg frei für die restlose Rationalisierung des Sozialen"[64], aber in jener Behauptung substantieller Individuali-

[60] Schmitt, Der Hüter der Verfassung, S. 111.
[61] Schmitt, RK, S. 25.
[62] A.a.O., S. 23.
[63] Weber, Wirtschaft und Gesellschaft, S. 481.
[64] Schmitt, Die Diktatur, S. 118 f.

tät liegt für Schmitt schon der Keim einer Subversion der politischen Einheit Staat.

Nicht Baxter und Franklin — Hobbes und Descartes erscheinen deshalb als die Heroen des okzidentalen Rationalismus, dessen erhabene Gipfelpunkte Staat und Kirche bilden. Verdankt sich der römischen Kirche eine Humanisierung durch juristische Formalisierung, so formuliert die Ratio der Staatstechnik das Diktat der Vernunft. Der Staat absorbiert alle Rationalität und ist deshalb der neuzeitliche Träger des Rationalisierungsprozesses. Noch 1963, lange nach seinem Untergang, feiert ihn Carl Schmitt als „Glanzstück europäischer Form und occidentalen Rationalismus"[65]. Entthront haben ihn die Mächte der Sachlichkeit.

Nach dem Ersten Weltkrieg beginnt, so Schmitt, eine Propaganda der Entpolitisierung traditionell politischer Fragen zugunsten rein sachlicher Gesichtspunkte. Die Sachverständigen der ausdifferenzierten Wertsphären verdrängen die Politiker. Wo sich die Dinge im Geist der Sachlichkeit selbst regieren, gibt es keinen politischen Entscheidungsbedarf mehr. Diese Sachlichkeit von ihrer Reinheit zu reinigen, ist eine zentrale Absicht der ‚Politischen Theologie'. Politik im Sinne Carl Schmitts ist weder unsachlich noch rein sachlich, denn sie erfordert sachliche Information und anerkennt zugleich „die unvermeidliche ‚Unsachlichkeit' aller politischen Entscheidungen, die nur der Reflex der allem politischen Verhalten immanenten Freund-Feindunterscheidung ist"[66].

Es ist nur eine andere Formulierung desselben Sachverhalts, wenn Schmitt konstatiert, daß alle Formen persönlicher Repräsentanz aus jener bürokratischen, von funktioneller Abhängigkeit geprägten Welt der Sachlichkeit verschwunden sind. Dieser Verlust des Sinns für Repräsentation zeigt sich in der Unfähigkeit, die Idee der Person überhaupt noch perzipieren zu können. Schmitts Rechtswissenschaft geleitet aber nur in der Engführung des Person-Begriffs ins theologische Zentrum aller Macht. „Die Grundlage der rechtlichen Konstruktion aller obrigkeitlichen Befugnisse bleibt allerdings die Vorstellung der persönlichen Repräsentation und Stellvertretung, die in einem geschlossenen, bei der zweifellos höchsten Person endenden Zusammenhang persönlicher Repräsentationen steht. Der Papst selbst ist der vicarius Christi, als dessen Kommissar er auch bezeichnet wird. Die Vorstellung der Persönlichkeit Christi ist also das letzthin Entscheidende dieser Rechtsanschauung."[67] Die Sichtbarkeit der Kirche repräsentiert den Mensch gewordenen Christus in der Weltgeschichte — das ist das politische Urphänomen persönlicher Repräsentation konkreter Persönlichkeit. Persönliche Stellvertretung ist im strengsten Sinne kommissarische, sofern *commissio* den persönlichen Befehl meint. Damit präsupponiert die Idee der Repräsentation persönliche Autorität und Würde — sie ist Schmitts Schibboleth gegen die verdinglichte Welt.

Katholischer Rationalismus fordert Repräsentation, protestantische Entzauberung schließt sie aus. „Vor Automaten und Maschinen kann man

[65] Schmitt, BdP, S. 10. [66] A.a.O., S. 32. [67] Schmitt, Die Diktatur, S. 48.

nicht repräsentieren, so wenig wie sie selber repräsentieren oder repräsentiert werden können, und wenn der Staat zum Leviathan geworden ist, so ist er aus der Welt des Repräsentativen verschwunden."[68]

Jetzt wird deutlich, warum Hobbes dem Mechanismus des Staates durch das politische Symbol des *magnus homo* Person-Qualität imputieren wollte. Daß ein einziger Gott die Welt regiert, wird seinem juristischen Denken zum Modell eines konsequenten Personalismus, der im mythischen Bild des Leviathan gipfelt. Es ist das berühmteste Beispiel einer Personalisierung durch Allegorisierung: Staaten werden als magni homines vorgestellt. Der Prozeß der Personifizierung wird aber durch die Mechanisierung der Staatsvorstellung begrenzt, die es nur noch erlaubt, die Person-Idee als „Seele" des magnus homo zu allegorisieren. Damit jedoch gerät die Person ins Räderwerk der *machina machinarum* und die strenge Bindung an Dezision wird gelockert.

Mag deshalb das politische Symbol des Thomas Hobbes fehlgeschlagen sein, so hat doch seine Frage „Quis judicabit?" die Brennpunkte des juristischen Denkens bezeichnet: Person und Entscheidung. Schmitt akzentuiert das Moment der persönlichen Gewalt, um Theorien zu desavouieren, die das Politische in geistige Gewalt, Herrschaft von Normen und unpersönliches Gelten auflösen möchten. Person steht polemisch gegen ihre Verdinglichung zum sachlichen Funktionsträger wie gegen ihre neukantianische Reduktion zum Zurechnungspunkt. „Die von Max Weber so eindrucksvoll geschilderte Rationalisierung der Rechtsordnung im 19. Jahrhundert wurde mit der Eliminierung der nicht rationalisierbaren Person aus der Rechtsordnung erkauft."[69]

Personalismus als Kern des Repräsentationsprinzips begründet die existenziale Rationalität des römischen Katholizismus. An ihm liest Schmitt seinen Begriff der politischen Form ab. Die politische Idee des Katholizismus zielt auf eine „spezifisch formale Überlegenheit über die Materie des menschlichen Lebens", aber so, daß diese Formen konkret existenzbestimmend wirken.[70] Das Urbild konkret existenzbestimmender Formen stellt die Rhetorik. Der moderne Affekt gegen sie beweist, daß die entzauberte Welt die Fähigkeit zur Form eingebüßt hat. Das kompensiert sie mit historistischen Surrogaten. Schmitt betont Form, Sichtbarkeit und Repräsentation polemisch gegen die Aufklärungsvokabeln des Decouvrierens, Entlarvens und Entzauberns. Im September 1924 notiert er: „Heute wird überall gleich die ‚Kulisse' konstruiert, hinter der sich die eigentlich bewegende Wirklichkeit verbirgt. Darin verrät sich die Unsicherheit der Zeit

[68] Schmitt, RK, S. 36; vgl. Kierkegaard, Buch des Richters, S. 120: „Bemerkenswert dieser Sprachgebrauch: Persönlichkeit in der Bedeutung kränkende Äußerung." Zur Disjunktion von katholischer Repräsentation und protestantischer Entzauberung kritisch Ernst Niekisch in einem Brief an Hans Buchheim vom 14. 12. 1954: „Der Calvinismus war ein Christentum, das ganz und gar auf den bürgerlichen Geist umgeschaltet war. In Genf erblickte ich die Umschlagstelle, in der der alte römische Geist auf die bürgerlich-angelsächsischen Bedürfnisse zurechtgeformt worden war."

[69] Forsthoff, „Einleitung", S. 34.

[70] Schmitt, RK, S. 14.

und ihr tiefes Gefühl, betrogen zu sein. Eine Zeit, die aus ihren eigenen Voraussetzungen keine große Form und keine Repräsentation hervorbringt, muß solchen Stimmungen erliegen und alles Formale und Offizielle für einen Betrug halten. Denn keine Zeit lebt ohne Form."[71]

Auch diesen Begriff substantieller Form bildet Schmitt Aug' in Aug' mit Max Weber, in dessen Soziologie das Wort ‚formal' besagt: rationalisiert, fachmäßig, berechenbar, regelmäßig, funktional, transzendental. In diesem Horizont ist aber die spezifisch juristische Form nicht perzipierbar, „denn sie entsteht gerade aus dem juristisch Konkreten"[72]. Es geht also darum, das bloße Daß der Dezision, das normenfremde Entscheidungsmoment, als Formbestimmung zu erkennen. Im Daß der Entscheidung sieht Schmitt den Kern aller Ordnung. Das begründet den „Eigenwert der Form"[73] im juristischen Denken.

Die Fähigkeit zur substantiellen Form gründet in der Repräsentationskraft. Auch darin ist die römische Kirche Schmitts welthistorisches Paradigma. Sie repräsentiert die civitas humana und die Person Christi, den Mensch gewordenen Gott, in der Geschichte. Entsprechend gilt auch für die säkularisierte Form, den sterblichen Gott Staat: Er ist nicht präsent, sondern wird repräsentiert. Hier scheiden sich Weltalter. Denn diesem Prinzip der Repräsentation des Souveräns tritt seit dem 17. Jahrhundert in scharfer Antithese „die demokratisch mit sich selbst identische Präsenz des homogenen Volkes"[74] gegenüber. Die unmittelbare Präsenz des souveränen Volkes im Plebiszit stellt die größte Entfernung vom Repräsentationsprinzip zugunsten sachlicher Identitätsvorstellungen dar. Nun treten unverantwortliche Machthaber an die Stelle der sichtbaren Machtträger, das Mandat ersetzt die personale Würde und die politische Sphäre der Publizität schrumpft zum Antichambre ökonomischer Interessenvertretung. Ökonomische Interessen können aber nicht repräsentiert werden. Das macht die Moderne unbildlich. 1923 formuliert Carl Schmitt eine „politische Theorie des Mythus". Dabei variiert er einen Grundgedanken Max Webers: die These vom Polytheismus der Wertreihen. In Gestalt feindlicher Wertordnungen entsteigen die alten Götter, entzaubert, ihren Gräbern und kämpfen gegeneinander — „für alle Zeit". In der Engführung einer Sorelschen Politik der Feindbilder heißt das: „Letzte, wenigstens in einigen Resten noch bestehende Zusammengehörigkeiten werden aufgehoben in dem Pluralismus einer unabsehbaren Zahl von Mythen. Für die politische Theologie ist das Polytheismus, wie jeder Mythus polytheistisch ist."[75] Deshalb erkennt Schmitt der Geschichte eines Feindbildes dieselbe Bedeutung zu wie der Geschichte dieses Feindes selbst. Um ihn ins Bild zu setzen,

---

[71] Schmitt, PR, S. 19; vgl. Niekisch, Das Reich der niederen Dämonen, S. 201.

[72] Schmitt, PT I, S. 46.

[73] A.a.O., S. 37. — Daß an der Form das Recht überhaupt hängt und deshalb in ihm der Schein viel gilt, hat Schmitt immer wieder betont: Hamlet oder Hekuba, S. 59; vgl. Blumenberg, „Das Recht des Scheins in den menschlichen Ordnungen bei Pascal".

[74] Schmitt, LuL, S. 13.

[75] Schmitt, PuB, S. 17.

muß er bestimmt werden. Diese Entscheidung setzt „die Gabe der politisch richtigen Unterscheidung von Freund und Feind“[76] voraus. Jede Macht ist verloren, der das *donum discretionis* fehlt. Die entscheidende Unterscheidung emanzipiert die Politik von der Moral. Und sie begründet den Wahrheitsbegriff der ‚Politischen Theologie‘. Denn Schmitt versteht die Unterscheidung von wahr und falsch als „Reflex einer existentiellen Unterscheidung von Freund und Feind“[77].

Prinzipiell reduziert Schmitt Intersubjektivität und Denken auf konkrete Kämpfe. Das prägnante Feindbild ist die Erfüllungsintention des Politischen, und Prägnanz verdankt sich der Linie qua Grenze. Der Sinn des Feindbegriffs liegt in „der Gewinnung einer gemeinsamen Grenze“[78]. So erweist sich die Prägnanz der eigenen Gestalt als Funktion der Feindabgrenzung. Sie setzt seine Anerkennung voraus. „Der Feind steht auf meiner eigenen Ebene. Aus diesem Grunde muß ich mich mit ihm kämpfend auseinandersetzen, um das eigene Maß, die eigene Grenze, die eigene Gestalt zu gewinnen.“[79] Diese Denkfigur resümiert Schmitt in der Formel: „Der Feind ist unsre eigne Frage als Gestalt.“[80]

Die Formel scheint änigmatisch, ist aber ganz einfach aufzulösen. Der Feind ist meine eigene Frage, weil „er mich in Frage stellen kann“[81]. Er ist der anerkannte Andere: der Bruder. Kain und Abel bilden für Schmitt die Urszene der weltgeschichtlichen Dialektik. Der Kampf auf Leben und Tod, der die Existenz in Frage stellt, erfragt das Selbst. Nicht anders hat es Hegel im Herr-Knecht-Kapitel dargestellt. Feindschaft ist der ‚geistige Mehrwert‘, in dem sich der Mensch als antiphysis, Transzendierung der Natur, erweist. Der Feind, der mich in Frage stellt, gestaltet meine eigene Frage. Das ist für Schmitt die Urkonkretion von Geschichte. Feindschaft prägt ihr eine dialektische „Frage-Antwort-Struktur“[82] auf. Deshalb kann Schmitt Weltgeschichte als „Kampf um Worte“ rekonstruieren: „Im politischen Kampf sind Begriffe und begrifflich gewordene Worte alles andere als leerer Schall. Sie sind Ausdruck scharf und präzis herausgearbeiteter

[76] Schmitt, PT II, S. 79; vgl. Niekisch, Widerstand, S. 80. In seiner Kampfschrift Staat, Bewegung, Volk, S. 5 und 31 f, wird Schmitt konkret: „Auch für die Vernichtung des Staats- und Volksfeindes, der kommunistischen Partei, hat man nicht erst die Ermächtigung eines Systems abwarten können, das aus seiner eigenen Schwäche und Neutralität heraus nicht einmal einen Todfeind des deutschen Volkes zu unterscheiden vermochte.“

[77] Schmitt, Der Hüter der Verfassung, S. 25 Anm.

[78] Schmitt, BdP, S. 119.

[79] Schmitt, Theorie des Partisanen, S. 87 f. — Schmitt illustriert das an einem Beispiel großer Feindschaft. Goethe hat in Fichtes Lehre Napoleons Taten wiedergefunden. Das gibt einen entscheidenden Hinweis für die Konstruktion eigentlicher Feindschaft: Der deutsche Philosoph Fichte zeichne den französischen Souverän Napoleon als „ein von seinem Ich geschaffenes Nicht-Ich als Gegenbild in ideologischer Selbstverfremdung“ — „Clausewitz als politischer Denker“, S. 495. Napoleon sei Fichtes sich selbst unkenntlich gewordene Frage nach sich selbst.

[80] Schmitt, ECS, S. 90.

[81] A.a.O., S. 89.

[82] Schmitt, „Die geschichtliche Struktur des heutigen Welt-Gegensatzes von Ost und West“, S. 151.

Gegensätze und Freund-Feind-Konstellationen.“[83] Carl Schmitts Frage-Antwort-Struktur der Weltgeschichte ist eine dialogisch temperierte Variante der Hegelschen Dialektik von Herr und Knecht, die A. Kojève in den 30er Jahren ins Zentrum der metaphysischen Aufmerksamkeit rückte. 1927 erscheinen Heideggers Existenzialanalyse ‚Sein und Zeit‘ und Schmitts Existenzialanalyse des eigenen Feindes im ‚Begriff des Politischen‘. Der Feind ist die Gestalt der eigenen Frage nur dann, wenn er der eigene Feind im „existentiellen Sinn“[84] ist. So konstituiert sich die Dimension der Eigentlichkeit in der politischen Theologie.

Wenn aber der Kampf auf Leben und Tod nur einen rein existentiellen Sinn hat, gibt es keine normative Rechtfertigung des Krieges. Es geht — bei Hegel, Schmitt und Kojève gleichermaßen — um eine seinsmäßig ursprüngliche Negierung des Anderen. „Die Begriffe Freund, Feind und Kampf erhalten ihren realen Sinn dadurch, daß sie insbesondere auf die reale Möglichkeit der physischen Tötung Bezug haben und behalten. Der Krieg folgt aus der Feindschaft, denn diese ist seinsmäßige Negierung eines anderen Seins.“[85]

Was Hegel natürliche Negation genannt hat, liegt jenseits der Linie ethischer und juristischer Normen. Der Begriff des Feindes bezeichnet den äußersten Intensitätsgrad der Trennung. „Er ist eben der andere, der Fremde, und es genügt zu seinem Wesen, daß er in einem besonders intensiven Sinne existenziell etwas anderes und Fremdes ist.“[86] Die für Carl Schmitt entscheidende Wendung liegt nun darin, daß er die natürliche Negation mit der Dialektik der Anerkennung balanciert. Anders als Hegel, aber ähnlich wie Kojève, wendet er die Figur der Negation der Negation auf den Kampf auf Leben und Tod an. So resultiert eine Dialektik der Anerkennung als Feind. Der Andere, in dem ich mich auf mich selbst beziehe, ist der feindliche Bruder. „Erinnere dich der großen Sätze des Philosophen: Die Beziehung im Andern auf sich selbst, das ist das wahrhaft Unendliche. Die Negation der Negation, sagt der Philosoph, ist keine Neutralisation.“[87]

Die Anerkennung des gerechten Feindes verleiht diesem einen Status, der ihn vor Inkriminierung und Diskriminierung schützt. Er ist öffentlich, heißt deshalb hostis, polémios. Somit inkarniert er den polemischen Zug eines wesentlichen Begriffs. Wo der Feind zum Nicht-Freund verblaßt, *enemy* den *foe* verdrängt, ist es bis zur Diskriminierung als Verbrecher nur noch ein weltgeschichtlicher Schritt. Wie entscheidend die Unterscheidung von *echtrós* und *polémios*, inimicus und hostis, d. h. privatem und politischem

[83] Schmitt, PuB, S. 191.

[84] A.a.O., S. 71.

[85] Schmitt, BdP, S. 33.

[86] A.a.O., S. 27.

[87] Schmitt, ECS, S. 90. — Es gehört zur Ironie der Wirkungsgeschichte Carl Schmitts, daß ihm der Begriff, den er als Hort echter Humanität umhegte, immer wieder als Schandmal eines unmenschlichen, faschistischen Denkens entgegengehalten wurde. Wie Schmitts „Feindschaft“ erging es auch Kojèves „Prestigekampf“. Beide Begriffe thematisieren aber Anerkennungsverhältnisse.

Feind ist, verdeutlicht Schmitt an der Übersetzungsgeschichte von Matthaeus 5, 44:

Agapáte tus echtrus hymón (Archetypum Graecum)
Diligite inimicos vestros (Vulgata)
Liebet eure Feinde (Luther)
Love your enemies (King James Bible).

Vor dem Hintergrund der Unterscheidung von echtrós und polémios in Platons Staat (470 bc) macht Carl Schmitt dieses Übersetzungsgeschehen für das welthistorische Mißverständnis verantwortlich, Jesus heiße uns, den politischen Feind zu lieben.

Hinter der Unfähigkeit, den inimicus vom hostis zu unterscheiden, lauert stets der Rückfall in einen „quasi-theologischen Feindbegriff", der die für das Politische konstitutive „nicht diskriminierende Reziprozität"[88], d. h. die Dialektik der Anerkennung als Feind, eliminiert. In der durch diese Anerkennungsdialektik möglich gewordenen „rechtlichen Formung" des Feindbegriffs erkennt Schmitt das Kernstück des okzidentalen Prozesses der „Rationalisierung und Humanisierung"[89]. Nicht nur ‚wahr' und ‚falsch', auch Vernunft und Menschlichkeit sind Funktionen des donum discretionis, das die Feindeslinie zieht.

Carl Schmitt unterscheidet konventionelle, wirkliche und absolute Feindschaft. Die konventionelle gehört zum gehegten Krieg und zur rechtlichen Form. Wirkliche Feindschaft setzt einen Exodus aus der rechtlichen Form voraus; sie hat ihren Ort und ihre Zeit da, wo die staatliche Grundrelation von *protection and obedience* zerbrochen ist. So sucht der Partisan sein Recht im Austritt aus dem Rechtsgebäude.

Die wirkliche Feindschaft des Partisanen geht im Berufsrevolutionär in absolute Feindschaft über, denn er ist nicht mehr, wie jener, mit der Erde, sondern mit der Philosophie im Bund. Der Bourgeois ist die Konkretion des absoluten Feindes, und der Berufsrevolutionär inkarniert die Negation des Kapitalismus. Wird aber absolute Feindschaft, die ja aus der Negation aller Konventionalität entsteht, selbst staatstragend und damit rechtsförmig, so schlägt sie den Anderen mit „einer totalen Entrechtung im Namen des Rechts"[90].

Mit dem Faktum der Feindschaft wird Schmitts politische Theologie für die Wissenschaften ein Skandal und für die Humanisten ein Ärgernis. Denn der Feind ist nicht bloß ein ökonomischer Konkurrent oder ein Diskussionsgegner. Vom Nichts der Infragestellung der Existenz will die Wissenschaft nichts wissen. Deshalb ist Schmitts Begriff des Politischen,

---

[88] Schmitt, NdE, S. 95; vgl. Koselleck, „Zur historisch-politischen Semantik asymmetrischer Gegenbegriffe", S. 104.

[89] A.a.O., S. 114.

[90] Schmitt, ECS, S. 58; das ist für Schmitt der terminus ad quem der Inhumanität der Humanisten. Im selben Maße wie sich das Abendland seinem Untergang zuneige, wachse der Schatten der Humanitätsidee: die letale Diskriminierungsformel ‚Unmensch'. „Der Begriff der Menschheit schließt den Begriff des Feindes aus, weil auch der Feind nicht aufhört, Mensch zu sein, und damit die spezifische Unterscheidung entfällt." — PuB, S. 73.

der sich auf die Unterscheidung von Freund und Feind gründet, wissenschaftskritisch; er erweist alle wesentlichen Begriffe als Kampfbegriffe. Und hier nennt Schmitt die ganze Differenz zu Weber: „Eine Kategorie wie ‚Wertfreiheit' kann die Wahrheit und die Wirklichkeit des Politischen nur verfehlen, weil die Wertphilosophie aus dem politischen Freund einen bloßen ‚Wert' und aus dem politischen Feind einen ‚Unwert' macht."[90a]

Quis judicabit?

Carl Schmitt artikuliert seine ‚Politische Theologie' in Form einer Soziologie juristischer Begriffe. Sie setzt eine radikale Ideologie und radikale Begrifflichkeit voraus, denn sie zielt auf eine „letzte, radikal systematische Struktur"[91]. Radikal heißt hierbei immer der analytische Rückstieg bis zu den Wurzeln im Metaphysischen und Theologischen. Dieses Verfahren präsupponiert eine Strukturhomologie zwischen metaphysischem Weltbild und politischer Form. Gerade Grenzbegriffe der äußersten Sphäre sind in diesem Sinne prägnant, weil sie einen theologischen Index haben. Sie stehen im Streit und gehören dem Augenblick der Gefahr an. So sind Schmitts Begriffe radikal, polemisch und rapide; das macht sie prägnant. Was er einmal dem psychologischen Scharfblick Taines zugestand, ist Schmitts innerste Darstellungsabsicht: „komplizierte Vorgänge auf eine prägnante Formel ihrer structure intime zu bringen"[92]. Das hat dem ersten Satz der ‚Politischen Theologie' ein fast numinoses Gepräge verliehen: „Souverän ist, wer über den Ausnahmezustand entscheidet." Das ist eine Definition, die Schmitt als Fokus der aktuellsten Interessen dient. Die These, „daß der Begriff der Souveränität *nur* vom Ausnahmezustand her zu gewinnen ist"[93], richtet sich nicht nur gegen die Identifikation von Souveränität und ‚höchster Macht', sondern v. a. auch gegen die Rede von der ‚Herrschaft des Rechts'. Es gibt keine Souveränität des Rechts, und was sich so nennt, verschleiert nur die konkrete Herrschaft von Menschen über Menschen und stellt für Schmitt die typisch liberale Formel der Weigerung dar, sich zwischen der Souveränität von Fürst und Volk zu entscheiden. Bürgerlich-liberales Denken lenkt vom Quis judicabit? ab. Sein moderner Rechtsstaat tendiert zur völligen Ignoranz gegenüber dem konkreten Souverän. In seinem politischen Kern erweist sich nämlich jeder souveräne Akt als konkreter Befehl. Und davon will der Normativismus nichts wissen. So heißt es in erstaunlicher Deutlichkeit bei Kelsen: „Der Souveränitätsbegriff muß radikal verdrängt werden."[94] Eine dialektische

[90a] Schmitt, „Clausewitz als politischer Denker", S. 502.

[91] Schmitt, PT I, S. 59.

[92] Schmitt, PR, S. 40.

[93] Schmitt, Die Kernfrage des Völkerbundes, S. 75.

[94] Kelsen, Das Problem der Souveränität und die Theorie des Völkerrechts, S. 320. Vgl. dazu kritisch: Schmitt, Staat, Bewegung, Volk, S. 16; Heller, Europa und der Faschismus, S. 17; Neumann, Die Herrschaft des Gesetzes, S. 30.

Lektüre dieses Satzes mündet aber in jenen ersten Satz der ‚Politischen Theologie'. Denn der Ausnahmezustand ist die Wiederkehr des Verdrängten.

Carl Schmitt zeichnet die Moderne, die sich zwischen Hobbes und ihm erstreckt, als souveränitätsvergessen. Seit Lockes The *Law* gives *authority* das Hobbes'sche *Auctoritas*, non veritas facit *legem* verdrängte, ignoriert die moderne Rechtswissenschaft das Problem, daß das Gesetz nicht sagt, wem es Autorität gibt. Die Frage Quis judicabit? ist inhaltlich indifferent. „Kompetenzfragen damit zu beantworten, daß auf das materielle hingewiesen wird, heißt, einen zum Narren halten."[95] Denn jede Verknüpfung des Quis mit Sachlichem präsupponiert eine Instanz, die über die Zuständigkeit entscheidet. Doch diese „Macht zur Entscheidung darüber, wer Souverän ist, würde eine neue Souveränität bedeuten"[96]. Wo aber derart, zur Bestimmung der Souveränität, über den Souverän entschieden wird, zerfällt die Souveränität. Die Dezision verfängt sich im Netz der Kompetenzen. Deshalb ist das konkrete Subjekt der Entscheidung für die Theorie der Souveränität unhintergehbar. „Es gäbe überhaupt keine Zuständigkeit mehr, wenn es eine Kompetenz-Kompetenz gäbe."[97] Das souveräne Subjekt hat unbegrenzte und unbegrenzbare Befugnis, ohne Rücksicht auf die Ordnung; seine Macht ist absolut. Sein Ort gleicht dem archimedischen Punkt, denn der Souverän steht außerhalb der normalen Ordnung und gehört doch dazu. „Der Souverän schafft und garantiert die Situation als Ganzes in ihrer Totalität."[98]

Allmacht im Ausnahmezustand und Unfehlbarkeit als Aura erweisen die geschichtlichen Gestalten echter Souveränität als Stellvertreter Gottes, als sterbliche Götter. Sie sind Christen — das ist die einzige Grenze ihrer Befugnis; „der wahre Souverän erkennt keinen andern über sich als Gott"[99]. Gerade weil er auch außerhalb der normalen Ordnung steht, kann er entscheiden, was normal, und definieren, was Ordnung ist. Notfälle machen Ausnahmen vom geltenden Gesetz notwendig. Darüber zu entscheiden, heißt Souveränität. Ihr Grenzbegriff geht auf die Aufhebung des geltenden Gesetzes in toto, um die Ordnung in toto zu schützen. Im Ausnahmezustand tritt das Recht zurück, und die Macht, die es im Normalzustand verwirklicht, offenbart nun „die substantielle Fülle der Gewalt selbst"[100].

Auctoritas, non veritas — der Befehl absorbiert die Wahrheit, denn diese kann sich nicht selbst vollziehen. Das Gesetz ist Mandatum des Souveräns, dessen direkte Gewalt vollziehbare Kommandos gibt, Schutz gewährend und Gehorsam verlangend. Deshalb lautet die Frage höchster politischer Konkretion Quis judicabit? Nur diese ganz formale Frage trifft den politischen Kern konkreter Selbstbehauptung. Schmitts historischer Spannungsbogen reicht von der problematischen Distinktion geistlich-weltlich gemäß der Zwei-Reiche-Lehre bis hin zu Völkerbund (1920) und Kellogg-Pakt (1928). Der Völkerbund garantiert politische Unabhängigkeit —

---

[95] Schmitt, PT I, S. 44.
[96] Schmitt, RK, S. 51 f.
[97] Schmitt, Die Diktatur, S. 105.
[98] Schmitt, PT I, S. 20.
[99] Schmitt, Die Diktatur, S. 27; vgl. Schmitt, Der Wert des Staates, S. 95.
[100] A.a.O., S. 194.

doch wer entscheidet über den Garantiefall? Der Kellogg-Pakt ächtet den Krieg — doch wer entscheidet, was Frieden ist? „Bei jenen entscheidenden politischen Begriffen kommt es eben darauf an, wer sie interpretiert, definiert und anwendet; wer durch die konkrete Entscheidung sagt, was Frieden, was Abrüstung, was Intervention, was öffentliche Ordnung und Sicherheit ist. Es ist eine der wichtigsten Erscheinungen im rechtlichen und geistigen Leben der Menschheit überhaupt, daß derjenige, der wahre Macht hat, auch von sich aus Begriffe und Worte zu bestimmen vermag. Caesar dominus et supra grammaticam."[101]

Immer wieder betont Schmitt den Hiatus zwischen Recht und Rechtsverwirklichung. Was rechtens ist, ist eine persönliche Entscheidung über Mittel und bestimmt sich nicht aus einer justa causa finalis nach Maßgabe von Sachgesetzlichkeiten. Schmitt bekämpft also das normativistische Phantasma einer Selbstanwendung vorher gegebener ‚automatischer' Bestimmungen. Seine formale Frage nach dem Wer des Verfahrens und der Zuständigkeit präpariert die Eigengesetzlichkeit des rechtsverwirklichenden wie rechtssuspendierenden Vollzugs heraus. Wo tödlichen Rechthabereien ein Ende gemacht werden soll, geht Autorität vor Wahrheit.

Die ‚Zurechnungspunkte' des Neukantianismus haben die konkreten Personen, die jenes Quis judicabit? erfragt, verdrängt. Denn Zurechnung ist die normativistische Illusion über das factum brutum eines Befehls. Hier zeigt sich der polemische Sinn des Schmittschen Programms einer Soziologie juristischer Begriffe: Sie ist gegen den von Kelsen repräsentierten methodologischen Dualismus von Soziologie und Jurisprudenz gerichtet, der einen vom Soziologischen ‚reinen' Staat konstruiert. Mit seiner Lehre vom reinen Staat gehört Kelsen für Carl Schmitt zu jenen modernen Katharern des jüdischen Neukantianismus, die, wie etwa Cohen in seiner Ethik des reinen Willens, das Pathos der Kantisch reinen Vernunft erneuert haben. ‚Rein' ist eine Kategorie des Pneumatischen, ein gnostischer Gestus, der Form und Schein, Person und Autorität ausschließt. Das Wort ‚rein' neutralisiert. Und Kelsen selbst nennt den Preis normativistischer Reinheit: die Verdrängung des Souveränitätsbegriffs.

Deshalb setzt Schmitt der „Einheit und Reinheit" des Normativismus immer wieder „ein brutales soziologisch-politisches Faktum"[102] entgegen: die souveräne Dezision, die überhaupt erst eine Situation schafft, in der Normen gelten können. Bei Lichte betrachtet, führt Schmitts Kritik normativistischer Reinheit aber doch wieder zu einer — nun zwar existentielleren — Form von Reinheit: der dezisionistischen. Denn die Eigenart der juristischen Form bestimmt er gerade daraus, daß das Subjekt der Entscheidung in Gegensatz zu ihrem Inhalt tritt.

Schon früh hat Carl Schmitt die hohe, abstrakte Bedeutung des Entschiedenseins an sich in jeder Rechtsprechung herausgearbeitet: Allem Recht ist ein Moment inhaltlicher Willkür wesentlich. „Bis zu einem gewissen Grade ist es immer notwendiger, daß überhaupt etwas Gesetz, als

[101] Schmitt, PuB, S. 179.

[102] Schmitt, PT I, S. 29 f.

daß ein bestimmter Inhalt Gesetz ist. Den reinsten Typus einer solchen inhaltlich ‚aleatorischen' Bestimmung würde eine Polizeiverordnung darstellen, die bestimmt, daß Fuhrwerke nach rechts ausweichen müssen."[103] Sofern in allen Kontroversen das oberste Interesse darin liegt, daß überhaupt entschieden wird, ist Autorität als solche gut, weil sie den Zweifel autoritär beseitigt. „Der Grund liegt darin, daß in der bloßen Existenz einer obrigkeitlichen Autorität eine Entscheidung liegt und die Entscheidung wiederum als solche wertvoll ist, weil es gerade in den wichtigsten Dingen wichtiger ist, daß entschieden werde, als wie entschieden wird."[104] Der Dezisionismus gegenrevolutionärer Staatstheorie hat dieses von allem Normeninhalt reine Entscheidungsmoment besonders prägnant gefaßt. Der hier immer wieder beschworene Ausnahmezustand ist das unüberbietbare Paradigma einer Dezision jenseits der Norm: „ihr Wert liegt nicht in einer überwältigenden Argumentation, sondern in der autoritären Beseitigung des Zweifels, der gerade aus den vielen möglichen, einander widersprechenden Argumentationen entsteht"[105].

Der Souverän monopolisiert die Dezision. Entscheidung in diesem radikalen Sinne eröffnet den Raum des Politischen. Schmitts Grundgedanke säkularisiert Kierkegaards Lehre von der absoluten Wahl. Wie der berühmte Titel Entweder/Oder nicht eine bestimmte Wahl, sondern die Entscheidung zwischen Entweder/Oder und nicht Entweder/Oder meint, so ist auch in Schmitts Definition der Souveränität „nicht die Rede von der Realität dessen, was man wählt, sondern von der Realität, welche das Wählen als solches hat. Dies ist jedoch das Entscheidende"[106]. Es geht um jene absolute Wahl, die allererst das Ethische setzt, also die des Entweder/Oder von Gut und Böse, Recht und Unrecht, Freund und Feind. Nur deshalb kann Schmitt „die anspruchsvolle *moralische* Entscheidung" als „Kern der politischen Idee"[107] bestimmen. Die absolute Entscheidung ist die Bedingung der Möglichkeit jener Unterscheidungen, die das Feld des Politischen strukturieren. „Das Entweder-Oder der moralischen Entscheidung, die entschiedene und entscheidende Disjunktion"[108], unterbricht die mörderischen Rechthabereien derer, die nur das Gute wollen, und vollzieht gerade in der Abstraktion von allen Inhalten, d. h. den Ansprüchen, eine justa causa zu vertreten, die dezisionistische „Taufe des Willens"[109].

---

[103] Schmitt, Gesetz und Urteil, S. 48.

[104] Schmitt, PT I, S. 71; vgl. Jünger, AH I, S. 130.

[105] Schmitt, Der Hüter der Verfassung, S. 46. — Vgl. Niekisch, Das Reich der niederen Dämonen, S. 67; Rang, Deutsche Bauhütte, S. 53: „Denn die Idee ist da, um den Willen zu lähmen, den Nichtwillen zu verheimlichen und das Leben zu sichern gegen sie, die Idee. Die dazu überspannt ist, um zu erschaffen. Der Deutsche drückt sich um den Lebens-Entscheid." Wie Max Weber im Wertepolytheismus der entzauberten Welt verzweifelt eine Entschiedenheit als solche herauszupräparieren versucht, zeigen: Henrich, Die Einheit der Wissenschaftslehre Max Webers, S. 129 und Apel, Die Erklären-Verstehen-Kontroverse, S. 39 f.

[106] Kierkegaard, Entweder/Oder II, S. 188.

[107] Schmitt, PT I, S. 83.

[108] Schmitt, Lage, S. 68.

[109] Kierkegaard, Entweder/Oder II, S. 180.

Daß der konkrete Befehl einen Rechtswert hat, stellt den kritischen Grenzbegriff des Sachverhalts dar, um den Carl Schmitts Denken der Entscheidung unaufhörlich kreist: die Dezision als „spezifisch-juristisches Formelement“[110], dem ein Moment inhaltlicher Indifferenz, ja Willkür genau entspricht; es ist normfremd und begründungsunabhängig.

Absolute Wahl, reine Entscheidung, konkreter Befehl, Diktat — das ist das Vokabular, mit dem Schmitt seiner Zeit einen dezisionistischen Index verleihen möchte. Hier säkularisiert seine politische Theologie die Lehre von der creatio ex nihilo. Genesis 1, 3 ff. zeigt Gottes Sprechen als Befehl und schöpferisches Diktat. Schöpfung aus Nichts ist eine alle Erfahrung sprengende Kausalitätsform, die keine Wirklichkeit jenseits des göttlichen Diktats kennt.

Wie die creatio ex nihilo die trügerische Ordnung des heidnischen Kosmos, so soll der Dezisionismus die Illusionen des Normativismus sprengen. „Die Entscheidung ist, normativ betrachtet, aus einem Nichts geboren.“[111] Dies Nichts des Normativismus ist der Ausnahmezustand, den nur eine absolute Entscheidung — nicht verdrängen, sondern — ausschalten kann. Ordnung überhaupt beruht auf Entscheidung überhaupt. Die „Gewalt einer vereinheitlichenden Dezision“[112] rechtfertigt sich also allein aus der Ordnung, die sie stiftet. „Das, woran sich die Entscheidung legitimiert, liegt nicht *vor* ihr.“[113]

Carl Schmitt hat mit der Faszination der Dezision immer wieder gespielt, ohne ihr doch selbst erlegen zu sein. Spätestens seit der Vorbemerkung zur 2. Auflage der ‚Politischen Theologie‘ von 1933 bemerkt er die Gefahr, die der ‚echten‘ Entscheidung vom blinden Dezisionismus droht. Es hat also immer einen konkret polemischen Sinn, wenn Schmitts Interpretation den Denkern der souveränen Dezision welthistorische Größe verleiht. Seine Gegenwartskritik artikuliert er zumeist im historischen Inkognito des 17. Jahrhunderts. Dort wächst das Wissen darum, daß bei allen großen Gegensätzen jeder behaupten kann, Recht und Frieden zu wollen, und gerade dieser Anspruch in mörderische Bürgerkriege führt. So hat man in der Berufung auf Wahrheit geradezu ein Widerspiel des Friedens und den rein politischen Sinn jedes geistlichen Entscheidungsanspruchs erkannt. Aug’ in Aug’ mit den Religionskriegen ist der Dezisionismus aus Verzweiflung entstanden. Dieses Wissen kehrt, nach der Inkubationszeit der Aufklärung, in der Staatsphilosophie der Gegenrevolution wieder. Ihr ist Schmitt wahlverwandt in dem „Bewußtsein, daß die Zeit eine Entscheidung verlangt“[114] — nämlich angesichts der jeder Vermitt-

---

110 Schmitt, PT I, S. 19; vgl. Luhmann, Ausdifferenzierung des Rechts, S. 38.

111 A.a.O., S. 42; vgl. den 148. Psalm und Römer 4, 17.

112 Schmitt, LuL, S. 58; vgl. Lage, S. 57: „Einheit der Dezision“.

113 Schmitt, Gesetz und Urteil, S. 97.

114 Schmitt, PT I, S. 60. — 1933 war sich der Dezisionismus selbst schon historisch geworden. Spenglers Polemik über das Jüngstvergangene und die Gegenwart hieß „Jahre der Entscheidung“. Auch die Schlüsselfrage dieses Buches lautet Quis judicabit? Wer ist der „Herr der Entscheidungen“? — Spengler, Jahre der Entscheidung, S. 55.

lung unzugänglichen, großen Alternative zwischen revolutionärem Atheismus und Katholizität, Anarchie und Autorität. Dabei wird der Augenblick der Entscheidung derart punktualisiert, daß die Autorität alle Legitimität absorbiert. Dieses dezisionistische Extrem verkörpert Donoso Cortes. Man könnte die ‚Politische Theologie' als Exegese seiner Formel deuten, die Schmitt schon 1927 als „den extremsten Satz des 19. Jahrhunderts" gewürdigt hat: „es kommt der Tag der radikalen Verneinungen und der souveränen Behauptungen"[115]. Das wäre der Jüngste Tag des Politischen. Donoso Cortes steht mit Kierkegaard in radikaler Gleichzeitigkeit.

In dieser gegenrevolutionären Perspektive erscheint alle politische Ordnung als in einer anspruchsvollen moralischen Entscheidung und diese wiederum theologisch fundiert. Dann ist es aber für eine politische Theologie prinzipiell auch gegenüber neutralen oder atheistischen Mächten möglich, in radikaler Analyse „die Theologie des Gegners"[116] zu bestimmen. Die Dialektik, die darin liegt, den theologischen Kern eines antitheologischen Feindes zu definieren, spitzt sich im gegenrevolutionären Denken zum Verdikt über den Anarchismus zu: dessen Theorie vom guten Menschen sei die Lehre des radikal Bösen. Donoso Cortes hat das Erbsündendogma „polemisch radikalisiert"[117]: des Menschen Natur sei böse und verworfen, vollendet sündhaft. *Polemisch* radikalisiert, denn diese Lehre ist *agonikos*, nicht dogmatikos gemeint — nämlich als politischer Kampfbegriff gegen jene anarchistische Theorie vom guten Menschen. Diese polemische, agonistische Zuspitzung beschwört das mythische Bild des Dezisionismus: „die blutige Entscheidungsschlacht, die heute zwischen dem Katholizismus und dem atheistischen Sozialismus entbrannt ist"[118]. Und zwar erschüttert der dezisionistische Mythos das merkantile Bild der Balance, in dem sich der parlamentarische Konstitutionalismus spiegelt, von rechts *und* links: *La gran contienda* des Cortes und Proudhons *Bataille Napoléonienne* wollten die diskutierende Klasse zum Schweigen bringen. Und das ist für das Szenario der ‚Politischen Theologie' entscheidend: Die Extreme der großen Antithese von Autorität und Anarchie, die auf eine Entscheidungsschlacht drängen, machen gemeinsam Front gegen das Liberale: Diskussion, ewiges Gespräch, organisches Denken, metaphysischen Kompromiß.

Donoso Cortes' Denunziation der Bourgeoisie als *Clasa discutidora* findet bei Kierkegaard eine genaue Entsprechung. Auch für den protestantischen Dezisionisten der Innerlichkeit sind das ewige Gespräch und die „lange Zeit des Verstehens eine betrügerische Erfindung"[119]. Die Fragen der souveränen Dezision und der höchsten Autorität sind allem Nachdenken und Diskutieren inkommensurabel: „je länger die Überlegung währt bei gleichzeitigem Vertagen der Entscheidung, um so mehr entfernt man sich

[115] Schmitt, PuB, S. 82.

[116] Schmitt, PT I, S. 79.

[117] A.a.O., S. 73.

[118] A.a.O., S. 75; vgl. Lage, S. 81 ff.

[119] Kierkegaard, Tagebücher II, S. 105. — Zum Problem, die Zeit des Verstehens zu schließen: Lacan, „Le temps logique et l'assertion de certitude anticipée", S. 197 ff.

von Gott“[120]. Unfähigkeit zur Entscheidung ist auch der Kernpunkt der Schmittschen Kritik an der „Politischen Romantik“. Ihre Idee des ewigen Gesprächs spiegelt das liberalistische Selbstverständnis der diskutierenden Klasse. Die Selbstbezichtigung des Novalis, ein durchaus unjuristischer Mensch zu sein, ist deshalb für Schmitt von hohem symptomatologischem Wert: Nur ein spezifisch juristischer Sinn für die nichträsonierende, repräsentative Rede kann der unendlichen Diskussion Einhalt gebieten und den Standindex der historischen Zeit angeben. Weil — und hier folgt Carl Schmitt ausdrücklich Bonald und Cortes — Metaphysik und Staatslehre sich parallel formieren, ist gerade der Staatsrechtler befähigt, die Geschichtszeichen, die Signatur der Zeit zu entziffern.

Wenn Politik einen metaphysischen Kern hat, ist sie geschichtsphilosophisch lesbar. So liest Cortes aus der 48er Revolution das Ende traditioneller Legitimität heraus: Niemand, das sieht auch Kierkegaard, will mehr König sein. Das ist die Geburtsstunde der Diktatur — scheinbar also ein Begriff der Gegenrevolution, „dessen eigentliche Energie aber in der Sphäre eines revolutionären Demokratismus liegt“[121]. Der Begriff der Diktatur wird hier so dezisionistisch pointiert, daß man ihn als Säkularisierung des Jüngsten Gerichts bestimmen kann. M. a. W.: Das Jüngste Gericht ist das theologische Urbild des Dezisionismus. Denn für Schmitts ‚rapiden‘ Katholizismus bringt das Jenseits christlicher Transzendenz nichts als die „furchtbare Dezision — ewige Seligkeit oder ewige Verdammnis“[122].

Daß alle prägnanten Begriffe der modernen Staatslehre säkularisierte theologische Begriffe sind, exemplifiziert der numinose erste Satz der ‚Politischen Theologie‘ also sehr eindringlich: Souveränität säkularisiert die göttliche Allmacht, die Entscheidung das Jüngste Gericht (— die souveräne Dezision ist infallibel wie der Papst —) und der Ausnahmezustand das Wunder. Donoso Cortes hat die Diktatur als Wunder bezeichnet, weil sie die Gesetze des Staates gerade so aufhebe wie das Wunder die der Natur. „In Wahrheit ist nicht die Diktatur dieses Wunder, sondern die Durchbrechung des rechtlichen Zusammenhangs“[123] im extremen Fall des *a Deo excitatus*. Schmitts Analogie zwischen Wunder und Ausnahmezustand zielt also auf die „durch einen unmittelbaren Eingriff eine Ausnahme statuierende Durchbrechung“[124] des Gesetzes. Dem Rationalismus der Aufklärung wie dem Normativismus der Neukantianer fehlt dieser „Sinn für Durchbrechungen“[125]. Wie man die Souveränität verdrängt, so verwirft man den Ausnahmezustand und disqualifiziert alles außerordentliche Handeln als irrational. Weil man den Ausnahmefall nicht durch Alltagsroutinen eliminieren kann, fällt er durchs rationalistische Raster: „Das Staatsrecht hört hier auf.“[126]

Den Ausweg aus der rationalistischen und normativistischen Ignoranz weist wiederum Kierkegaard. Das Kapitel zur Definition der Souveräni-

---

[120] Kierkegaard, Christliche Reden 1848, S. 93.
[121] Schmitt, PuB, S. 85.
[122] Schmitt, PR, S. 104.
[123] Schmitt, Die Diktatur, S. 139.
[124] Schmitt, PT I, S. 49.
[125] Schmitt, PuB, S. 47.
[126] Lehrbuch des Staatsrechts von Meyer-Anschütz, S. 906; vgl. Schmitt, Staatsgefüge, S. 11.

tät, das mit jenem numinosen Satz beginnt, endet mit einem langen Zitat aus der ‚Wiederholung'. Es geht um einen polémios: den „dialektischen Kampf (...), in dem die Ausnahme in das Allgemeine einbricht". Die Versöhnung der Streitenden denkt Kierkegaard nach dem Modell des sich bekehrenden Sünders, über den sich der Himmel des Allgemeinen bekanntlich mehr freut als über die Regularität der 99 Gerechten. Die Strenge der dialektischen Verknüpfung zeigt sich darin, daß die „energische und entschlossene Ausnahme", die sich selbst durchdenkt, zugleich an das Allgemeine denkt; und zwar offenbart sie es deutlicher als dieses sich selbst: „Die Ausnahme (...) denkt das Allgemeine mit energischer Leidenschaft."[127] Kierkegaards moralisch anspruchsvollste Entscheidung: die teleologische Suspension des Ethischen, gibt so das Schema für den Ausnahmezustand ab: die teleologische Suspension der Rechtsordnung.

Sinn für ‚Durchbrechungen', dialektischer ‚Einbruch' der Ausnahme ins Allgemeine — das sind Schlüsselvokabeln des politischen Existentialismus Carl Schmitts. Sie bilden Säkularisate des rettenden Einbruchs christlicher Transzendenz. „In der Ausnahme durchbricht die Kraft des wirklichen Lebens die Kruste einer in Wiederholung erstarrten Mechanik."[128] Für einen Logiker des Extrems stellt der Ausnahmezustand nicht nur die Kernfrage politischer Theologie, sondern leistet selbst schon die entscheidende Aufklärung über die konkrete historische Situation. Carl Schmitts politischer Existentialismus formiert sich um diese „den Kern der Dinge enthüllende Bedeutung"[129] des Ernstfalls. Seine eminente heuristische Bedeutung beweist der Ausnahmezustand durch eine doppelte Leistung. Einmal bietet er ein ‚negatives, aber exaktes Spiegelbild' der bestehenden Ordnung; sodann ist er präziser Ausdruck einer konkreten politischen Konfliktlage, die, „wie in einer Krankheitsentwicklung der ‚pathognomische Moment', in einem Augenblick plötzlich den sonst verdeckten wahren Zustand erkennen läßt"[130]. So stellt die Theorie des Ausnahmezustandes die entscheidende staatsrechtliche Engführung dar, durch die Schmitts Charakterisierung der Zwischenkriegszeit ihre große Prägnanz gewinnt: von 1919, der Geburt des Art. 48 Abs. 2 aus dem Bewußtsein der „ganz abnormen Lage" Deutschlands, über die „völkerrechtliche Ausnahmebehandlung" des Rheingebiets — Schmitt betont 1928 „das prinzipiell Ungeheuerliche dieser geschichtlichen, politischen und rechtlichen Abnormität" —, bis hin zum ‚Preußenschlag' am 20. Juli 1932.[131]

---

[127] Kierkegaard, Die Wiederholung, S. 92—95; vgl. Rang, Deutsche Bauhütte, S. 85, 88, 91.

[128] Schmitt, PT I, S. 22. — Zu konkreten Fällen einer Durchbrechung verfassungsgesetzlicher Normierungen durch faktische Maßnahmen vgl. Schmitts Aufsatz von 1931 „Die staatsrechtliche Bedeutung der Notverordnung" und zum Begriff der Durchbrechung: Verfassungslehre, S. 107.

[129] Schmitt, BdP, S. 35.

[130] Schmitt, Staatsgefüge, S. 10. — Durchaus nach dem Modell der Psychoanalyse begreift Schmitt „diese Symptomatik des pathognomischen Moments" als Wiederkehr des politisch Verdrängten und zum ‚reinen Tabu' Gewordenen: VA, S. 260.

[131] Schmitt, Die Diktatur, S. 233, 258f; PuB, S. 97f; Der Hüter der Verfassung, S. 127; Staatsgefüge, S. 47; vgl. dagegen die Einschätzung des „Preußenschlags" bei Fest, Hitler, S. 471 ff.

Am extremen Fall, der Ausnahmebefugnisse nezessiert, liest Carl Schmitt die Wesensbestimmung staatlicher Autorität ab. Im Extrem zeigt sich das Zentrale. Immer wieder repetiert Schmitt diese Formel: „Der Ausnahmezustand enthüllt (...) den Kern des Staates in seiner konkreten Eigenart."[132] Für den politischen Existentialismus offenbart der Staat sein Wesen also gerade im Augenblick seiner höchsten Gefährdung, die eine radikale Selbstverteidigung erfordert. Und in der Tat legitimiert Schmitt die Ausnahmebefugnisse nach dem Schema der Notwehr. „Ebenso wie bei der Notwehr, wenn die Voraussetzung, nämlich ein gegenwärtiger rechtswidriger Angriff, gegeben ist, Alles geschehen darf, was zur Abwehr des Angriffes erforderlich ist, und keine inhaltliche Angabe darüber, was geschehen darf, in der rechtlichen Regelung liegt, weil diese nicht tatbestandsmäßig umschreibt, sondern nur einen Hinweis an das, was zur Abwehr *erforderlich* ist, enthält, so tritt auch, wenn jene Voraussetzungen der Aktion des Ernstfalles einmal eingetreten sind, die nach Lage der Sache *erforderliche* Aktion ein. Wie aber ferner das Wesen des Notwehrrechtes darin besteht, daß durch die Tat selbst über seine Voraussetzung entschieden wird, daß also nicht eine Instanz geschaffen werden kann, die vor der Ausübung des Rechts justizförmig prüft, ob die Voraussetzungen der Notwehr gegeben sind, so kann auch hier im wirklichen Notfall derjenige, der die Nothandlung ausübt, nicht von demjenigen unterschieden werden, der darüber entscheidet, ob der Notfall gegeben ist."[133]

Gegenüber der Tatsache, daß Recht geschaffen und Ordnung gestiftet wird, ist die Frage, wer recht hat, gleichgültig. Der Staat verteidigt sich selbst, während das Recht zurücktritt. Der extreme Fall trennt also die Existenz des Staates von seiner Rechtsordnung. Der *extremus necessitatis casus* nezessiert *jura extraordinaria* — und d. h.: Alle Fragen nach dem Recht werden mit einem Hinweis auf die extreme Notlage beantwortet. „Im Ausnahmefall suspendiert der Staat das Recht, kraft eines Selbsterhaltungsrechtes, wie man sagt."[134]

Eine echte Ausnahmebefugnis scheint deshalb prinzipiell unbegrenzt zu sein. Diese Bestimmung ist aber deshalb problematisch, weil eine Ausnahme begriffsnotwendig an die Weitergeltung der entsprechenden Norm gebunden bleibt. Daß die Ausnahme die Regel bestätigt, ist eine bekannte Formulierung des Sachverhalts. „Es gehört zum Begriff der Ausnahme, daß sie eingreift, ohne aufzuheben und abweicht, ohne außer Kraft zu setzen."[135] Dennoch konstruiert Schmitt den Ausnahmezustand so, daß die souveräne Entscheidung über ihn die gesamte bestehende Ordnung suspendiert. Zugleich macht er deutlich, daß die Tatsache der Zurückdrängung des Rechts im Augenblick der Selbstverteidigung des Staates dennoch ein Rechtsproblem darstellt. Selbst der Grenzfall einer souveränen Entscheidung, die

---

[132] Schmitt, Der Hüter der Verfassung, S. 131; vgl. VA, S. 259 und Blumenberg, „Wirklichkeitsbegriff und Staatstheorie", S. 122.

[133] Schmitt, Die Diktatur, S. 179.

[134] Schmitt, PT I, S. 19.

[135] Schmitt, Die Diktatur, S. 226; vgl. Preuss, Die Internalisierung des Subjekts, S. 165.

die gesamte bestehende Ordnung suspendiert, ist juristisch begründbar, also keine reine Machtfrage; es handelt sich um die Selbstbehauptung des Staates als Bedingung der Möglichkeit einer ‚wahren' Ordnung. Der Begriff der Rechtsordnung trägt für Schmitt also ein Maximum dialektischer Spannung in sich. Während normale Situationen das dezisionistische Moment annihilieren, „wird im Ausnahmefall die Norm vernichtet". Hier manifestiert sich die innere Differenz im Begriff der Rechtsordnung als Gegensatz von Recht und Rechtsverwirklichung: Souveränität sieht ab vom Recht, um es zu verwirklichen. Rechtssätze selbst sind Normen, die weder das Ob noch das Was einer absoluten Ausnahme erfassen können. Der Fall äußerster Not kann also im Rechtssystem nicht tatbestandsmäßig umschrieben werden. Offenbar konzipiert ihn Schmitt hier in Analogie zu Kierkegaards Inkommensurablem: „Die Ausnahme ist das nicht Subsumierbare"[136] — daran zerschellen alle rein juristischen Kategorien. Es gibt demnach keinen rein rechtswissenschaftlichen Weg zum Kernbereich der Souveränität.

Die für den politischen Existentialismus konstitutive Frage Quis judicabit? führt im offenbarenden Extremfall vor ein Rechtsproblem, das jedoch „einer Rechtsförmigkeit nicht zugänglich"[137] ist. Deshalb exponiert Carl Schmitt seine politische Theologie in Form einer Soziologie juristischer Begriffe. Denn wo der existentielle Kern eines politischen Konflikts zutage tritt, kann nicht mehr justizförmig prozediert werden. Die souveräne Durchbrechung von Gesetzesnormen „im Interesse der politischen Existenz" beweist „die Überlegenheit des Existenziellen über die bloße Normativität"[138]. Es gibt für Schmitt keine reinere Manifestation politischer Kraft als eine solche Durchbrechung des rechtsstaatlichen Normierungsschemas — eine teleologische Suspension des Rechts im Dienste der politischen Existenz. Deren Souveränität zeigt sich darin, daß sie im entscheidenden kritischen Augenblick als „Richter in eigener Sache"[139] auftritt.

Hier wird deutlich, inwiefern Schmitt die normenfremde Dezision als wesentliches juristisches Formmoment begreifen kann: Sie stiftet Ordnung überhaupt als Form-Minimum und Symptom von Autorität; damit bietet sie dem juristischen Denken einen Ausgangspunkt. „Nach den Erfahrungen des Krieges, der Revolution und der Inflation braucht man darüber nicht mehr viele Worte zu verlieren. Kein Recht gilt im Leeren, alles Recht ist Situationsrecht."[140]

---

[136] Schmitt, PT I, S. 19.

[137] Schmitt, Die Diktatur, S. 175; vgl. Staat, Bewegung, Volk, S. 44 und Mommsen, Max Weber und die deutsche Politik, S. 380.

[138] Schmitt, Verfassungslehre, S. 107.

[139] Schmitt, Die Kernfrage des Völkerbundes, S. 11.

[140] A.a.O., S. 22. — Nach dem Zweiten Weltkrieg transformiert Schmitt den Dezisionismus in ein Denken des Nomos und des Ordo. Nomos qua Nahme stiftet jetzt die „Anfangsordnung". Als ordo ordinans verdrängen die Nahme und ihr Raum die Entscheidung und ihre Zeit — vgl. NdE, S. 19, 47 und „Nomos-Nahme-Name", S. 101. Fasziniert von der Macht der Ordnung deutet Schmitt sogar noch die Vernichtungsschlachten des Zweiten Weltkriegs in Raumordnungsvorgänge ersten Ranges um — vgl. „Beschleuniger wider Willen"; zur Definition des gehegten Krieges als höchster Ordnungsform: NdE, S. 158 f; PuB, S. 285.

Auch dieses Lob der Macht der Ordnung an sich hat einen historischen, konkret polemischen Index: Es richtet sich gegen jene gesellschaftliche Macht, deren bloße Existenz den Bestand sozialer Ordnung dementiert und die von der marxistischen Theorie als reine Negation der bourgeoisen Ordnungsträger definiert wird — das Proletariat als „das soziale Nichts"[141]. Angesichts des ‚sozialen Nichts' eine Ausnahme von der verfassungsbestimmten Ordnung zu machen, um sie als Ganzes vor der meontischen Drohung zu retten — das ist ein typisches Mittel der Diktatur. Schmitt legitimiert die Diktatur als Verteidigung der Ordnung durch Notwehrhandlungen, die gegen einen konkreten Gegner gerichtet sind. Es handelt sich also um eine konkrete Ausnahme, in der das Recht suspendiert wird, um ihm wieder Geltung zu verschaffen. Deshalb spitzt Schmitt das Quis judicabit? zur Frage nach der Diktatur als dem „kritischen Begriff der Rechtsverwirklichung"[142] zu. Diese dialektische Zuspitzung im Sinne der politischen Theologie setzt Differenzierungen im Begriff der Diktatur voraus. In einer ersten *staatsrechtlichen* Schicht bezeichnet er den Belagerungszustand. Revolutionär umgewertet dient er der *politischen* Kritik der bestehenden Ordnung. Als die des Proletariats wird Diktatur schließlich zum *geschichtsphilosophischen* Begriff, der das Vehikel zum kommunistischen Ziel benennt. Diese Dimensionen müssen mitgedacht werden in Schmitts *rechtsphilosophischer* Definition des Wesens von Diktatur durch die prinzipiell mögliche Trennung der Rechtsnormen von den Normen der Rechtsverwirklichung. Diktatur emanzipiert den Zweck vom Recht. Ihr Begriff zielt also nicht auf die absolute Herrschaft eines Tyrannen. Stets ist ein herbeizuführender konkreter Zustand der Zweck, dessen Herrschaft die Diktatur von allen Rechtsrücksichten befreit. Es liegt in der Konsequenz dieser Emanzipation vom Recht, daß eine radikale Theorie der Diktatur den Rahmen restaurativer Staatsphilosophie, das Denken der Legitimität, sprengt. So deutet Schmitt den Schritt von de Maistre zu Donoso Cortes dialektisch als dezisionistische Selbstaufhebung des gegenrevolutionären Legitimitätsgedankens.

Der Diktaturbegriff gewinnt durch eine Reihe von Antithesen Kontur: Diktatur ist die autoritäre Einklammerung der „veritas", markiert das Ende der royalistischen Epoche und unterbricht das ewige Gespräch der Romantiker, das sich in der liberalen Diskussion parlamentarisch formalisiert hat. Der antiliberale Charakter der Diktatur ist aber nicht ihr einziger für Schmitt wesentlicher Zug. Immer wieder kämpft er gegen die Vorstellung an, Diktatur stehe im Gegensatz zu Demokratie. Den historischen Beweis für ihre Vereinbarkeit findet er in den Cäsarismen und Erziehungsdiktaturen — also links und rechts. Diktatur widerspricht nicht der Demokratie, sondern der Diskussion als dem eigentlichen Medium des bürgerlichen Liberalismus. Auf dessen ewiges Gespräch, seinen Sinn für Vermittlung und seine Figuren der Balance antworten die Kräfte der Revolu-

---

141 Schmitt, Lage, S. 74.
142 Schmitt, Die Diktatur, S. XX.

tion und Reaktion „mit Unmittelbarkeit und Apodiktizität, d. h. mit Diktatur“[143].

Unmittelbarkeit und Apodiktizität — damit wird deutlich, daß der Begriff der Diktatur in Schmitts Rechtsphilosophie, die durchaus dialektisch organisiert ist, ein Kierkegaardsches Korrektiv am Hegelschen Vermittlungsdenken anbringt. Er steht für die Unterbrechung der Entwicklung, die Ausnahme von außen, die Sprengung der Lebensimmanenz. Nun gibt es zwei Möglichkeiten, die Immanenz aufzubrechen, die der politischen Zwiefältigkeit des Diktaturbegriffs genau entsprechen: Transzendenz von oben, oder Sprengung von unten. In dezisionistischer Simplizität lautet nun die alles entscheidende Antithese: ‚Gekrönte‘ Diktatur vs. Diktatur des ‚Acherontischen‘.

Im Frühjahr 1872 schreibt Bakunin aus Locarno an die spanischen Brüder der Allianz. Der Brief gipfelt in einer Kritik des Marxismus als „System *revolutionärer Autoritäten*“. Das liest sich wie eine Replik auf die kritische Darstellung des Bakuninschen Ideals einer zukünftigen Gesellschaft, die Engels am 24. Januar desselben Jahres in einem Brief an Theodor Cuno gibt: „In dieser Gesellschaft existiert vor allem keine *Autorität*, denn Autorität = Staat = absolut vom Übel. (Wie die Leute eine Fabrik treiben, eine Eisenbahn befahren, ein Schiff leiten wollen, ohne einen in letzter Instanz entscheidenden Willen, ohne einheitliche Leitung, das sagen sie uns freilich nicht.)“ Engels sieht also sehr deutlich, daß die anarchistische Wendung gegen den Staat, statt gegen das Kapital, das dezisionistische Moment und damit die eigentlich politische Dimension verdrängt. Anarchismus ist „*vollständige Absention von aller Politik*“. Damit hat Engels Bakunins Selbstverständnis durchaus getroffen. Der Anarchismus will den Staat abschaffen, und deshalb gibt es für ihn nur eine Politik: „die Abschaffung der Politik“[144].

Am Staat bekämpft Bakunin das Politische, d. h. dessen Kern: die Dezision. Und in der Dezision bekämpft er das Autoritäre, d. h. dessen Kern: die Transzendenz Gottes. Und so schildert ihn Schmitt: als den stolzen Barbaren, der den „Kampf gegen Gott“ als Inbegriff aller Herrschaft aufnimmt; „so erscheint einem der größte Anarchist des 19. Jahrhunderts, Bakunin, als der naive Berserker, der im Kampf gegen Idee und Geist den Generationen vorauseilt, um die Bahn von allen metaphysischen und ideologischen Hemmungen frei zu machen, und der nun mit skythischer Wucht gegen Religion und Politik, Theologie und Jurisprudenz losschlägt“[145].

Bakunin steht hier für eine weltalterliche Wende. Er vollendet die Immanenzvorstellungen des 19. Jahrhunderts, die die letzten Reste der Gottes-Transzendenz und damit des echten Souveränitätsgedankens liquidieren.

[143] Schmitt, Lage, S. 64; in einem Aufsatz über den ‚unbekannten Donoso Cortes‘ feiert Schmitt 1929 „die großartige Apodiktizität seiner diktatorischen Haltung“: PuB, S. 116.

[144] Bakunin, Staatlichkeit und Anarchie, S. 362; vgl. Landauer, Erkenntnis und Befreiung, S. 34.

[145] Schmitt, RK, S. 60 f; vgl. S. 64; PT I, S. 64; Lage, S. 79.

Theologie erscheint nun selbst als das Böse, weil sie die natürliche Richtigkeit und immanente Wahrheit des Lebens verdunkelt. Das „soziale Böse“ liegt in der Ordnung der Dinge, deren Herrschaftssignatur die Abkunft von Gott bezeugt. „Voll Vertrauen in die Instinkte der Volksmassen liegt unser Revolutionsmittel in der organisierten Entfesselung dessen, was man heute die *schlechten Leidenschaften* nennt und in der Zerstörung des in derselben Bourgeoissprache *öffentliche Ordnung* genannten. Wir rufen die *Anarchie* an, diese Manifestation des Lebens.“[146] Diese ‚satanistische‘ Propaganda wird von Schmitt ironisch ernstgenommen. Seine Darstellung steigert Bakunin zur dämonischen Größe des ‚Leibhaftigen‘. Er ist der Versucher, der die Massen mit dem Versprechen eines „paradiesischen Diesseits unmittelbaren, natürlichen Lebens und problemloser ‚Leib‘haftigkeit“[147] blendet. Teuflisch ist die anarchistische Lehre von der reinen Immanenz des Lebens, weil sie den Menschen von Gott abriegelt. In dieser Perspektive muß gerade die kommunistische Verheißung eines irdischen Paradieses als Gipfel des Satanismus erscheinen: das System reiner Diesseitigkeit einer gottunfähigen Masse.

Carl Schmitt spitzt seine Darstellung dialektisch in der Formel zu, Bakunin sei der „Theologe des Anti-Theologischen“[148]. Das ist keine Überinterpretation. Bakunin hat sich selbst als religiösen Aufwiegler und im Glauben seinen einzigen Verbündeten gesehen; er wollte glauben und andere glauben machen. So hat Bakunin in naiver Deutlichkeit ausgesprochen, was Kierkegaard als Geheimnis der revolutionären Kräfte erriet: die kommunistische Lehre als dämonische Inversion der christlichen. „Stärke im Kommunismus ist offenbar die in ihm dämonisch enthaltene Ingredienz an Religiosität, sogar an christlicher Religiosität“ — „das Dämonische enthält stets das Wahre, nur umgekehrt“[149].

In der dämonischen Immanenz ‚problemloser Leibhaftigkeit‘ verdrängt die Realpräsenz der Dinge alle Formen der Repräsentation und ein Kult des unmittelbaren, konkreten Lebens bekämpft den Rationalismus systematischen Denkens in jeder Form — auch und gerade der Marxschen. „Marx ist autoritärer und zentralistischer Kommunist. Er will, was wir wollen: den vollständigen Triumph der ökonomischen und sozialen Gleichheit, aber im Staate und durch die Staatsmacht, durch die Diktatur einer sehr starken und sozusagen despotischen provisorischen Regierung, das heißt durch die Negation der Freiheit. (...) Wir wollen den gleichen Triumph der ökonomischen und sozialen Gleichheit durch die Abschaffung des Staates und von allem, was juridisches Recht genannt wird, und was nach unserer Ansicht die permanente Negation des menschlichen Rechtes ist.“[150]

In letzter Konsequenz rücken Marx und Engels hier selbst auf die bourgeoise Seite von Gott, Staat, Autorität und Intellektualismus, gegen die

[146] Bakunin, Staatlichkeit und Anarchie, S. 73; vgl. Voegelin, „Gnostische Politik“, S. 306.
[147] Schmitt, PT I, S. 82; vgl. RK, S. 45 f.
[148] A.a.O., S. 84.
[149] Kierkegaard, Pap. X 6 B 40 f. — Vgl. Michail Bakunins Beichte, S. 38.
[150] Bakunin, Staatlichkeit und Anarchie, S. 770.

Bakunin die Erniedrigten und Beleidigten — und zwar die auch von der marxistischen Theorie Erniedrigten: das Lumpenproletariat — aufbietet. Die rational-ökonomischen Fronten des Klassenkampfes verschwimmen im Kampf der ,canaille' gegen die ,Bildung'. Bakunin predigt die Revolte des Lebens gegen die Wissenschaft. In der geistigen Tradition sieht er nur einen Thesaurus parasitären Wissens; deshalb kämpft er gegen die moderne Bildung, die ein Produkt des Müßiggangs, deshalb ohne Notwendigkeit und also volksfeindlich sei.

Nur auf den ersten Blick erscheint Bakunin in Schmitts politischer Theologie als historische Figur. Denn der Kampf des anarchistischen Lumpenproletariats gegen die Mächte der abendländischen Bildung repräsentiert für Schmitt „die Szene dessen, was wesentlich aktuell ist“[151]. In der ,Politischen Theologie' steht Bakunin Marx genauso unversöhnlich gegenüber, wie Dostojewski Tolstoi im ,Untergang des Abendlandes'. Tolstoi und Marx stehen für den Westen, die Intelligenz, den Bolschewismus. Dostojewski und Bakunin inkarnieren den apokalyptischen Haß gegen Europa. Mit diesem Schema gelingt es Carl Schmitt, die Feindeslinie zu verschieben. Sein Begriff des Politischen entzieht sich der Konfrontation des ,ökonomisch-sachlichen' Klassenkampfes und wird geschichtsphilosophisch überhöht. 1926 heißt es: „Erst mit den Russen, insbesondere mit Bakunin, erscheint der eigentliche Feind aller überlieferten Begriffe westeuropäischer Kultur.“[152] Nicht der Marxismus sei der gefährlichste Feind, sondern „das von Europa sich abwendende Russentum“[153], das die Negation der abendländischen Welt verkörpere. Damit gewinnt der russische Bolschewismus ein Janusgesicht: Russisch ist die totale Negation des okzidentalen Rationalismus, bolschewistisch der Extremismus in Staatlichkeit und Technizität, der spezifisch europäische Ideen überbietet. Mit diesen scharfen Konturen zeichnet Schmitt die eigene Lage Deutschlands 1929. Denn „man lebt immer unter dem Blick des radikaleren Bruders“ — er stellt die Existenz des anderen in Frage und zwingt ihn zur strengen Konsequenz. „Wir in Mitteleuropa leben *sous l'oeil des Russes*.“[154]

Politische Theologie und Geschichtsphilosophie

Bakunin als Theologen des Anti-Theologischen zu charakterisieren, setzt das Weltbild der Gegenrevolution voraus. Wie Donoso Cortes zielt Carl Schmitt immer auf die Theologie des Gegners. Und das ist möglich, weil für beide Seiten die fundamentale Analogie zwischen Gott und Staat gilt. „Nachdem die Schriftsteller der Restaurationszeit zuerst eine politische Theologie entwickelt hatten, richtete sich der ideologische Kampf der

[151] Schmitt, RK, S. 63; vgl. Lage, S. 79; Nietzsche, SW Bd. 7, S. 580; Ball, Die Flucht aus der Zeit, S. 180.

[152] Schmitt, Lage, S. 83 Anm.

[153] Schmitt, RK, S. 64; vgl. Niekisch, Widerstand, S. 51.

[154] Schmitt, BdP, S. 79 f.

radikalen Gegner aller bestehenden Ordnung mit steigendem Bewußtsein gegen den Gottesglauben überhaupt als gegen den extremsten fundamentalen Ausdruck des Glaubens an eine Herrschaft und an eine Einheit."[155]

Politische Theologie präsupponiert eine genaue Entsprechung zwischen dem metaphysischen Weltbild einer Zeit und ihrem Bild vom Staat. Wenn, wie gesehen, der Monarch Gott und der Ausnahmezustand dem Wunder entspricht, scheint es erfolgversprechend, nach einer prinzipiellen Strukturverwandtschaft zwischen Jurisprudenz und Theologie zu forschen. Seit seinen ersten Schriften betont Schmitt „die fundamentale systematische und methodische Bedeutung solcher Analogien"[156]. Die Formel ‚Politische Theologie' bezeichnet also den historischen Sachverhalt der Politisierung theologischer Begriffe. Schmitts Analysen zielen immer auf den Punkt der Transposition geistlicher Vorstellungen in weltliches Denken. So beginnt das III. Kapitel der ‚Politischen Theologie', dessen Überschrift den Buchtitel wiederholt, ‚unmittelbar' und ‚apodiktisch': „Alle prägnanten Begriffe der modernen Staatslehre sind säkularisierte theologische Begriffe." Der Staat erweist sich als Vehikel der Säkularisierung des gesamten neuzeitlichen Lebens; seine Allmacht rezipiert die göttliche Omnipotenz. Schon bei Hobbes überläßt der deus mortalis Staat die Attribute der Göttlichkeit nicht mehr seinen papistischen und puritanischen Feinden. So läßt sich der moderne Souveränitätsbegriff als Säkularisat des Calvinischen Gottesbegriffs deuten. Dem entspricht ein Exodus der Juristen aus der Kirche ins Profane, wo sie die weltliche Erbschaft der potestas spiritualis angetreten haben. Carl Schmitt gebraucht den Begriff der Säkularisierung also ebenso historisch wie systematisch; der neuzeitliche Säkularisationsprozeß zeigt

---

[155] Schmitt, PT I, S. 63 f. — Schmitt strukturiert die gesamte Geschichte der Neuzeit um Modelle politischer Theologie: Die monistisch-hierokratische Lehre obsolesziert das weltliche Schwert durch den Gehorsam vor der göttlichen Wahrheit der Kirche; die Geschichtstheologie des Joachim interpretiert die Trinitätslehre politisch-theologisch; die Reformation enthält im Kern einen christologisch-politischen Konflikt, und sie wird von Hobbes' Konstruktion der Staatssouveränität, die sich dem römisch-kirchlichen Entscheidungsmonopol entgegenstellt, vollendet. Das 17. Jahrhundert ist für Schmitt das in spezifischer Weise theologisch-politische Zeitalter, in dem die Monarchie dem Gott der Barockphilosophie genau entspricht. Doch selbst der Neutralismus in der Staatslehre des 19. Jahrhunderts erscheint in dieser Perspektive noch als ein Kapitel politischer Theologie; und der philosophische Pluralismus korrespondiert der Vielzahl moderner Nationalstaaten. „Das für Theologen und Nicht-Theologen auffälligste Beispiel neuester politischer Theologie, Max Webers ‚charismatische Legitimität'" — PT II, S. 62, stellt für Schmitts Rechtsphilosophie die eigentliche, zeitgenössische Herausforderung dar. Im Rückblick 1978 bemerkt er skeptisch: „Die Esoterik einer derartig intensiv politisch-theologischen Reflexion ist streng und der heutigen Menschheit nicht mehr zumutbar." — „Die legale Weltrevolution", S. 337.

[156] Schmitt, PT I, S. 49. — Auch im Rückblick, fast 50 Jahre nach der ‚Politischen Theologie', die erst durch diesen Rückblick die Kennziffer I erhalten hat, heißt es: „Alles, was ich zu dem Thema ‚Politische Theologie' geäußert habe, sind Aussagen eines Juristen über eine rechtstheoretisch und rechtspraktisch sich aufdrängende, systematische Struktur-Verwandtschaft von theologischen und juristischen Begriffen. (...) Die wissenschaftliche Begriffsbildung dieser beiden Fakultäten hat vergleichbare und transponierbare Begriffe und gemeinsame systematische Begriffsfelder geschaffen, zwischen denen sogar enharmonische Verwechslungen zulässig und sinnvoll werden. Das ist nur eine Frage der richtigen Temperierung der Instrumente." — PT II, S. 101.

dabei selbst eine systematische Struktur: „vom Theologischen über das Metaphysische zum Moralisch-Humanen und zum Ökonomischen“[157].

Der Begriff der Säkularisierung impliziert eine Kritik der Disjunktion theologisch vs. politisch. Politische Theologie polemisiert gegen alle ‚reine‘ Theologie, der alle Politik nur unrein sein kann. Damit will Schmitt der konkreten Geschichte in ihren geistlich-weltlichen Mischungsverhältnissen gerecht werden; sein Denken präsupponiert die Unvermeidlichkeit des Metaphysischen. „Wohl aber kann das, was die Menschen als letzte, absolute Instanz betrachten, wechseln und Gott kann durch irdische und diesseitige Faktoren ersetzt werden. Das nenne ich Säkularisierung und davon ist hier die Rede.“[158]

Wenn sich in jeder konkreten geschichtlichen Situation Theologisches und Politisches mischen, so impliziert das Säkularisierungstheorem, daß die Signatur der Gegenwart nur von einer Logik der historischen Erkenntnis bestimmt werden kann und umgekehrt „alle geschichtliche Erkenntnis Gegenwartserkenntnis ist, daß sie von der Gegenwart ihr Licht und ihre Intensität erhält und in tiefstem Sinne nur der Gegenwart dient“[159].

Gegen Ende des Zweiten Weltkriegs stellt Carl Schmitt ‚Donoso Cortes in gesamteuropäischer Interpretation‘ dar. Nun exponiert er seine politische Theologie im Kontext jener Großen Parallele zwischen der Gegenwart und den römischen Bürgerkriegen am Beginn unserer Zeitrechnung, die Spenglers Werk am Ende des Ersten Weltkriegs populär gemacht hat. Spengler allerdings habe seine richtige Erkenntnis der einmaligen Korrespondenz durch die allgemeine Kulturkreislehre neutralisiert. Schmitt will sie wieder, wie schon Bruno Bauer, existentiell verbindlich machen. Theologisch-politisch gelesen stellt die Große Parallele an die Gegenwart die Frage, „ob der christliche Äon zu Ende ist oder nicht“[160]. Für Schmitt ist jeder echte Versuch einer Bestimmung der geschichtsphilosophischen Signatur der Gegenwart seit der Französischen Revolution und v. a., bewußter, seit 1848 als Antwort auf diese Frage zu verstehen. Spenglers ‚Untergang des Abendlandes‘ wird von Schmitt als Resümee einer allge-

---

[157] Schmitt, PT I, S. 7. — Ein besonders starker Gebrauch dieses Schlüsselbegriffs seiner Geschichtstheorie liegt in der These, der Universalismus der II. und III. Internationale säkularisiere den der römisch-katholischen Kirche: PuB, S. 138. Das wird von Georg von Lukács, alias Naphta, bestätigt.

[158] Schmitt, PR, S. 23; vgl. Blumenberg, Säkularisierung und Selbstbehauptung, S. 113.

[159] Schmitt, BdP, S. 79. — Carl Schmitt hat sich erst nach dem Zweiten Weltkrieg zur Armatur einer Logik der historischen Erkenntnis geäußert. „Das konkret-geschichtliche Bild“ enthält die „dialektische Spannung“ einer konkreten Frage-Antwort-Konstellation, die eine Situation in ihrer Einmaligkeit bestimmt. Immer wieder betont Schmitt in seiner Theorie des dialektischen Bildes der Geschichte deren „kernhafte Einmaligkeit“, „die unendliche Einmaligkeit“ ihres Aktualitätskerns, die „unwiderstehliche Kraft des einmaligen geschichtlichen Geschehens“. „Die unumstößliche Wirklichkeit ist der stumme Felsen“, der „Granitfelsen einer einmaligen geschichtlichen Wahrheit“, an dem Schein und Spiel, Phantasie und Psychologie zerschellen — „Die geschichtliche Struktur des heutigen Welt-Gegensatzes von Ost und West“, S. 147, 153; Hamlet oder Hekuba, S. 47; „Vorwort“, S. 14 f; „Hinweis für den deutschen Leser“, S. 170.

[160] Schmitt, Donoso Cortés, S. 93; vgl. NdE, S. 32.

meinen Kulturuntergangsstimmung begriffen. „Ein eschatologisches Entsetzen hatte viele ergriffen, bevor die Entsetzlichkeiten des Weltkrieges Realität geworden waren.“[161]

Auch hier wird die Gestalt des Donoso Cortes wieder zum Figuralparadigma: Er hat das eschatologische Bewußtsein, aber er hat auch einen Begriff von Geschichte; das befähigt ihn, die Geschichtsphilosophie des Fortschritts durch das christliche Geschichtsbild zu sprengen. Donoso Cortes hat den Liberalismus rezipiert und „in sich“ überwunden — das macht ihn zum Heros der politischen Theologie.[162] Und durch ihn verleiht Schmitt seinem Antiliberalismus die Würde der bestimmten Negation; er soll kein Affekt sein, sondern die reife Frucht der entscheidenden Erfahrung, die es gebiete, nicht „wiederum, wie damals im Jahre 1919, nieder(zu)fallen und unsere politische Existenz den Götzen des Liberalismus (zu) opfern“[163].

Das von den Erfahrungen des Ersten Weltkriegs provozierte Bewußtsein faßt Schmitt in die Formel: Autorität gegen Anarchie, für die er Donoso Cortes und Hobbes als Geschichtszeugen anruft. Auctoritas, non veritas; Diktatur statt Diskussion. Diese Dezisionismen heben sich heraldisch von der Kontrastfolie der politischen Romantik ab. So stellt Schmitt mit seinem Romantikbuch 1919 der eigenen Gegenwart die geschichtsphilosophische Diagnose: „Die Realität, deren Macht sich jeden Tag faktisch erwies, blieb als irrationale Größe im Dunkeln. Es gab kein ontologisches Denken mehr. Das ganze, von romantischem Geist beeinflußte Jahrhundert ist erfüllt von einer eigenen Stimmung. So verschieden, systematisch und gefühlsmäßig, die Voraussetzungen, Ergebnisse und Methoden sind, über den Unterschied von Optimismus und Pessimismus hinweg, ist die Angst des einzelnen Individuums herauszuhören und sein Gefühl, betrogen zu sein. Wir sind hilflos in der Hand einer Macht, die mit uns spielt.“[164]

Alles Formale gilt als Betrug, alles Offizielle als Simulacrum, alle Politik als Verschleierung. Aus dieser Unsicherheit, mit diesem Grundgefühl des Betrogenseins ist kein Staat zu machen. Deshalb kämpft die Moderne gegen das Politische, d. h. sie reduziert den Staat auf Norm und Verfahren. „Der moderne Staat scheint wirklich das geworden zu sein, was Max Weber in ihm sieht: ein großer Betrieb.“[165] Schmitt deutet Webers soziologische Bestimmung unmittelbar geschichtsphilosophisch: Der Betrieb ist die Signatur der Moderne. „Dies Zeitalter hat sich selbst als das kapitalistische, mechanistische, relativistische bezeichnet, als das Zeitalter des Verkehrs, der Technik, der Organisation. In der Tat scheint der ‚Betrieb‘ ihm die

[161] Schmitt, Nordlicht, S. 68.

[162] Vgl. Schmitt, Donoso Cortés, S. 13, 15, 105; NdE, S. 33, 55. Zum Kampf gegen den Liberalismus vgl. Marcuse, Kultur und Gesellschaft I, S. 17 ff.

[163] Schmitt, PuB, S. 203. — So lautet die Quintessenz des Schmittschen Kommentars zur Reichstagsrede Adolf Hitlers vom 13. Juli 1934: „Der Führer schützt das Recht“, indem er Deutschland mahnt, sein „gutes Recht zu wahren“ — als Richter in eigener Sache, der sich nicht mehr vom liberalen Rechtsstaat ‚lähmen‘ läßt; nämlich im Gebrauch seiner „Kriegsartikel“.

[164] Schmitt, PR, S. 115.

[165] Schmitt, PT I, S. 82.

Signatur zu geben, der Betrieb als das großartig funktionierende Mittel zu irgendeinem kläglichen oder sinnlosen Zweck, die universelle Vordringlichkeit des Mittels vor dem Zweck, der Betrieb, der den Einzelnen so vernichtet, daß er seine Aufhebung nicht einmal fühlt und der sich dabei nicht auf eine Idee sondern höchstens ein paar Banalitäten beruft und immer nur geltend macht, daß alles sich glatt und ohne unnütze Reibung abwickeln müsse."[166] So beschreibt Carl Schmitt schon 1916 die entzauberte Welt. Weil sich der Sozialismus als Kraft des Ausbruchs aus ihr verstanden hat, tritt er, im Sinne jener Großen Parallele, als neues Christentum auf; „das Volk in der Gestalt des Proletariats" ist der marxistische Christus „als der Träger der wahren, revolutionären Bewegung, der sich mit der Menschheit identifiziert und sich als Herrn der Geschichte weiß"[167]. Schmitt respektiert den Marxismus als geschichtsphilosophische Begründung einer rationalistischen Diktatur. Geschichtsphilosophisch, denn es ist die Geschichte selbst, die das Proletariat aufsteigen läßt und die Bourgeoisie dem Untergang weiht. Daß der Marxismus die intensivste Form der Geschichtsphilosophie in der Moderne ist, zeigt sich für Schmitt schon im Augenblick seiner diskursiven Begründung: Das Kommunistische Manifest kämpft um den Sinn von 1848. „In dem Bewußtsein der Kontinuität steckt eine bedeutende Überlegenheit und sogar ein Monopol der kommunistischen Autoren über die andern Geschichtsschreiber, die sich mit den Ereignissen von 1848 nicht zurechtfinden und durch diese Unfähigkeit das Recht verlieren, ein Bild der Gegenwart zu geben. Die Verlegenheit der bürgerlichen Historiker ist groß."[168]

Worin liegt nun die entscheidende marxistische Wendung? Sie liegt nicht im antibürgerlichen Affekt, nicht in der Erzählung einer von Klassenkämpfen geprägten Geschichte und auch nicht in der Methode einer materialistischen Historik. „Neu und faszinierend war am kommunistischen Manifest etwas anderes: die systematische Konzentrierung des Klassenkampfes zu einem einzigen, letzten Kampf der Menschheitsgeschichte, zu dem dialektischen Höhepunkt der Spannung: Bourgeoisie und Proletariat."[169] Es geht um das Intensum einer schrecklichen Vereinfachung der Gegensätze zum absolut kritischen Moment, zur dialektischen Krisis des Umschlags der Extreme. So steht das Kommunistische Manifest zu den Ereignissen von 1848. Seine eigentliche Leistung liegt in der Legitimation eines Herrschaftsanspruchs durch die Deutung von Geschichte und in der geschichtsphilosophischen Begründung des Rechts auf Gewalt als des Anderen des Rechts.

Carl Schmitt interpretiert das Kommunistische Manifest als diskursives Geschichtszeichen eines fundamental Neuen: der Legitimität von links. Diese „revolutionäre Legitimität" läßt dann Berufsrevolutionäre wie Lenin in der Legalität nur noch eine ‚Kampfform' sehen, die taktisch eingesetzt wird; gemeint ist „die völlige, kommunistische Unbefangenheit Recht und

---

[166] Schmitt, Nordlicht, S. 63 f.

[167] Schmitt, PR, S. 95.

[168] Schmitt, Donoso Cortés, S. 86.

[169] Schmitt, Lage, S. 71.

Staat gegenüber", im Gegensatz zur politischen „Romantik der Illegalität"[170] — so Georg Lukács in seinem Aufsatz ‚Legalität und Illegalität' vom Juli 1920. Carl Schmitt hat ihm hohen Respekt bekundet: Der Aufsatz sei „wichtiger und aktueller (...) als die große Masse der seit 1920 erschienenen Schriften zur Rechtsphilosophie und zum Naturrecht, weil er die Frage richtig unter die Begriffe ‚Legalität und Legitimität' gestellt hat"[171].

Walter Benjamins Brief an Carl Schmitt

Am 9. 12. 1930 schreibt Walter Benjamin an Carl Schmitt: „Sie werden sehr schnell bemerken, wieviel das Buch (‚Ursprung des deutschen Trauerspiels') in seiner Darstellung der Lehre von der Souveränität im 17. Jahrhundert Ihnen verdankt. Vielleicht darf ich Ihnen darüber hinausgehend sagen, daß ich auch Ihren späteren Werken, vor allem der ‚Diktatur' eine Bestätigung meiner kunstphilosophischen Forschungsweisen durch Ihre staatsphilosophischen entnommen habe." Diese Danksagung, die wie ein Blitz die verwirrten Fronten des combat spirituel in der Zwischenkriegszeit erhellt, fordert Deutung.

Chr. Steding hat mit der Formel von der Krankheit der europäischen Kultur einen neutralen, apolitischen Ästhetizismus gemeint, ein spezifisch spätliberales Klima, zu dem Verinnerlichung und neukantianische Funktionalisierung zusammentreten. Dieser Kultur der Zuschauer, Interpreten und ‚geborenen Rezensenten' tritt das reaktionäre Denken mit dezisionistischem Pathos entgegen. Steding über den spätliberalen Typus: „Solch ein Mensch verhandelt statt zu handeln, er verlegt sich notwendig aufs Reden und Debattieren und ist der geborene ‚Conférencier', der Besucher von nie zu einem Abschluß kommenden Konferenzen. Politisch gesehen wird er in Parlamenten seine eigentlichsten Möglichkeiten entwickeln können."[172] Der Neutrale ist innerlich, eingepuppt, intim. Der Webersche Kampf der Götter, dem er als melancholischer Zuschauer folgt, erscheint als impressionistisches „Wortkino". Dagegen liege das Reich im politischen Jenseits der liberal-neutralen Kultur — Verheißung einer „apollinischen Lichtwelt", die dem Göttergewimmel der Wertreihen ein Ende setze; „jeder Liberale ist Reichsfeind"[173]. In diesem Kontext erscheint nun Max Weber als der große Melancholiker einer politisch formlosen Welt — der aus dem gelobten Land der Ordnungen Ausgestoßene.

Die von Benjamin am barocken Trauerspiel dargestellte Entleerung der Allegorie, ihr Alles-bedeuten-können, entspricht dem von Schmitt und Steding bekämpften Prozeß der Neutralisierung genau. Auch Benjamin konzentriert seine Darstellung auf den „*einen* Umschwung" ins Heil der Rettung. Hier enthüllt sich Webers Wiederkehr der Götter, eigentlich äußerste Gott-

---

170 Lukács, GuK, S. 268.
171 Schmitt, VA, S. 425 f.
172 Steding, Das Reich und die Krankheit der europäischen Kultur, S. 108 f.
173 A.a.O., S. 471.

ferne, als paradoxes Vorspiel der „göttlichen Aktion“[174]. Bekanntlich hat Max Weber dem einzelnen gegen die objektiven Mächte, letzthin: den Staat, immer Recht gegeben und die persönliche Leistung gegen die Ansprüche von Amt und Tradition verteidigt. Eigentliche Entscheidungen fallen privat. Das nennt Weber: dem eigenen Dämon folgen, das eigene Schicksal wählen. Intimität, ‚pianissimo‘ sind seine Namen für die Privatisierung der letzten Werte. „Allem Sachlichen, Rationalen, Allgemeinen so radikal wie möglich entgegengesetzt“ stellt Weber die von der modernen kapitalistischen Welt systematisch herauspräparierte erotische Sphäre dar[175], in der Carl Schmitt mit Recht die Rebellion eines ‚asozialen Individualismus‘ gegen das Bündnis von Staat und Intellekt vermutet.

Vor diesem Hintergrund wird der polemische Richtungssinn des extremen Denkens von ‚rechts‘ und ‚links‘ deutlich: Jeder liberalen Mitte, Vermittlung feindlich, denunziert es das Parlament als Schauplatz des neutralen Menschen. Benjamins Kritik des parlamentarischen Kompromisses betrifft die Beschlüsse, die der revolutionären Kraft der Gründung des Parlaments und der Würde seiner rechtsetzenden Gewalt nicht entsprechen. „Schwindet das Bewußtsein von der latenten Anwesenheit der Gewalt in einem Rechtsinstitut, so verfällt es. Dafür bilden in dieser Zeit die Parlamente ein Beispiel.“[176] Nach der Logik des extremen Denkens muß die parlamentarische Diskussion die metaphysische Wahrheit so unvermeidlich verfehlen, wie Mehrheitswahl die Souveränität. In ‚rechter‘ Optik trägt der liberale Parlamentarismus schon alle Züge einer Anarchie, die in Diktatur umschlagen muß. „Der Stimmzettel ist die ultima ratio dieser von Weber vertretenen politischen Verfassung. Schon Calvin und seine Nachfolger erkannten bezeichnenderweise in allen schwierigen Fällen den cri au peuple als ultima ratio an.“[177]

In der Tat sieht Weber in der Demokratie die beste Voraussetzung eines Imperialismus und im Parlamentarismus das geeignetste Medium der Führerauslese. So funktioniert Charisma im demokratischen Cäsarismus: „In der Demokratie wählt das Volk seinen Führer, dem es vertraut. Dann sagt der Gewählte: ‚Nun haltet den Mund und pariert!‘ (...) Nachher kann das Volk richten.“[178] Während sich aber bei Steding schon erste, wenn auch rein ablehnende, Hinweise auf die veränderte Apperzeption im Zeitalter der technischen Reproduzierbarkeit finden, hat Weber den technischen Strukturwandel der Führerauslese noch nicht wahrgenommen. Er wird schlagartig deutlich in Benjamins Vergleich des Parlaments mit Publikum und Theater, des Regierenden mit dem Filmdarsteller, des Diktators mit dem Star. Denn mit der Ubiquität von Stimme und Bild in Radio und Film wandeln sich Typus und Leistung des Politikers. An die Stelle der von Max Weber noch gelobten parlamentarischen Auslese tritt

[174] Benjamin, GS I, S. 406, 408.
[175] Weber, Religionssoziologie I, S. 560.
[176] Benjamin, GS II, S. 190.
[177] Steding, Politik und Wissenschaft bei Max Weber, S. 88.
[178] Marianne Weber, Max Weber, S. 665.

die neue „Auslese vor der Apparatur" der Massenmedien, die den Repräsentationswert des Politischen liquidiert — in diesem Wettbewerb steht der Diktator als Sieger fest.[179]

Max Weber und die zum Schicksal verzauberte Entzauberung der Welt — so stellt sich dem dialektischen Blick seine Lehre von der bürokratischen Organisation dar. Bürokratische Institution ist bei Weber eine quasi naturgeschichtliche Kategorie. Die in den Institutionen verpuppte Herrschaft hat er durch die Bestimmung des Schicksalhaften der Kritik entrückt. Wo Weber aber von Schicksal spricht, hat er den Nebel nicht durchdrungen, als welcher „eine Apparatur von Rechts- und Verwaltungsbürokratien"[180] sich zwischen Machthaber und Unterdrückte geschoben hat. Despotische Souveränität und astrales Schicksal sind Komplementärbegriffe. „Schicksal (...) ist sinnerfüllt nur als naturgeschichtliche Kategorie im Geist der Restaurationstheologie der Gegenreformation."[181] Auch Carl Schmitts Begriff des Politischen steht in polemischer Spannung zur These vom Kapitalismus als Schicksalsmacht; dabei rekurriert Schmitt auf Sohm, den Kronzeugen der Weberschen Charismatheorie, und unterstreicht dessen Bestimmung der Gegenwartssignatur: die Antithetik von souveränem Staat und liberaler Wirtschaftsgesellschaft.

Auf die Krise der traditionellen Legitimität antwortet die Diktatur ausdrücklich und blutig, das Charisma indirekt und auratisch. Traditionsfeindlich tendiert der prophetische Charismaträger aufs Unbedingte, Absolute. Als Glaubensheld steht er im Kampf mit dem Alltag. Nach Sohm ist die urchristliche Kirche kein Rechtsinstitut, nichts Politisches. Amt und Geist, Charismatiker und Beamter sind inkompatibel. Der Berufung durch charismatische Begabung ist die Bewährung wesentlich; deshalb hat die Wahl der Versammlung keine eigentliche Rechtswirkung. Das freie Charisma der Askese und die Macht des Wortes kennzeichnen den pneumatikos ohne Ordination. So bekundet Charisma die Macht der Gnade: Die Erwählung ist ein Wunder, Ausnahmefall — in strengem Gegensatz zum Schicksal.[182] Max Weber nun analysiert Geschichte orientiert am Schick-

---

[179] Benjamin, GS I, S. 491 f Anm.

[180] Benjamin, GS II, S. 495.

[181] A.a.O., I, S. 308.

[182] Vgl. Römer 11, 5 und 29. — Schmitt, PT II, S. 52: „die neu-testamentliche charismatische Legitimität des Apostels Paulus bleibt der theologische Ursprung alles dessen, was Max Weber soziologisch zu dem Thema Charisma gesagt hat". Schon 1927 hat Schmitt auf die Bedeutung von Erik Petersons ‚Heis Theos' für Max Webers Lehre von charismatischer Legitimität und plebiszitärer Demokratie hingewiesen: Volksentscheid und Volksbegehren, S. 34. — Dem Prozeß der Rationalisierung als einer Revolution von außen tritt im Charisma eine Macht der Revolutionierung von innen (metanoia) entgegen. Während die Zweckrationalität der Bürokratie nur die traditionellen Normen ersetzt, „sprengt das Charisma in seinen höchsten Erscheinungsformen Regel und Tradition überhaupt und stülpt alle Heiligkeitsbegriffe geradezu um. Statt der Pietät gegen das seit alters Uebliche, deshalb Geheiligte, erzwingt es die innere Unterwerfung unter das noch nie Dagewesene, absolut Einzigartige, deshalb Göttliche. Es ist in diesem rein empirischen und wertfreien Sinn allerdings die spezifisch ‚schöpferische' revolutionäre Macht der Geschichte". — Weber, Wirtschaft und Gesellschaft, S. 658.

salslauf des Charisma und abstrahiert die typischen Feinde charismatischer Herrschaft: Bürokratie, Traditionalismus, Hierokratie. Unversöhnlich steht das persönliche Charisma des Propheten, sein Dämon, der traditionsgeweihten Würde des Priesteramtes gegenüber. Auch Lenin und Lukács zeichnen den charismatischen Führer als Gegentypus zur Bürokratie, dem Inbegriff der Verdinglichung. Denn Charisma ist nicht autoritär, sondern hinreißend. Wie der Sektenführer hat der Cäsar der Demokratie eine pneumatische Befähigung zur Ekstase. Er steht auf seiten der Partei gegen den Staat, der Sekte gegen das corpus mysticum der katholischen Institutionen und ihr charisma veritatis des Amtes.

Max Weber als Feind des Amtscharismas — so wird er von Steding und Schmitt gesehen, bekämpft. Dem Amt und seiner Repräsentation gegenüber gelten die konkreten persönlichen Eigenschaften nämlich nicht. Die Institution ist Inbegriff des juristischen Rationalismus, das Priesteramt Inbegriff der Institution. Dieses kennt keine charismatische Bewährung, keine Überprüfung der souveränen Dezision, keinen Zweifel an der Infallibilität. Anders der Charismatiker. Er ist revolutionär, traditionsentbunden und jeder Ordnung unversöhnlich. Den politischen Index dieses sektiererischen Ethos hat Steding bestimmt: „Wie gemäß dem pneumatischen Charakter der asketischen Sekten von diesen jeder feste Behördenapparat in Glaubensangelegenheiten perhorresziert wurde, so will es der pneumatische Charakter der von Weber erstrebten liberalen Demokratie, daß im politischen Leben die Kompetenzen der Bürokratie so weit wie möglich ausgeschaltet werden zugunsten des charismatisch qualifizierten Demagogen. Es gibt keine überragende Autorität. Man hat der ratio oder dem eigenen Dämon unbedingt zu folgen. Er bekämpft zwar die Staatsbürokratie vorwiegend aus praktisch-politischen Gründen. Sie ist es seiner Auffassung nach, die für das Versagen der deutschen Außenpolitik ganz verantwortlich gemacht werden muß. Aber die Erregung, die oft ganz unvermittelt durchbricht bei Behandlung dieser Fragen, und die gehässigen Invektiven gegen den Geist der deutschen Bürokratie verraten ein weiteres: es ist das persönliche Charisma dieses radikalen Individualisten, das sich auflehnt gegen jede Autorität.“[183] Daß aber derart entfesselter Liberalismus in Diktatur direkt umschlagen, oder aus der von ihm verschuldeten Anarchie gezwungen werden müsse, ist das dialektische Zentrum der Kritik an Weber.

Unermüdlich hat Max Weber die Antithetik des direkten, persönlichen Charismas und der technisch präzisen Sachlichkeit der Bürokratie variiert. Die Souveränität des Charismatikers bannt den Geist der institutionellen Schwere. Diese Seite der Weberschen Lehre hat sich marxistischer Kritik exponiert: daß die bürgerliche Ratio das irrationale Charisma beschwöre und die Spitze des großen Apparats sich als obskur und kontingent erweise. So steht es bei Weber durchaus: „Jede Verwaltung bedarf irgend-

---

[183] Steding, Politik und Wissenschaft bei Max Weber, S. 67.

wie der Herrschaft, denn immer müssen zu ihrer Führung irgendwelche Befehlsgewalten in irgendjemandes Hand gelegt sein."[184]

Es ist der Wunsch des reaktionären Denkens zwischen den Weltkriegen, „daß der Locarnodeutsche, der von innen heraus geschwächt und durch die Hungerjahre des Krieges und der Inflation ausgehöhlt, als Mensch gewordener ‚Hohlraum' im Sinne der dialektischen Theologie"[185], dem Träger des Reichswillens das politische Feld räume. Auch Benjamin kritisiert den Geist der liberalen Ära. Doch seine Kritik gilt dem „barbarischen Potential der Politik", das die neutralistische Kultur der liberal-parlamentarischen Welt verschleiert. Benjamin sieht die physiognomischen Ähnlichkeiten der Kulturkritik von anarchistischer und reaktionärer Seite; deshalb will er Einsichten der faschistischen Kritik aus ihrem Kontext sprengen und gegen ihre Zwecke immunisieren. Gegenüber der gleichförmigen Fülle von „Wertbehauptungen", Webers Polytheismus der Wertreihen, betont Benjamin „die Notwendigkeit der souveränen Haltung, wie Darstellung von der Idee von einer Form sie aufdringt"[186]. Seine ästhetischen Analysen zielen auf Geschichtsphilosophie.

Was dem Weberschen Kampf der Wertordnungen fehlt, ist die konkrete Antithese. An dieser arbeiten Benjamin und Schmitt in wiederum antithetischer Weise. Benjamins Kampfbegriff bestimmt sich zunächst aus der proletarischen Sachlichkeit des Klassenbegriffs, während für Schmitt die Grundspannung Freund/Feind nicht nur das Politische, sondern alles wesentlich Geistige existentiell prägt. Das metaphysische Bild der Welt als Schema der Politik — dieser Gedanke Carl Schmitts war auch dem frühen Benjamin vertraut. Er hat den metaphysischen Stand der Geschichte, in dem eine Epoche auf die „metaphysische Struktur" ihres „Endzustandes" transparent wird, als den eigentlichen Gegenstand der historischen Konstruktion betrachtet.[187] In ihr erweist sich die Authentizität einer Erfahrung als ihre politische Bestimmung. Politisch ist Erfahrung als Gehalt einer Konstruktion, die eine geschichtsphilosophische Kritik der Gewalt ermöglicht, deren Apotheose Carl Schmitts Begriff des Politischen bietet.

Auch hier hat Steding in seiner brutalen Deutlichkeit ein Schmittsches Arkanum ausgeplaudert. Seiner Kritik der Kultur als Negation des Politischen stellt er die Forderung zur Seite, „den Stoff aufs Maul zu schlagen und aller Materie ihren Sinn vom Politischen her zu geben"[188]. Das Politische, nämlich Staat und Reich in ihrer disziplinierenden Gewalt, firmiert nun als die eigentliche Form des Daseins, das Qualitative der Geschichte — im Gegensatz zur Kultur als dem Zentralbegriff der unpolitischen Welt.

---

[184] Weber, Wirtschaft und Gesellschaft, S. 545. — Dem entspricht die Begriffsverwandtschaft zwischen Charisma und Aura, Entzauberung und Entauratisierung. Wenn Entzauberung, antithetisch zum Charisma gedacht, die kapitalistische Rationalität zum Schicksal verzaubert, stellt sich Webers Charisma aus der Sicht technischer Sachlichkeit als künstlich veranstalteter Zauber der Persönlichkeit dar, mit dem der Kapitalismus auf den Verfall der Aura antwortet.

[185] Steding, Das Reich und die Krankheit der europäischen Kultur, S. 231.

[186] Benjamin, GS I, S. 237.

[187] A.a.O., II, S. 75.

[188] Steding, Das Reich und die Krankheit der europäischen Kultur, S. 459.

Es handelt sich um einen Intensitätsbegriff, der das ‚gefährliche Leben' bestimmt.

„Die Meuterei gegen die Ursprünglichkeit alles Politischen zielt in ihrer letzten Auswirkung auf eine Meuterei gegen Gott selbst."[189] Gemeint ist die „formlose" proletarische Masse, die in ihrer Sachlichkeit die gesellschaftliche Macht von Handel, Technik und Demokratie stärkt und die Typenreihe Priester — Soldat — Staatsmann verabschiedet. Was sie damit liquidiert, ist die Idee der Transzendenz, die Autorität von oben. Wenn aber alles Religiöse zur Privatsache schrumpft und Privates religiösen Rang beansprucht, schwindet dem autoritären Denken die Basis. Carl Schmitt ist deshalb unermüdlich, die Publizität der juristisch formierten katholischen Kirche, ihre großartige Sichtbarkeit, in ihrer Bedeutung für die Ordnung der Welt zu fixieren. So wenden sich seine Analysen, wie die Benjamins, immer wieder dem Barock zu, denn das Bühnen- und Schauplatzgefühl der politisch Handelnden im 17. Jahrhundert ist das Extrem der Repräsentation. Dieser Begriff begründet Schmitts Kritik der Romantik, der die Kraft der Repräsentation fehlt; und er markiert die Grenze seiner politischen Theologie, denn mit der Ausstellung des Politikers vor der Apparatur der Massenmedien stirbt die Repräsentation ab. Wo sich Schmitt noch an die Autorität der Autorschaft klammert, steht Benjamin schon auf der Seite des testbaren Sachverstandes und der technologischen Innervation des Wirklichen. Wo Schmitt mit den Begriffen Freund und Feind existentiell politisch denkt, setzt Benjamin auf ein operatives Denken, das „im entscheidenden Augenblick" der Unmenschlichkeit bedarf.[190]

Den Denkern des Extrems geht es um die Darstellung einer lebendigen Formidee. Schmitt hat in seiner Kritik an Max Weber die Eigenart der juristischen Form immer wieder herausgearbeitet. Auf dem Formniveau offenbart das echte Recht seinen großen Gegensatz zur Technik. Rechtsform als Katharsis der Macht — das ist der reaktionäre Begriff des Politischen. Von seinem Subjekt heißt es bei Herman Hefele, „daß sein Werk, aus der Hölle der Lust geboren, in den klaren Sternenglanz entsagungsreicher Ordnung ragt"[191]. Diese heißt Staat. Und in der Stellung zu ihm treten die Differenzen zwischen Carl Schmitt und Walter Benjamin am deutlichsten zutage. Zunächst steht der Staat zum Recht wie Gott zur Ethik: als transzendente Gewalt des realisierenden Eingriffs. Aber jeder Schritt zum modernen Staat stellt einen Rückschritt im Recht dar — bis hin zur Einerleiheit mit der Polizei und ihrer gestaltlosen Gewalt. Denn die Polizei ist der Inbegriff der Differenz zwischen Rechtsordnung und empirischem Staatszweck. Deshalb bildet die Leugnung der Rechts- und damit Kritikfähigkeit des Polizei-Instituts den geschichtsphilosophisch archimedischen Punkt der Theorie Benjamins: Ein polizeiförmiger Staat kann nicht mehr kritisiert, sondern nur noch vernichtet werden.

---

[189] A.a.O., S. 637.

[190] Benjamin, GS I, S. 496.

[191] Hefele, Das Gesetz der Form, S. 94.

Das ist nicht nur eine Frage der politischen Praxis. Wer „nicht die Situation der Entscheidung erkennen" kann, denkt auch falsch. Diese „Verschiebung des Jüngsten Gerichts" nennt Benjamin „objektive Verlogenheit"[192]. Dagegen erweist sich der Augenblick der Gefahr als Zeitbestimmung der Entscheidung. Ihr entspricht eine Haltung, die immer die Entscheidungsschlacht erwartet — nicht nur gegenrevolutionär, sondern auch marxistisch, denn dem materialistischen Historiker steht ja, nach Benjamins vierter ‚Geschichtsphilosophischer These', der Klassenkampf „immer vor Augen". Wer im Wirklichen das Extreme und den Ausnahmezustand erblickt, hat die Optik des Jüngsten Gerichts. Und hierin bekundet Benjamin uneingeschränkte Übereinstimmung mit Schmitt: „das Einmalig-Extreme" ist der Ort der tiefsten begrifflichen Durchdringung des Empirischen. Im Extrem ist Geschichte — nicht als Geschehen vergegenwärtigt, sondern — als Gehalt lesbar.[193]

Gemessen an der geschichtsphilosophischen Norm, die der marxistische Historiker an der Tradition der Unterdrückten abliest, erscheint der Ausnahmezustand als Regel. Gnostisch gesehen ist die Normallage des Menschen in der Welt, ihr Fort-Schritt, ein Not-Stand. Die Entscheidung aber, daß das Alltägliche („daß es so weitergeht") der Ausnahmezustand ist, erweist das Proletariat als souverän. Das ist die Bedeutung der Katastrophenvision („Kraft zum Mythus") und des Generalstreiks. „Der von (...) Klassenkämpfen erschütterte Staat ist seiner Konstitution nach in einem fortwährenden Ausnahmezustand und sein Recht bis ins letzte Element Ausnahmerecht."[194]

Im Faschismus tritt das Recht der Massen völlig zurück — nämlich hinter ihrem Ausdruck in Massenveranstaltungen, die das politische Leben ästhetisieren. Im alltäglichen Ausnahmezustand ersetzt das Kultische das Politische. Die totale Politisierung, die in Kult umschlägt, exponiert das Problem der Gewalt außerhalb des Rechts. Aug' in Aug' mit dem Faschismus bezeichnet Benjamin das Feld einer Politik der reinen Mittel. Denn im wahren Ausnahmezustand jenseits aller Rechtsordnung wäre diese selbst angeklagt — und zwar des Verrats an der Gerechtigkeit.

Nun erst läßt sich die Aktualität der barocken Haltung für Benjamin und Schmitt begründen: Trümmer häufen „in der unablässigen Erwartung eines Wunders"[195]. Ihr Emblem ist jener Engel der neunten ‚Geschichts-

---

192 Benjamin, GS VI, S. 60.

193 A.a.O., I, S. 215. — Die faschistische Konsequenz aus dem Denken der Extreme zieht Schmitt am 1. 8. 1934 in der Deutschen Juristen-Zeitung: „In der höchsten Not bewährt sich das höchste Recht und erscheint der höchste Grad richterlich rächender Verwirklichung dieses Rechts." — PuB, S. 201: „Der Führer schützt das Recht vor dem schlimmsten Mißbrauch, wenn er im Augenblick der Gefahr, kraft seines Führertums als oberster Gerichtsherr, unmittelbar Recht schafft." Wie Gewalt als Substrat des Rechts hier ungeschminkt sich einbekennt, so Barbarei als Ursprungssiegel des Politischen. Carl Schmitt geht es um die begriffliche Klärung von „Herrschafts- und Führungsprinzipien, die gleichzeitig alt und sehr modern sind" — Das Reichsstatthaltergesetz, S. 10.

194 Schmitt, Die Diktatur, S. 18.

195 Benjamin, GS I, S. 354.

philosophischen These', vor dem eine katastrophische Geschichte „Trümmer auf Trümmer häuft". Das immer erwartete Wunder ist der wirkliche Ausnahmezustand. Alles Rettungswürdige ist trümmerhaft — dargeboten in Vergänglichkeit als Allegorie der Auferstehung. Die Phantasmagorie der Hölle, die „Visionen des Vernichtungsrausches, in welchen alles Irdische zum Trümmerfeld zusammenstürzt"[196], führen an die Grenze des Umschlags in Rettung. So deutet Benjamin die Diktatur: ungesetzliche direkte Gewalt, als umschlagende Allegorie der göttlichen: rechtsvernichtenden, Gewalt. Denn Diktatur und Begnadigung sind die Extreme der konkreten Ausnahme.

Nun muß es Carl Schmitt und Walter Benjamin als Denkern, denen jeder Begriff metaphysische Dignität nur aus seinem Geschichtskern gewinnt, entscheidend wichtig sein, den Begriff der Souveränität historisch zu bestimmen. Das ist der Sinn des Trauerspielbuchs. Dabei läßt sich die Konstruktion der Souveränität nicht von der der Geschichte trennen. „Der Souverän als erster Exponent der Geschichte ist nahe daran für ihre Verkörperung zu gelten." Barock gipfelt die Repräsentationsidee in der Darstellung des geschichtlichen Verlaufs als Trauerspiel. Geschichte und Theater konvergieren. „Der Souverän repräsentiert die Geschichte. Er hält das historische Geschehen in der Hand wie ein Szepter." So verkörpert er das despotische Ideal einer totalen Stabilisierung. Und zwar als „Inhaber diktatorischer Gewalt im Ausnahmezustand"[197]. Der Souverän ist despotischer Garant der Kontinuität. Katechontisch hält er die Katastrophe auf („verzögernde Überspannung der Transzendenz"). Die Dezision des Souveräns bedarf demnach keiner sachlichen Inhaltsbestimmung; sie ist als solche katechontisch. Die Theorie des Ausnahmezustandes entspricht so der barocken Antithetik von Restauration und Katastrophe.

Daß sich die Katastrophe am Grund des fanatischen Ordnungswillens findet, ist dem reaktionären Denken auch im 20. Jahrhundert nicht verborgen geblieben: „Der Typus des Herrschers ist eine Mißgeburt (...) des Politischen (...) ein Zeichen des Verfalls, der gestörten Ordnung."[198] Nicht nur die Geschichte, sondern auch die verstörte Ordnung repräsentiert der barocke Souverän; beide Sphären kongruieren. Er ist die sich selbst vernichtende Spitze der kreatürlichen Welt — majestätisches Leiden und Untergang im Namen der Geschichte, wo er nicht vermag, was ihn seine Machtvollkommenheit heißt. „Denn wird im Herrscher da, wo er die Macht am rauschendsten entfaltet, die Offenbarung der Geschichte und zugleich die ihren Wechselfällen Einhalt tuende Instanz erkannt, so spricht für den im Machtrausch sich verlierenden Cäsaren dieses Eine: er fällt als Opfer eines Mißverhältnisses der unbeschränkten hierarchischen Würde, mit welcher Gott ihn investiert, zum Stande seines armen Menschenwesens."[199] Entschlußunfähigkeit ist das Reversbild des Dezisionismus.

[196] A.a.O., S. 405.

[197] A.a.O., S. 245 f.

[198] Hefele, Das Gesetz der Form, S. 96.

[199] Benjamin, GS I, S. 250.

Benjamin betont, daß das barocke Trauerspiel weder Eschatologie, noch Apokalypse, noch Endzeiterwartung kennt; daß ihm ein unmittelbarer Ausdruck des epochalen Willens so verwehrt bleibt wie der unmittelbare Weg ins Jenseits. Denn die barocke Flucht in unbegnadete Natur erweist sich als „Rückfall auf den bloßen Schöpfungsstand“[200]. So muß die Säkularisierung der göttlichen Allmacht im Souverän, mit der er „nach dem occasionalistischen Bilde des waltenden Gottes jederzeit unmittelbar ins Staatsgetriebe eingreift“[201], scheitern. Die restaurative Ordnungssetzung, mit der der Souverän den Ausnahmezustand ausschaltet, zielt auf eine „widerhistorische Neuschöpfung“[202]. Das ist der theologische Kern der Kritik Benjamins an Carl Schmitt. Der ‚falsche‘ Ausnahmezustand ist auf die Hybris einer neuen Schöpfung bezogen, der ‚wirkliche‘ aber auf den Jüngsten Tag.

Diese zentralen Bestimmungen politischer Theologie bleiben den modernen Wissenschaften — und gerade auch dem Rechtspositivismus — inkommensurabel, denn sie präsupponieren ein „transcendens“. „Die Wissenschaft hat aber ihre Auszeichnung darin, daß sie in einer ihr eigenen Weise ausdrücklich und einzig der Sache selbst das erste und letzte Wort gibt. In solcher Sachlichkeit des Fragens, Bestimmens und Begründens vollzieht sich eine eigentümlich begrenzte Unterwerfung unter das Seiende selbst.“[203] Die Entfremdung der Jurisdiktion von der Theologie hat sie der Technik in die Arme getrieben. Deren stumme Sachlichkeit ist das Reversbild parlamentarischer Diskussion. Sie fördert eine Kultur ‚proletarischer Formlosigkeit‘, die sich transzendenzblind in einem bloßen Leibraum einrichtet. Das ist die Kontrastfolie, vor der sich Carl Schmitts Theorie der Sichtbarkeit der katholischen Kirche abhebt. Die repräsentative Rede des Katholizismus zeigt ihr Schmittsches Spezifikum im Vergleich mit Webers Charisma der prophetischen Rede, die sich im Agon des Parlaments bewähren muß, und Benjamins affirmativem Begriff von souveräner Rhetorik und polemischer Autorität, die im richtenden Wort gipfeln. Bei Benjamin bilden richtendes Wort und gewaltlose Übereinkunft die Pole einer kathartischen Destruktion der urteilenden Sprache. Seine Kritik versucht den Nachweis geronnener Gewalt in jeder Rechtsnorm. Das Recht verurteilt insofern nicht zur Strafe, sondern zur Schuld, als es — auctoritas, non veritas — die Autorität des Staates, nicht die Wahrheit ist, was das Gesetz macht. Gesetz ist nicht gerecht, sondern gesetzt. Der Souverän entscheidet über die Schuld. Der in ihr gestiftete staatliche Zusammenhang ist schicksalhaft. Deshalb konzipiert Sorel den Klassenkampf als Kampf ums Recht. Die gegenwärtige Welt ist ohne Recht für die Unterdrückten, das Recht Genannte nur Maske der Gewalt.

---

[200] A.a.O., S. 260.

[201] A.a.O., S. 275.

[202] A.a.O., S. 253.

[203] Heidegger, Was ist Metaphysik?, S. 25; vgl. SuZ, S. 38: „Sein ist das transcendens schlechthin“; dazu Heideggers Randbemerkung: a.a.O., S. 440: „Seyn hat Seyendes ‚überdacht‘.“

Im Ursprung ist Recht nichts als „schicksalhaft gekrönte Gewalt“[204]. Während Schmitt immer wieder auf der Inkommensurabilität von Recht und Macht, Recht und Tatsache insistiert und den Staat gerade durch seine Stellung zwischen Recht und Wirklichkeit definiert, bestimmt Benjamin den Gewaltindex jedes Rechtsinstituts. Das Urphänomen rechtsetzender Gewalt zeigt sich in der Grenzsetzung eines siegreichen Staates. Alles Recht trägt das Ursprungssiegel des Privilegs; es ist Vorrecht des Mächtigen — daher seine mythische Zweideutigkeit.

Benjamin stellt die Frage nach der irreduziblen Gewaltstruktur des Politischen theologisch. Die Gewalt Gottes, nicht Körperschaftsgewalt, stiftet die charismatische Organisation. Das Wort des pneumatikos, die prophetische „Sonderbotschaft“ für den Ausnahmefall, „wirkt als das Wort Gottes und darum autoritär, als der Versammlung überlegene überweltliche Gewalt. Aber gerade darum nicht als Rechtsgewalt“[205]. Rechtsvernichtend demnach wirkt die göttliche Gewalt als Charis: Zerstörung des Gesetzes und Vernichtung der Sünde. Benjamin hat diese vernichtende ‚katastrophale Gewalt‘ als eine der entleerten Transzendenz prägnant jener katechontischen ‚diktatorischen Gewalt‘ des Souveräns entgegengestellt. Sein Begriff des Nihilismus als Weltpolitik zieht daraus die Konsequenz: Die revolutionäre ist die einzige dem Menschen mögliche Manifestation der reinen, unmittelbaren, rechtsvernichtenden Gewalt Gottes. Zur Rechtsvernichtung nämlich spitzt Benjamin die von Schmitt definierte Normvernichtung im Ausnahmefall geschichtsphilosophisch zu. Damit durchbricht er den Bannkreis des Dezisionismus. Denn die Idee der Rechtsvernichtung ist die Möglichkeitsbedingung der „entscheidenden Einstellung“[206] und damit der Kritik der Gewalt. So ist auch für Benjamin die Suspension des Gesetzes Kennzeichen der Souveränität — nicht aber als Diktatur des Menschen, sondern göttliche Rechtsvernichtung. An deren Souveränität hat die revolutionäre Gewalt Anteil. Der ‚wirkliche‘ Ausnahmezustand ist nicht mehr Gegenstand einer Entscheidung, sondern „Aufgabe“. Er soll „herbeigeführt“ werden. Im Mythos vom Generalstreik steht sie uns „vor Augen“. Der proletarische Generalstreik, der die „Vernichtung der Staatsgewalt“ will, ist reines und deshalb gewaltloses Mittel: anarchistischer, nicht rechtsetzender, Vollzug des Umsturzes im Jenseits aller Rechtsordnung.[207]

Nach Sorel liegt die Verheißung sinnlichen Glücks in der sozialistischen Zerstörung. Es ist dieser destruktive Charakter des Glücks, der die revolutionäre Politik als nihilistisch bestimmt. Nur die Gewalt der Zerstörung bringt die Erlösung. Dem entspricht Benjamins Begriff der Politik. Er fordert kathartische Destruktion, die dem mythisch in Gewaltverhältnissen befangenen Weltalter ein Ende macht.

---

[204] Benjamin, GS II, S. 188.
[205] Sohm, Kirchenrecht II, S. 179.
[206] Benjamin, GS II, S. 202.
[207] A.a.O., S. 194. — Vgl. Heller, Europa und der Faschismus, S. 28 f.

III. Die kopernikanisch gewendete Geschichte

> Der jüdische Messianismus ist in seinem Ursprung und Wesen, und das kann gar nicht stark genug betont werden, eine Katastrophen-Theorie.
> G. Scholem[1]

Geschichtstraum

In kapitalistischer Profanität wiederholt sich nach dem Ersten Weltkrieg die Konstellation der Aufklärung, der Kant ein Werk abtrotzte, dessen „Radikalismus eine solche Erfahrung zur Voraussetzung hatte (,) deren Eigenwert sich der Null näherte und die eine (wir dürfen sagen: traurige) Bedeutung nur durch ihre Gewißheit hätte erlangen können“[2]. Benjamins Einsatz am Nullpunkt der Erfahrung greift geschichtsphilosophisch auf Kant, lebensgeschichtlich aber auf die Jugendbewegung zurück, in deren Kontext seine frühe Kritik der philiströsen, abratenden ‚Erfahrung‘ im Namen einer Metaphysik der Jugend steht. Der echte Begriff historischer Erfahrung setzt die Zersetzung des verdinglichten voraus. Dialektisch ist Benjamin diesen ersten Impulsen der Jugendbewegung „treu geblieben. Denn mein Angriff durchstieß das Wort (Erfahrung) ohne es zu vernichten. Er drang ins Zentrum der Sache vor“[3].

Benjamins Begriff der Erfahrung polarisiert sich nach zwei historischen Typen: dem bourgeoisen Etui-Menschen und dem erfahrungsarmen Proletarier. Dieser „ist besser disponiert, Konstanten im politischen Geschehen zu erkennen“[4]. Denn Armut ist eine konstruktive Technik der nächsten Nähe und des Vonvornbeginnens. Sie schlägt die Ornamente ältester Erfahrungen vom Bau der Welt ab. Im Purgatorium der Neuen Sachlichkeit gilt: „Technik ist Sparsamkeit, Organisation ist Armut.“[5] Was der Erschütterung der Erfahrung seit dem Ersten Weltkrieg gewachsen sein will, muß knapp und nüchtern sein. Dieser Haltung steht die Einfühlung entgegen, in die sich das trost- und erfahrungslose, „vom taedium vitae ergriffene (...) Subjekt“[6] stürzt. Sie gilt versteinertem Leben, das sie in den „jagenden Vorstellungen des Deliriums“[7], das man Historismus nennt, gespenstisch belebt.

---

[1] Scholem, Judaica I, S. 20. [2] Benjamin, GS II, S. 159. [3] A.a.O., S. 902.
[4] A.a.O., V, S. 640. [5] A.a.O., II, S. 1105. [6] A.a.O., V, S. 968.
[7] A.a.O., I, S. 234. — Vgl. Rang, „Das Reich“, S. 115: „Die Sünde der Trägheit des Herzens, die hat uns zum Volk der Denker gemacht.“

Die historistische Einfühlungstechnik erhebt das Studium des Müßiggängers zur bürgerlichen Wissenschaft. In ihr verspielt die acedia das historische Bild. Einfühlung fetischisiert das Erlebnis, verdrängt die Arbeit und kultiviert im Grundgefühl des spleen die Ausstellung des Erlebnisses in seiner Blöße. Dagegen fordert Erfahrung Kontinuität, Arbeit und Muße als Suspension — nicht Müßiggang als Verdrängung — der „Arbeit, die sich ja eben dadurch auszeichnet, daß sie da von Erfahrung weiß, wo es für den Outsider höchstens zu einem Erlebnis kommt"[8]. Solange nicht kollektive Planung die entwertete ‚handwerksmäßige' Erfahrung ersetzt, herrscht das Erlebnis. Im 19. Jahrhundert erscheint es als Abenteuer, im 20. als Schicksal. Denn der Erste Weltkrieg hat den tödlichen Schock, in dem das Erlebnis total wird, zur Norm erhoben. Hier treten Warenfetischismus, Chockrezeption und Einfühlung in die für Benjamin entscheidende Konstellation. Er deutet die Einfühlung in den Tauschwert als Training für das totale Erlebnis des Krieges als Schicksal. Einfühlung schaltet das Innenleben dem Schock der Sinneswahrnehmung gleich.

Einfühlung in die Geschichte als Ware ist die Signatur des Historismus. Vor diesem Hintergrund hat Baudelaire die Gestalt der Moderne präpariert. Als „Virtuose der Einfühlung" lebt er den Historismus zu Ende. „Sein Meisterzug besteht darin, das eigene Ich so entleert, so frei von allem Ballast der Person gemacht zu haben, daß es in jeder Maske sich wohnlich fühlt."[9] In Interieur, Museum und Weltausstellung des 19. Jahrhunderts herrscht die historisierende Maske. Unter ihr durchträumt die Bourgeoisie den tiefen Schlaf des Kapitalismus. Ihr „Durst nach Vergangenheit"[10] ist der zentrale Gegenstand von Walter Benjamins Passagenwerk; es soll den Historismus zum Erwachen bringen und dadurch überwinden. Im Sinne eines revolutionären Gebrauchs jener Geschichtsmasken soll im „narkotischen Historismus, seiner Maskensucht, (...) ein Signal von wahrer historischer Existenz"[11] erkannt werden.

Es gibt keine traditionale Vermittlung mehr mit dem 19. Jahrhundert. Deshalb sollen in diesem „verstellte historische Traditionskräfte" surrealistisch provoziert werden. Mit der Frage nach dem, was uns verwandt ist, sucht Benjamin ein taktiles Verhältnis zum 19. Jahrhundert. Es macht die „Geräusche, die in unsern Traum eingreifen, die wir im Erwachen deuten"[12]. Diesen Traum deuten heißt ihn historisch erleuchten. Historische Erfahrung braucht den Traum, weil nur Traumenergie das Gewesene noch intensiv durchdringen kann. Und der Traum braucht die historische Deutung, solange er sich als Naturform seinen Anteil an der Geschichte verstellt. Gegen Freuds naturhafte Konzeption des Traums begreift Benjamin den Traum als kollektive Erinnerungsform, die Bilder der Selbstbegegnung bietet, wie sie Erinnerung „in der Dunkelkammer des gelebten Augenblicks"[13] entwickelt hat.

---

[8] A.a.O., V, S. 964.
[9] A.a.O., I, S. 1197. — Vgl. Heidegger, Holzwege, S. 301.
[10] A.a.O., V, S. 513.
[11] A.a.O., S. 493
[12] A.a.O., S. 998.
[13] A.a.O., II, S. 1064.

Das kollektive Unbewußte wird als Deponie urgeschichtlicher Erfahrungen begriffen. Es ist für Benjamins Archäologie des 19. Jahrhunderts charakteristisch, daß sein Abstieg ins Passagenlabyrinth Paris einer ganz ins Unbewußte abgesunkenen Erfahrungsleiter folgt, die bis zu den Elementen der Naturgeschichte reicht; sie verleihen der historischen Erfahrung Autorität. Deshalb ähnelt Benjamins Darstellung nicht der erklärend verkettenden des Geschichtsschreibers, sondern der erzählenden des Chronisten. Statt Welt*geschichte* kausal zu beweisen, legt er das Detail aus, um es in den kreatürlichen Welt*lauf* einzubetten.

Benjamins Archäologie der Urgeschichte hat dieses Verfahren auf die historischen Traumbilder des 19. Jahrhunderts angewandt, die sich in der Durchdringung naturgeschichtlicher und neuer Elemente bilden. Wie der Chronik fehlt diesen Traumbildern die zeitliche Perspektive; sie rücken ihre Gestalten in einen natürlichen Zeit-Raum ein. Vor dem Goldgrund des Traums werden die Bilder des Neuen auf die messianische Zeit beziehbar. „So grenzen dem Chronisten des Mittelalters seine Charaktere an eine verklärte Zeit, die ihr Wirken jäh unterbrechen kann. Das Reich Gottes ereilt sie als Katastrophe."[14] Wie hier Heilsgeschichte zugrunde liegt, so bei der Erzählung Naturgeschichte und beim Traum Urgeschichte.

Benjamins Historik konkurriert mit den zeitgenössischen Träumen vom Untergang. O. Spengler hat seine Historik und Prognostik in Idealkonkurrenz zu Goethes Valmy-Diktum gesehen: „das tiefste Urteil (...) über einen großen Akt der Geschichte in dem Augenblick (...), wo er sich vollzog"[15]. So steht der ‚Untergang des Abendlandes' zum Ersten Weltkrieg.

Spenglers autobiographische Notizen berichten von einem nachtwandlerischen, von Angstträumen geschüttelten Kind, das sich immer wieder in den Tagtraum vom großen Krieg flüchtet. Das hat dem Historiker Spengler ein beständiges Gefühl der Schuld an großen Weltereignissen aufgelastet. So stilisiert er sich in Ecce-homo-Haltung: gemartert von der Tragik des Sich-verstehen-wollens nach dem Tod Gottes. „Seine unendliche Strafe: alle Kulturen durchschweifen, ohne *in* ihnen zu sein."[16] Spengler verstand sich als postume Existenz. Sein Geschichtsbild ist von dem Bewußtsein geprägt, der letzte und ‚zu spät' zu sein. Jeder Sinnvermutung fährt das riesige Gedächtnis des Historikers in die Parade. Halt findet er nur noch in einer äußersten Selbststilisation, im Ebenbild des Judas: „die ungeheure Gestalt des Skeptikers — *ich selbst* —, er sieht tiefer als alle über die Jahrtausende hin, er fühlt alles voraus, wie ich. Sie hassen ihn"[17].

Nur der Traum erlöst, wie schon das Kind, den Historiker vom Alpdruck des Gedächtnisses und der Prophetie. Und zwar träumt Spengler,

---

[14] A.a.O., III, S. 535.

[15] Spengler, UdA, S. 35.

[16] Spengler, zit. nach: Koktanek, Oswald Spengler in seiner Zeit, S. XXV.

[17] A.a.O., S. 248. — Worringer, Künstlerische Zeitfragen, S. 28 ff, hat Spenglers Werk als Paradigma einer „neuen *Denksinnlichkeit*" gefeiert: „visionär hellsichtiger Historismus", wie er „nur im Absturz möglich" sei.

zu erwachen. Das ist die Signatur des Jugendstils. Dem nihilistischen Erwachen wäre Kultur nur ein Traum, in dem sich Zivilisation über ihren barbarischen Fundus betrügt. Doch Spenglers Erwachen, ‚Der Untergang des Abendlandes', ist nur geträumt. Seine bis zum Zynismus kalte Sachlichkeit schließt sich als Bewußtseinspanzer um den Traum vom Untergang.

Aber es träumt sich nicht mehr gut in der Großstadt, dem „steinernen Gehäuse"[18] der bürgerlich kalten Welt aus Geld und Geist, deren grelle Wachheit das Bewußtsein imprägniert. Das „Dasein ohne Wachsein" liegt erstickt unterm Pflaster ihrer Straßen. Der Dämonie des Geistgebildes Weltstadt hat Spengler seine passioniertesten Seiten gewidmet. „Diese steinerne Masse ist die absolute Stadt. Ihr Bild, wie es sich mit seiner großartigen Schönheit in die Lichtwelt des menschlichen Auges zeichnet, enthält die ganze erhabene Todessymbolik des endgültig ‚Gewordenen'."[19] Die Weltstadt sieht Spengler als Schauplatz des vollendeten Nihilismus: Triumphstätte eines tyrannischen Wachseins und abstrakter Geistesformen. Deshalb treibt nur ein Wunsch sein ahasverisches Schreiben: „die Erlösung vom Wachsein"[20], d. h. die Erlösung zum Traum. Und der Traum vom Untergang läßt Spengler von der grellen Wachwelt träumen, ohne erwachen zu müssen. Intellekt, Mechanismus, Konstruktion, Zivilisation, Cäsarismus — das sind die Totenmasken „der erloschenen Seele"[21]. Die meontische Masse aber, die die Betonwüsten bevölkert, schreckt Spengler; es ist die proletarische: „Ausdruck der Geschichte, die ins Geschichtslose übergeht. Die Masse ist das Ende, das radikale Nichts."[22] Nämlich für die bürgerliche Welt. Spenglers ganzes Werk ruht auf der Analogie zwischen Gegenwartskrisis und Spätantike. Krisispositionen zwischen den Kulturen, wo sich die Menschen zweier Zeitalter ins Auge sehen, sind die privilegierten Erkenntnisaugenblicke der Geschichte.

Kaum ein Jahr nachdem Walter Benjamin vor der faschistischen Drohung aus Paris geflohen ist, betritt ein ‚kultivierter Barbar' den Schauplatz. Ernst Jünger ist der Krieger, als den sich Spengler nur geträumt hat. Doch auch Jüngers Erfahrungen inmitten der Vernichtungszonen bleiben traumförmig. Träume setzen die transzendentale Apperzeption außer Kraft und das Subjekt mit der intelligiblen Sphäre in Rapport. „So treten die Menschen in unsere Träume nicht nur in ihrer historischen Erscheinung, sondern zugleich mit ihren Möglichkeiten ein."[23] Im Traum gewinnt das Gegebene Präzision und Nuanciertheit. Wie Spengler charakterisiert Jünger seine Gegenwart als grelle Wachwelt eines nie suspendierten Bewußtseins, unter dessen permanenter Spannung „der Wille zum Glück und auch zum Ungebahnten" erschlaffe. „Wo wohl der Weltgeist heute seine Träumer und Schläfer in Reserve hält?"[24] Diese Frage ist keine romantische. Wo die Geschichte eine Achsendrehung vornimmt, wird die

---

[18] Spengler, UdA, S. 1155.
[19] A.a.O., S. 663, 673.
[20] A.a.O., S. 721.
[21] A.a.O., S. 452.
[22] A.a.O., S. 1004.
[23] Jünger, Strahlungen II, S. 330.
[24] A.a.O., I, S. 46.

Unterscheidung von Gegebenem und Fiktion problematisch. So wird eine Inversion des romantischen Traums möglich. Der Träumer tritt nicht — romantisch — ins Bild ein, sondern dieses in ihn, um ihn zu steigern, damit er vom Traumbild gestärkt in die Wirklichkeit eintrete. Auratische Traumwahrnehmung als „neue, klare Optik" im Wirklichen zu bewähren, ist „noch schmerzhaft"[25]. Dieser Schmerz invertiert die Romantik: Jünger ist Traumpilot am wissenschaftlichen Armaturenbrett. Er glaubt sich der Freudschen Traumdeutung überlegen, weil er sich vom mythischen Vorrang der Bilder in der Wirklichkeit selbst getragen weiß. Wer träumt, ist Gott gleich: allmächtiger Beherrscher der Welt und Souverän des anderen Schauplatzes. Wenn der Traumpilot am Wirklichen zerschellt, erwacht er nicht zu einer anderen Welt, sondern sinkt tiefer in den Traum hinab; bis zur Unsterblichkeit inmitten der Vernichtungszonen. Denn ein Traum beherrscht die Szene: die Antizipation der Katastrophe, die Feuerwelt als zentrales Traumbild von 1918, das im Zweiten Weltkrieg Wirklichkeit wird. Und insgesamt stehen Jüngers Erfahrungen des Ersten Weltkriegs im Bann des Traums vom Zweiten. 1939 resümiert der aus Grabenkämpfen geborene Traum vom ‚Maskenball des Nichts' die frühen lustvollen Visionen einer ausgestorbenen Welt. Die ausgebombten Städte lagen Jünger dann als Abbild des eigenen Innern vor Augen.

Vernichtungswunschträume ersehnen im Krieg die Erlösung von der bürgerlichen Langeweile und der verständigen Sterilität. „Es ist mein geheimer Stolz, daß ich hinter der Mathematik der Schlachten den prächtigen Traum witterte, in den sich das Leben stürzte, als ihm das Licht zu langweilig ward."[26] So stürzen sich Seelen, denen das Erlöschen droht, in den Traum des Krieges, weil nur noch der Untergang eines Lebens, das nicht lebt, den Übergang in eine andere Ordnung zu verheißen scheint. Im Feuer der Vernichtungszonen kühlt sich das Eis der sachlichen Betrachtung durch das Bewußtsein im Alptraum: Es ist nur geträumt. Daraus entwickelt Jünger seine Ästhetik des Schreckens. „Von allen Schrecken der Vernichtung stieg zu den Marmorklippen einzig der goldene Schimmer empor. So flammen ferne Welten zur Lust der Augen in der Schönheit des Unterganges auf."[27]

Führt Jüngers Ästhetik immer tiefer in den Geschichtstraum hinein, so möchte Benjamins Historik aus ihm erwachen. Die Frage nach den Bedingungen der Möglichkeit historischer Erfahrung kommt auf, wenn sich Geschichte gegen ihre Erfahrung abdichtet. Das ist in der Moderne der

---

[25] A.a.O., S. 370.

[26] Jünger, AH I, S. 148.

[27] Jünger, Auf den Marmorklippen, S. 126. — Jünger meinte später von diesem Buch, es hätte im Traum die Schrecken des Zweiten Weltkriegs genauer vorherbestimmt, als sie sich dann im Erlebnis verwirklichten. Die Selbsteinschätzung wird durch den Kult bestätigt, den man an der Ostfront den ‚Marmorklippen' widmete. Aus dem Brief eines Oberleutnants notiert Jünger am 13. Juli 1943: „Des Nachts, da die Spannungen des Kampfes und schauerlicher Erlebnisse sich lösten, lasen wir in unseren Zelten in den ‚Marmorklippen', *was* wir eigentlich erlebt hatten." Hier ist das Traumbild zur Bedingung der Möglichkeit von Erfahrung geworden.

Fall. Wer ist das Subjekt der Geschichte, was ist der Schauplatz seiner problematischen Erfahrungen? „Es ist eine sehr spezifische Erfahrung, die das Proletariat an der Großstadt macht. Eine in manchem ähnliche macht in ihr der Emigrant“[28]; nämlich Walter Benjamin in Paris.

Wo sich das Proletariat als Kollektiv der Ausgestoßenen und Enterbten erfährt, lebt es wie Krypto-Emigranten im eigenen Land. Die Großstadt verwandelt sich in einen Schauplatz des Klassenkampfes. Der Intellektuelle als Emigrant hat nun die Aufgabe, im gemeinsam „erlittenen Unrecht das Recht zu suchen“[29]. Dem Proletariat ist in unmenschlichen Produktionsverhältnissen mit Humanität nicht geholfen; eher schon mit der Anarchie des Unmenschen. Historische Erfahrung von der Moderne gibt es demnach nicht mehr für den einzelnen, sondern nur noch für das menschliche Kollektiv der Unmenschen.

Das Maschinenzeitalter hat Menschenkenntnis und Übung außer Kurs gesetzt. Seit die Maschine den Arbeiter dressiert, ist die erfahrungsstiftende Übung aus der Produktion in die Destruktion, d. h. Krieg und Partisanenkampf, abgewandert. Diesen Erfahrungsschwund kompensiert die staatliche Verwaltung durch Spurenhäufung und Praktiken der Registrierung. Das Zeitalter der Spuren liquidiert die Aura: Registriert darf der Mensch in der Masse verschwinden.

Die Mimesis an Maschinen, zu der die Warenproduktion den Menschen zwingt, scheint ihr Unsterblichkeit zu verleihen. „Die Erfahrung unserer Generation: daß der Kapitalismus keines natürlichen Todes sterben wird“[30]. Und doch ist er durch seine immanenten Widersprüche zum Untergang verurteilt. Jene Erfahrung zerstört demnach den Schein kapitalistischer Unsterblichkeit, indem sie die Idee — nicht eines Ziels, und sei es auch des Untergangs, sondern — des Endes als Bedingung der Kritik, d. h. konkreter Geschichtsphilosophie, aufrichtet. Rettung erhofft Benjamin nicht von der Kultur des Humanismus, deren barbarische Rückseite das 19. Jahrhundert aufgedeckt hat, sondern von der Unschuld der Menschenfresser, deren destruktive Praktiken das Trümmerfeld der Geschichte urbar machen.

Menschenfresser sollen einen materialistischen Schutzdamm gegen die „idealistische Sturmflut“[31] errichten, die Europa verwüstet. Statt im Bestehenden verklärend die Reinheit zu beschwören, soll es revolutionär gereinigt werden. Für den Historiker wie für das Proletariat geht es um Experimente unter dem freien Himmel der Geschichte. „Nur wer, in der Entscheidung, mit der Welt seinen dialektischen Frieden gemacht hat, der kann das Konkrete erfassen. Doch wer ‚an Hand der Fakten‘ sich entscheiden will, dem werden diese Fakten ihre Hand nicht bieten.“[32]

Der Erste Weltkrieg ist terminus a quo des pragmatischen Kommunismus Benjamins und terminus ad quem des für das Passagenwerk grundlegenden Prozesses: der verunglückten Technikrezeption im 19. Jahrhun-

[28] Benjamin, GS I, S. 437.
[29] A.a.O., III, S. 522.
[30] A.a.O., V, S. 819.
[31] A.a.O., II, S. 286.
[32] A.a.O., IV, S. 317.

dert. Fortgeschrittene Technik, in die Fesseln kapitalistischer Produktionsverhältnisse geschlagen und moralisch unerhellt, steht zerstörend gegen die Menschen auf. Erst im Krieg findet sie ihre Rechtfertigung. Tödlich beherrscht hier Technik die Menschen, die Natur beherrschen wollten, statt, kraft der Technik, das Verhältnis der Menschen zur Natur. Der Erste Weltkrieg ist das totale Apriori des Passagenwerks: ein schreckliches Erwachen aus dem Techniktraum des 19. Jahrhunderts.

Ernst Jünger hat den Traum, den die bürgerliche Ordnung in sich selbst trägt, zu Ende geträumt. Die Technik emanzipiert sich auf dem Rücken des Traums vom Menschen; je weniger er träumt, desto technischer sein Sinn. Nach Jünger kann nur der Träumende eine Technik meistern, die sich immer traumhafter realisiert. Entzauberung der Welt besagt ja, daß die Technik dem Menschen den Traum geraubt hat. Angesichts dessen ist Jüngers magischer Realismus der Versuch, die Technik durch Traumbeleuchtung zu remythisieren. Der Weltkrieg wird zum Schauplatz.

Das Konzept einer totalen Mobilmachung der Erde im Zeichen des Arbeiters gehört zur faschistischen Ästhetisierung der Politik, die sich um die „kultische Bedeutung"[33] der Arbeitergestalt organisiert. Und doch gibt es schlagende Übereinstimmungen zwischen Jünger und Benjamin in all den Diagnosen, die die Ablösung des bürgerlichen Individuums betreffen. Gemeinsam ist ihnen der Denkstil einer Dialektik von Destruktion und Konstruktion. Rauschhaft entfesselt der Weltkrieg die Technik im kollektiven Untergang, weil sie nicht Organ des Menschen und damit sein „Schlüssel zum Glück"[34] geworden ist. Dem Rausch der Technik stellt Benjamins anthropologischer Materialismus die Technik des Rauschs entgegen, der totalen Mobilmachung die Befreiung der Produktivkräfte und der ‚organischen Konstruktion' Jüngers die Technik als Organ des Menschen.

Mißglückt ist nicht nur die Rezeption der Technik, sondern auch die Besinnung auf die Folgen: den verlorenen Krieg. Benjamin erfragt die Bedingungen der Möglichkeit historischer Erfahrung (in) einer Zeit, die historische Erfahrung abschafft. Daß uns das Jüngstvergangene verborgener ist als Herculaneum unter der Asche (Barbey d'Aurevilly); daß es sich also wie durch Katastrophen vernichtet darstellt (Adorno), entspricht der Zeiterfahrung des spleen, „der unermüdlich ‚Antike' herstellt": „Dem spleen ist der Begrabne das ‚transzendentale Subjekt' des historischen Bewußtseins."[35]

In der Moderne steht jede Gegenwart zum Jüngstvergangenen in radikaler Diskontinuität; die traditionale Vermittlung fehlt. Was gerade war, verhält sich zum Jetzt, wie der Traum zum Erwachen. Dem entspricht Benjamins Dialektik. „Diese unerbittliche Konfrontierung des Jüngstvergangenen mit dem Gegenwärtigen ist etwas historisch Neues."[36] Thomas

[33] Jünger, Essays II, S. 258.
[34] Benjamin, GS III, S. 250; vgl. Rang, Deutsche Bauhütte, S. 135.
[35] A.a.O., I, S. 661.
[36] A.a.O., V, S. 1236.

Manns ‚Zauberberg' hat auf diese Erfahrung noch mit der ‚Zeitform der tiefsten Vergangenheit' reagiert. Benjamins Antwort ist konstruktiv, antiepisch. Das Passagenwerk will eine „Umwertung des neunzehnten Jahrhunderts"[37] leisten.

Der materialistische Historiker zieht aus Hegels Einsicht, daß der Geist in der Zeit nicht ist, als was er sich glaubt, die Konsequenz, daß die herrschenden Begriffe zerschlagen werden müssen, weil sie als Spiegel eines historiographischen Kaleidoskops fungieren, „dem bei jeder Drehung alles Geordnete zu neuer Ordnung zusammenstürzt"[38]. Stabil erweist sich im Bestehenden der Verfall, rational der Untergang, regulär der Ausnahmezustand. Die Begriffe der Herrschenden stiften so einen Schein von Ordnung, doch die Stabilität jener Herrschaft ist Schein. Deshalb gibt es inmitten der kaleidoskopischen Statik, die Benjamin hellsichtig als Signatur des Posthistoire erkannt hat, doch echtes Interesse an der Geschichte.

Hat Carl Schmitt im Ausnahmezustand das Wunder in säkularisierter Form wiedererkannt, so fordert Benjamin vom historischen Materialisten, das Wunder des wahren Ausnahmezustands rettend gegen den falschen, die permanente Krise, „wirklich herbei(zu)führen"; und zwar durch einen „Zustand angespanntester klagloser Aufmerksamkeit"[39]. Aug' in Aug' mit dem Faschismus sondert er die Elemente des bürgerlichen Zerfallsprozesses aus, die Traumenergie speichern.

Carl Schmitts Kritik an der normbegrifflich artikulierten Rechtslehre ist um den Ausnahmezustand zentriert. Über diesen entscheiden heißt souverän sein, denn keine Norm kann eine „absolute Ausnahme" kodifizieren und folglich auch nicht über das Daß der Ausnahme begründet entscheiden. Rechtsvernichtende und rechtschaffende Macht sind zwei Seiten derselben Entscheidung über den Ausnahmezustand und den normalen. „Die Ausnahme ist das nicht Subsumierbare."[40] Und einen Zustand, der nicht einfach das Produkt einer rechtslosen, aber rechtschaffenden Autorität, sondern der Ausnahme wahrhaft angemessen wäre, beschreibt Benjamin als Sphäre gewaltloser Übereinkunft „jenseits aller Rechtsordnung und also Gewalt"[41]. In der achten These über den Begriff der Geschichte heißt diese Sphäre „wirklicher Ausnahmezustand".

Der Ausnahme im Recht entspricht das Wunder in der Theologie und die Unterbrechung in der Geschichte. Aus diesen drei Registern konstruiert der historische Materialist die „Tradition der Unterdrückten", die ihn „wir" und „uns" sagen läßt. Benjamin unterscheidet nun das revolutionäre Kollektivsubjekt vom „Gegner" des Faschismus, der diesem „begegnet"; und das besagt: Auf der Ebene des Regelhaften kommt der Faschismus mit seinem (sozialdemokratischen) Gegner überein. Weil der Faschismus historisch „regulär" ist, kann man ihn nicht im Namen einer „historischen Norm" bekämpfen.[42]

[37] A.a.O., II, S. 284.
[38] A.a.O., V, S. 428.
[39] A.a.O., IV, S. 95.
[40] Schmitt, PT I, S. 11, 19. — Vgl. Lukács, SuF, S. 329 f.
[41] Benjamin, GS II, S. 195.
[42] A.a.O., I, S. 697.

Der Ausnahmezustand arretiert den leeren Zeitablauf. Denn in der leeren, homogenen physikalischen Zeit gibt es gar keine eigentliche Gegenwart, keinen Augenblick der Aktion. In der Zeit, die der Chronometer mißt, kommt man immer zu spät. Daran ist die Symbolkraft jener Schüsse auf die Turmuhren zu ermessen, mit denen die Revolutionäre die Zeit stillstellen wollten. Sie schossen ein Schaltloch in die Zeit, durch welches das ausgeschaltete Chaos brechen sollte, wie im Karneval. Dessen historische Psychologie hat F. Chr. Rang, Benjamins Freund, geschrieben.

Daß der Karneval nicht jener wirkliche Ausnahmezustand ist, wird schon durch seinen vernunftgemäßen Systemplatz, die Logik seines Funktionierens deutlich: „Karneval deckt die Schaltzeit“[43], seine Überschreitungen kontinuieren den durchlöcherten Kalender. Doch weist Karneval auf ein Moment, das nicht aufgeht in einer Astrologik der Macht, die ihre kalendarische Kontinuität durch eine Gesetzgebung des Gesetzlosen sichert. Wie immer entstellt, manifestiert sich darin ein Wille zum Rausch, den die Ordnung fürchtet. „Die Dionysos-Orgien der orphischen Religion auferwecken in Schaltzeiten das ausgeschaltete Chaos.“[44]

Benjamin deutet die Ekstase als Ausnahmezustand des Subjekts, denn sie nähert es der „theologischen Essenz des Subjektiven“[45]. „In diesem Sinn wird die zur Schau getragene eingestandne Subjektivität zum förmlichen Garanten des Wunders, weil sie die göttliche Aktion selbst ankündigt.“ — „Ekstase (...) säkularisiert im Nüchternen“[46] ist die Bürgschaft des wirklichen Ausnahmezustandes in der Erfahrung des Subjekts. So wenig wie sein undialektischer Gegenpol, der narkotische Rausch, ist der permanente Schock des modernen Alltags ein Krisenelement der Ordnung, seit das Schockerlebnis zur Norm wurde. Deshalb muß der wirkliche Ausnahmezustand dialektisch definiert werden: daß der Schrecken die Regel ist.

Das bestimmt Benjamins Begriff der Geschichte im Passagenwerk. Es soll die Frage beantworten, wie eine mythische Bewußtseinslage durch historische Erfahrung zu sprengen sei. Dabei ist Erfahrung als geschichtliche nicht unmittelbar zu gewinnen, denn was sich im Second Empire als Geschichte darbietet, ist Posthistoire: „Geschichte ohne Ereignisse (...) beständige Wiederholung“ (Marx). Deshalb studiert Benjamin die Rückseite dieser Langeweile: die Träume des Kollektivs. Denn im Traum rezipiert das Kollektiv die Energien des Abgestorbenen. Daraus ergibt sich ein Konstruktionsprinzip historischer Erfahrung: Benjamin erfaßt „die Abfalls- und Verfallserscheinungen als Vorläufer, gewissermaßen Luftspiegelungen der großen Synthesen, die nachkommen“[47]. So macht er Ernst mit der Forderung der Goncourts, Geschichte aus dem Abfall von Geschichte zu formen. Seine Konstruktionen aus Geschichtsmüll verbinden die echt

[43] Rang, Historische Psychologie des Karnevals, S. 13.
[44] A.a.O., S. 20.
[45] Benjamin, GS I, S. 407.
[46] A.a.O., S. 408.
[47] A.a.O., V, S. 825.

philologische ‚Andacht zum Unbedeutenden' mit dem sprunghaft neuen In-Beziehung-Setzen von Abfallstoffen im Kinderspiel und dem nihilistischen Umschlag des Veralteten im Surrealismus.

Hier trifft sich Benjamin mit zeitgenössischen Analytiken des Alltags. So hat die Analyse des Man das Selbstverständliche als ein Gewebe aus Vergessenheit bestimmt, ein Netz, in dem sich das Dasein als in ihm selbst verfängt. Im Selbstverständlichen betrügen sich endliche Wesen um ihre Möglichkeiten. Deshalb hat Heidegger die saturierte Ruhelage des Üblichen als Absturz, Wirbel und Verfall kenntlich gemacht. „Das Dasein stürzt aus ihm selbst in es selbst, in die Bodenlosigkeit und Nichtigkeit der uneigentlichen Alltäglichkeit."[48] Ist aber der Alltag ein sich selbst verborgenes Abstürzen, so kann aus dessen Perspektive die Frage nach dem in ihm Vergessenen nur ‚verrückt' erscheinen. Das andere Gesicht der Dinge wird nur in denkender Verrückung sichtbar. Ziel der Analyse ist deshalb die „Entwöhnung von den Üblichkeiten des Man"[49].

Weil gerade Absicht und Kritik, die Ordnungsfunktionen des Ich, an jenem Text der Vergessenheit weben, richtet sich das Interesse der Psychoanalyse auf den wert- und intentionslosen Abfall der Kritik. Was ein radikal endliches Wesen ist, zeigt es nicht als Gegenstand einer Erkenntnis, sondern in den kleinen Ereignissen, deren Familienähnlichkeit durch den Index der Flüchtigkeit und Bedeutungsarmut, die Vorsilbe ‚ver-', angezeigt wird. Auch hier ist der Traum die Schule einer neuen Aufmerksamkeit, die den Alltag entüblicht. Der Traum funktioniert wie ein Gedächtnis, das eine eigentümliche Vorliebe für alltägliche Gleichgültigkeiten beweist. Deshalb situiert sich die Psychoanalyse auf dem „Niveau des Indifferenten"[50] und raubt dem Alltag den Schein der Harmlosigkeit. Wenn aber auch die unscheinbarsten Regungen es, wie Freud sagt, faustdick hinter den Ohren haben, wird die vollends entwertete Welt des Kleinsten unendlich bedeutsam. Und indem die analytische Erfahrung auf dem ‚anderen Schauplatz' zum Ursprung vordringt, öffnet sich ihr „die Fragwürdigkeit alles Selbstverständlichen"[51].

Benjamin hat an Prousts Suche nach der verlorenen Zeit gelernt, daß das unzerstörbare Begehren gerade der flüchtigsten und unbeständigsten aller Realitäten angeheftet ist, und daran das Gesetz der Proustschen Metaphorik abgelesen, die „einen ganzen Komplex ausgeleierter weltläufiger Verhältnisse im Dienst eines tieferen Ausdrucks gleichsam mobil macht, in die schlaffsten Perzeptionen, indem er sie zum bildlichen Ausdruck heranzieht, einen schönen kriegerischen Lakonismus bringt"[52]. So manifestiert

---

[48] Heidegger, SuZ, S. 178.

[49] A.a.O., S. 391.

[50] Freud, Stud. Bd. II, S. 450; vgl. Benjamin, GS IV, S. 408: „Denn was im Traume sich an uns vollzieht, ist ein neues und unerhörtes Merken, das sich im Schoße der Gewohnheit losringt." Das „vorher Unvermerkte macht — verstellt und überscharf — den Stoff zu Träumen."

[51] Heidegger, SuZ, S. 334.

[52] Benjamin, Briefe, S. 407.

er das Unzerstörbare im Alltäglichen. Den Leitfaden in der materialistischen Entüblichung des Alltags bildet der „Abhub der Erscheinungswelt" (Freud). Das Marginalisierte, zivilisatorisch Verdrängte, historisch Verurteilte erscheint nun als Asyl des Wesentlichen, den Identitätspanzer durchbrechenden Besonderen. Benjamins historischer Materialist setzt nicht auf die Gesetze der Geschichte, sondern auf die Revolution aus der Retorte der Banalität. Banalität ist die mythische Maske, unter der die Elemente des Endzustandes vollkommen unscheinbar in der Gegenwart erscheinen.

Benjamins Geschichtsbegriff bildet sich im geistigen Bürgerkrieg der 20er Jahre. Dabei bezeichnen Heidegger und der Surrealismus die existentialistisch-reaktionären und nihilistisch-revolutionären Gabelungen des Scheidewegs, an dem das „neue geschichtliche Denken" steht. Seine Prinzipien sind „höhere Konkretheit, Rettung der Verfallszeiten, Revision der Periodisierung"[53]. Dem universalhistorischen Begriff der Verfallszeit haben Wölfflin und Riegl den Boden entzogen. Riegls Grenzfallhistorik erkennt technischen Fortschritt dort, wo die moderne Kritik nur Verfall sah, und zeigt auf, „daß die neuere Kunst mit ihren Vorzügen überhaupt niemals möglich gewesen wäre, wenn ihr nicht die spätrömische Kunst mit ihrer *unklassischen* Tendenz die Bahn gebrochen hätte"[54]. Grenzfallhistorik bildet ihren Begriff der Notwendigkeit nicht am historischen Ablauf, sondern am Extrem, in dem sich die Geschichte staut und korrespondenzfähig wird. „Menschen wahrhaft greifbar darstellen, heißt das nicht, unsere Erinnerung in ihrer zum Vorschein bringen?"[55] Indem sich die erkennende Gegenwart in der Entstehungszeit des Werkes darstellt, wird dieses zum „Mikroaeon"[56], in den sich das Leben der Überlieferung einschreibt. Weil es nachlebt, ist das Werk historisch verstehbar; sein Nachleben und sein Verstandenwerden sind für Benjamin dasselbe.

Das Passagenwerk erhebt den Anspruch, nicht nur die Urgeschichte des 19. Jahrhunderts, sondern auch in dieser „die entscheidenden geschichtlichen Interessen unserer Generation"[57] darzustellen. Sie sind kommunistisch artikuliert und fordern von Benjamin — auf der Suche nach dem verlassenen jetztzeitigen Ort eines historischen Bewußtseins, dem sich die Erlösung nicht teleologisch als Ziel der Geschichte, sondern religiös als deren Ende darstellt — weniger Theorie als Haltung. Benjamins kommunistische Wendung bringt eine denkstilistische Umorientierung seiner Studien zum Ausdruck, die nun die Esoterik ästhetischer Exegese sprengen sollen, um „die aktualen und politischen Momente" seiner Theorie, „versuchsweise, extrem"[58] zu entwickeln.

Konstant ist Benjamins Extremismus, variabel seine Schreibart: „ich bin entschlossen", motiviert er seine kommunistische Wendung, „unter

---

[53] Benjamin, GS V, S. 676.
[54] Riegl, Spätrömische Kunstindustrie, S. 11.
[55] Benjamin, GS V, S. 1015.
[56] A.a.O., III, S. 290.
[57] Benjamin/Scholem, Briefwechsel, S. 202.
[58] Benjamin, Briefe, S. 368.

allen Umständen meine Sache zu tun, aber nicht unter jedem Umstand ist diese Sache die gleiche. Sie ist vielmehr eine Entsprechende"[59].

Ins Zentrum dieser politischen Daseinsordnung, die sich nach Korrespondenzen strukturiert, führt Benjamins Maxime, immer radikal, niemals konsequent zu verfahren. Er denkt nicht zielstrebig, „weil es sinnvoll *politische* Ziele nicht gibt"[60], sondern radikal, weil nur Radikalität, nach übereinstimmender Lehre von Judentum und Marxismus, eine gerechte Politik ermöglicht. Und er arbeitet nicht folgerichtig; seine Studien inszenieren das paradoxe Umschlagen von politischen und religiösen Extrempositionen ineinander. Im Ineinanderumschlagen von Revolution und Religion wird das politische Bewußtsein auf Tradition angewiesen. Ihr Eingedenken bedeutet für Benjamin, „daß der revolutionäre Wille heute den konservativen dialektisch in sich enthält"[61].

Dem revolutionären Konservativismus entspricht ein Begriff von Humanität, der sie als Kraft der Zerstörung bestimmt. Benjamin deutet Baudelaires Allegorien als Modelle realer Humanität, weil sie durch Zerstückelung Stufen der Produktion in Monumente der Destruktion verwandeln. Während sich doch Denkmal und Moderne ausschließen, leistet die Allegorie Baudelaires das Paradoxe, „Denkmäler der Moderne"[62] zu erstellen; so machen sie Geschichte erfahrbar.

Benjamins Allegorie-Begriff entspricht Spenglers Begriff der Pseudomorphose als der Auseinandersetzung von Antike und Christentum. „Die Antike und das Christentum bestimmen die geschichtliche Armatur der allegorischen Anschauung."[63] Daß diese bestimmenden Gewalten als in ihrem Antagonismus ‚plötzlich stillgestellt' vergegenwärtigt werden, zeigt, daß die Allegorie ihre Gegenwart im Bann unausgetragener Vergangenheiten darstellt: Antike als Alptraum der Moderne. Wie schon Novalis die Antike als je neues Gebilde unserer produktiven Einbildungskraft bestimmte, so gilt sie auch Spengler nur als Traum, den die faustische Seele träumt, um sich zu vergessen. Die Antike ist der Entlastungstraum des Abendlandes. Er ist so produktiv wie jeder Seelenausdruck und so manifest wie die Gebilde aus Traum, die man als Bauwerke kennt.

Der in der Allegorie versteinerte Kampf zwischen Antike und Christentum hat einen konkreten historischen Index: die gnostische Drohung und den theologischen Protest gegen die magischen Nachwirkungen der Antike seit dem Renaissancehumanismus. „Hätte die Kirche kurzerhand die Götter aus dem Gedächtnis ihrer Gläubigen verdrängen können, so wäre die Allegorese nie entstanden."[64] So stellt die Allegorie für Benjamin die Form des Fortlebens der antiken Götter bis ins 20. Jahrhundert hinein dar. Bei Gelegenheit von Cocteaus Orphée prägt Benjamin die Allegorie-Formel: Griechentum unter Scheinwerfern. Christus nämlich ist der patristische Scheinwerfer, mit dem die Antike ausgeleuchtet wird. Das führt in die Tiefe der Gegenwart: „das Synthetische in der Antithesis Griechentum-

[59] A.a.O., S. 530.
[60] A.a.O., S. 426.
[61] Benjamin, GS III, S. 68.
[62] A.a.O., V, S. 487.
[63] A.a.O., S. 409. — Vgl. Spengler, UdA, S. 271.
[64] A.a.O., I, S. 396.

Christentum kommt gerade im modernsten, modischsten zum Vorschein"[65]. Wie der Tod des Sokrates den Christi präfiguriert, so präsentiert Cocteaus „Mythotheologie"[66] heidnische Mythen unter christlichem Himmel. In allegorischer Optik erscheinen griechische Figuren am Horizont der Heilsgeschichte.

Nach dem Ersten Weltkrieg gewinnt die allegorische Anschauungsform für Benjamin brennendste Aktualität. Ins Bild erstarrter Unruhe montiert er die Erfahrungen der Menschen nach dem Krieg. Doch anders als der Expressionismus verklärt er die trostlos verworrene Schädelstätte nicht in kanonischer Bestürzung. Denn die Allegorie löscht zwar den Schein des Schönen, doch nur, um sich desto tiefer im Schein der Freiheit, Selbständigkeit und Unendlichkeit zu verlieren. Erst die „theologische Erleuchtung"[67] der Allegorie löscht ihren Schein, indem sie sich, die allegorische Intention erfüllend, zuletzt innerhalb der Kunst selbst zerstörend gegen die Kunst wendet. Während der grübelnde Allegoriker „das Bild in den Dienst des Gedankens"[68] stellt, akzentuiert der Dialektiker dies In-Dienst-Stellen als Form des Stillstellens: Allegorie, von ihrem Schein befreit, ist dialektisches Bild. So wird Benjamin der Rosenzweigschen Forderung gerecht, Kunst durch theologische Indienststellung von ihrer Reinheit zu reinigen.[69]

Die allegorische Durchdringung von Antike und Moderne ist für Benjamin nur deshalb so bedeutsam, weil Antike eine „Menschheitserfahrung"[70] ist. So korrespondiert jeder Moderne eine Vorwelt. Antike ist die Erfahrung, die der früheste Blick auf das „eben erst Alte" macht; er verschränkt Zeit- und Urgeschichte. Diesen Blick, der das „strenge und antike Bild-Sein einer Stadt"[71] feststellt, wirft Benjamin auf Paris. Durchflutet von der modernen Masse ist Paris als Antike des 19. Jahrhunderts dessen Hauptstadt.

Im Museum wird die Antike vor der Moderne zur Schau gestellt. Es säkularisiert die barocke Ostentation nach dem Schema der Industrieausstellungen in einem ‚tauben Raum'. Von den Exponaten des Museums gilt: „Die *Welt* ist nicht mehr."[72] Jene Welt nämlich, der der Gegenstand zugehörte und die ihn allererst zu einem historischen machte. Ideal des Museums ist die „Wachsfigur als Mannequin der Geschichte"[73], die zur Interieurerfahrung des Gewesenen anleitet. Bürgerlich nihilistische Geschichtsbetrachtung webt hier das verstreute Weltgeschehen stimmungsvoll in die Tapete des Interieurs, an das der revolutionäre Nihilismus der Surrealisten die Lunte legt. Für Benjamin gilt es deshalb als Zeichen echt revolutionärer Haltung, im Glashaus zu leben und das Private zu liquidieren. Denn

---

[65] A.a.O., II, S. 1434 f.

[66] A.a.O., S. 626.

[67] A.a.O., III, S. 277.

[68] A.a.O., V, S. 413.

[69] Vgl. Rang, Shakespeare als Christ, S. 15: „Messianische Kunstkritik ist ein Sonderfall nur der messianischen Weltkritik, des Weltgerichtes. Das kein Bild bestehen läßt; auch Kunstform und Kunstwerk müssen wieder zerschlagen werden samt dem früheren Begriffe von Kunst."

[70] Benjamin, GS II, S. 298.

[71] A.a.O., III, S. 82.

[72] Heidegger, SuZ, S. 380.

[73] Benjamin, GS V, S. 622.

der Privatmann erweist sich dieser Geschichtsbetrachtung als mythisch verstockter Höhlenbewohner der austapezierten Innerlichkeit. Adorno hat in Kierkegaards Interieur Innerlichkeit als geschichtliches Gefängnis des urgeschichtlichen Menschenwesens durchschaut. In dieser platonischen Höhle werden ‚archaische Bilder' (C. G. Jung) gezeigt. Dem Bürger dieses „Interieuralibi in der Zeit"[74] zu nehmen, ist Aufgabe des geschichtlichen Bildes; es sprengt das archaische.

Die Antike wird im Museum der Moderne exponiert — das ist die exoterische Seite eines Sachverhalts, dessen geheime Rückseite sich so bestimmen läßt: Die Moderne erweist sich als (durchwachsen von) Urgeschichte. Der Ausgleich zwischen Urgeschichtlichem und Gegenwärtigem vollzieht sich katastrophal. Schauplatz des dämonischen Vollzugs ist das Mobiliar des Bürgerhauses. „Wohnen — noch immer ist es ein Hausen, ein Geschehen voller Angst und Magie, das vielleicht niemals verzehrender war, als unter der Decke des zivilisierten Daseins und der bürgerlich-christlichen Kleinwelt."[75] Nur geträumt geht Architektur in die Erfahrung ein — nämlich als Bild. In der surrealistischen Dingwelt, deren Physiognomie das Passagenwerk herausarbeitet, heißt „das Geträumteste ihrer Objekte"[76] Paris: die Stadt als Traumgewebe.

Die labyrinthische Masse im Labyrinth der Stadt legt es dem naturgeschichtlichen Blick nahe, Stadterfahrungen unter Naturschemata wie Urwald und Meer zu bringen. Der politische Blick dagegen macht die Wohnung des Kollektivs sichtbar. In der Großstadt hat der privaten Geborgenheit die letzte Stunde geschlagen, denn die alltäglichen Konstruktionsaufgaben gelten dem Kollektiv. In Bahnhof, Ausstellung und Warenhaus „ist das Auftreten großer Massen auf dem Schauplatz der Geschichte schon vorgesehen"[77]. Die Struktur dieses Schauplatzes bestimmt die historische Erfahrung transzendental. Dabei ist es von entscheidender Bedeutung, daß Architektur nicht primär optisch, sondern unmittelbar taktil rezipiert wird. Taktile Rezeption, die „leibhafte Abstraktionsleistung"[78] des Kollektivs, liquidiert die Aura, das Rückzugsgebiet des Privaten, und zerstückelt das Wahrnehmungsfeld. Die Wahrnehmung der Massen spielt mit der Dialektik der Entzauberung: Das Alltägliche wird zum Faszinosum, das imprévu alltäglich.

Doch die Wohnungen des Kollektivs sind im 19. Jahrhundert noch vom Traumgewebe der bürgerlichen Seele überwuchert. Ihm ist die Deutungsmethode Freuds zwar entsprungen, aber nicht gewachsen. Er analysierte Träume des bürgerlichen Individuums, das sich im 19. Jahrhundert selbst zur Natur geworden war. Schon Brecht und Jünger haben sich darin nicht mehr wiedererkannt. Der Schritt vom Naturtraum Freuds zum Geschichtstraum führt Benjamin ins Kollektiv und seinen Raum: die Großstadt. Als Flaneur reist er durch die entschwundene Kindheitszeit und erfährt die

---

[74] A.a.O., S. 289.
[75] A.a.O., III, S. 145.
[76] A.a.O., II, S. 300.
[77] A.a.O., V, S. 569.
[78] Rüffer, „Organisierung des Pessimismus", S. 230; vgl. hierzu auch: Rüffer, „Taktilität und Nähe", S. 181 ff.

Pariser „Passagen als Abguß eines Traums“[79]. In ihnen finden sich fossile Abdrücke einer untergegangenen Epoche. „Passagen sind Häuser oder Gänge, welche keine Außenseite haben — wie der Traum.“[80] Als Torwege der Kollektivseele locken sie mit dem Eintritt „in die intrauterine Welt“[81]. Benjamins Arbeit ist Archäologie der Seelenantike und Topographie als Aufriß eines „mythischen Traditionsraums“. Das setzt voraus, daß die Monumente verfallen und die acherontische Schicht urgeschichtlicher Stadtfiguren zutage tritt. So soll die Geschichte der Passagen zum Schlüssel werden „für dies Jahrhundert Unterwelt, in das Paris versank“[82].

Mythologische Topographie zeigt die Traumstruktur einer Stadt auf, d. h. der Stadtplan wird als Schrift moderner Acheronta lesbar. Der tiefe Schlaf, in dem das Kollektiv die Veränderung der Welt versäumt, führt auf den Schauplatz der Bilder. Träume münden in die Unterwelt. Und doch findet, was nur geträumt ist, seinen Ausdruck in der Wirklichkeit, denn es verleiht ihren technischen Innovationen einen Traumweltindex. Natur belohnt, so Benjamin, die logische Lösung eines sachlichen Problems mit Form. Demnach liegen in den Maschinen die zeitparadigmatischen Formen verborgen, und neue Techniken haben „natürliche Symbolgewalt“[83]. Benjamin interpretiert die Dinge des 19. Jahrhunderts wie Vexierbilder der Traumarbeit und begründet so eine Psychoanalyse der Dingwelt. Denn das 19. Jahrhundert ist die eigentliche Traum-Zeit. Seine Welt ist „auf Traum möbliert“[84].

Ungedeutet verklärt der Traum das 19. Jahrhundert, die Kultur der Zerstreuung. Denn wo es keine Tradition mehr gibt, d. h. die religiöse Lehre als Traumdeutung entmachtet ist, bleiben schon die Träume der Kinderwelten ungedeutet. Ihrer hat sich die Psychoanalyse angenommen und sie pathologisch dingfest gemacht. Psychoanalyse entsteht, wenn die „leiblich-natürlichen Behelfe des Eingedenkens verloren“ gehen.[85] Von nun an läßt sich die Kinderseite der Epoche, ihre geschichtliche Traumgestalt, nur noch durch eine Technik des Erwachens entdecken. Im europäischen Schlaf, dessen geschäftige Außenseite der Kapitalismus ist, träumen die Massen. Die Bilder, die ihren Wunsch entstellend zum Ausdruck bringen, formieren sich zu Phantasmagorien. Verdichtung und Verschiebung sind die Werkmeister, Angst und Wunsch die Ausdrucksenergien des kollektiven Traums.

Die Phantasmagorie ist also keine Veranstaltung der Herrschenden zur Verblendung der Massen, sondern verdrängender Ausdruck einer mythischen Angst im Hochkapitalismus; nicht falsches Bewußtsein, sondern sinnliche Verklärung der Produkte in ihrem unmittelbaren Sein. In diesem Sinne stellen sich die Pariser Passagen als Phantasmagorien dar. In ihnen verklärt die warenproduzierende Gesellschaft den Tauschwert der Produkte und die Selbstentfremdung der Konsumenten zum letzten Schrei. Ihr

---

[79] Benjamin, GS V, S. 670.
[80] A.a.O., S. 513.
[81] A.a.O., S. 522.
[82] A.a.O., S. 134.
[83] A.a.O., S. 218.
[84] A.a.O., S. 282.
[85] A.a.O., S. 490.

Glanz unterhält und zerstreut. „Die Phantasmagorie ist das intentionale Korrelat des Erlebnisses."[86] Ihr entspricht die verdinglichende Archivierung geistiger Objektivationen unter dem Titel Kulturgeschichte. Denn die Kultur der warenproduzierenden Gesellschaft ist das Integral ihres Fetischismus: Diese Gesellschaft macht sich ein ‚Kultur' betiteltes Bild von sich, in dem sie von ihrem Konstituens, der Warenproduktion, abstrahiert. Kultur und Erlebnis bilden die Subjekt- und Objekt-Pole der Phantasmagorie.

Die Passage bündelt die Phantasmagorien von Markt und Privatsphäre wie in einem Brennpunkt. Denn die Menge ihrer Konsumenten erzeugt den Schein, der die Klassenverhältnisse verschleiert und so der ganzen Stadt phantasmagorischen Glanz gibt. So entsteht das Phantasma des beseelten Kollektivs. Die Phantasmagorie schlechthin hat sich in Blanquis und Nietzsches Lehre von der Ewigen Wiederkehr, der reinen Form des mythischen Bewußtseins, ausgesprochen. Sie bilanziert die Angst auswegloser Neuzeitigkeit. Benjamins Passagenwerk entziffert die Phantasmagorie der Moderne als des Zeitalters der Phantasmagorien.

Das 19. Jahrhundert ist ihm nur deutbar, weil es sich schreibt, und zwar in den Hieroglyphen des Kollektivtraums: Mode, Reklame, Architektur. Der Traumstil des Interieurs dieser Zeit schiebt Zeiten und Stile ineinander und entspricht so einer Anschauungsform, die die Photomontage zum Prinzip erhebt. Die Bilder, die das 19. Jahrhundert beherrschten, haben sich dann emanzipiert „und auf Inseraten, Etiketten, Affichen als die Figuren der Reklame sich niedergeschlagen."[87] Reklame säkularisiert die Phantasmagorien des bürgerlichen Interieurs im industriellen Raum. So findet der Traum einen Schleichweg in die Industrie, die surrealistische Sensibilität entzündet sich an der Poetizität der Firmennamen, und an den Mauern der Fabriken prunken Plakate als „Gleichnis für den Alltag der Utopie"[88].

Nur der Traum kann Gewesenes so wiederholen, als ob es uns zustoßen würde. Deshalb wird er für Benjamins Historik kanonisch: „nicht anders kann man von den Passagen handeln, Architekturen, in denen wir traumhaft das Leben unserer Eltern, Großeltern nochmals leben wie der Embryo in der Mutter das Leben der Tiere"[89]. Weil die Passagen Bauten ohne Außenseite sind, kann uns das 19. Jahrhundert in ihnen seine traumzugewandte Kinderseite zeigen. Wie der Traum dämpft die Passage den Außenraum ab. Und wie die Monade ist sie fensterlos, d. h. man kann in sie hinein-, aber nicht aus ihr heraussehen. Deshalb stellt die Passage für Benjamin ein objektives Traumbild dar: geschichtsphilosophisches Paradigma eines modernen Produkts, das auf der Schwelle zum totalen Warencharakter einhält und sich zum Wunschbild verwandelt. So liegt die „Aktualität der Passagen in ihrer Traumstruktur"[90]. Nicht was wirklich gewesen ist,

---

[86] A.a.O., S. 966.
[87] A.a.O., S. 282.
[88] A.a.O., S. 236.
[89] A.a.O., S. 161 f.
[90] A.a.O., S. 1216.

sondern Name und Traum bilden den wahren historischen Gegenstand. Denn für Benjamin sind die Pariser Passagen schon Schrift. Ihre Auslagen gleichen Wortspielen und bilden ein lesbares Rebus, wie der Traum. Es ist nun der Putsch der Ware im Herzen der Passagen, der die Phantasmagorie entzaubert und die „Epoche der Firmen und Ziffern“[91] begründet hat. Von der Ware verfolgt, flieht der Glanz in den Namen.

Benjamin hat vielfach versucht, seine literarischen Kronzeugen im Prozeß der Moderne auf die Idee der Passage einzuschwören. Prousts Welt stehe, der gemeinsamen pflanzennahen Ursprungssphäre gemäß, im Zeichen der Passage. Sie sei, begattet vom alten Dada, die Mutter des Surrealismus. Baudelaire, bei dem sie exoterisch keine Stelle hat, folge doch im lyrischen Grundriß des Crépuscule du Matin dem Kanon der Passage — genau wie Fourier im Entwurf der Phalanstère. So bildet die Idee der Passage den Brennpunkt der Mythologie des 19. Jahrhunderts. Benjamin interpretiert das 19. Jahrhundert als Unterwelt, d. h. als mythischen Raum. In dessen topographischem Aufriß liegt der Schlüssel zu dieser Epoche. Und die Passagen sind die Leitfossilien seiner Urgeschichte. Die Passage nimmt die Straße ins Haus zurück, betont den Stillstand und totalisiert die Schwellenerfahrung. Zweideutigkeit ist ihr Lebensgesetz, der Spiegel ihre Droge. Sie ist der geschichtliche Schauplatz von Verkehr und Industrie „im Stadium des Mythos“[92], d. h. der verfrühten Materialien und voreiligen Synthesen. Und gerade dies ‚Zu früh‘ ist der dialektische Grund der Erfahrung des Veralteten, die der aktuelle Historiker macht.

Als Warenprozession und Tempel des sich verklärenden Kapitals sondert sich die Passage wie eine Monade des reinen Konsums von der Hektik des Produktionsprozesses ab. Das Leben in ihr tendiert zur phantasmagorischen Stillegung des Verkehrs im Namen des Genusses. Handel wird zur Ästhetik des Neuen und der Spezialitäten. Wenn sich aber wirtschaftliche Gesetzmäßigkeit und ästhetische Bildlichkeit verschränken, die Kunst zur Ware und der Handel ästhetisch wird, scheint es möglich, „einen wirtschaftlichen Prozeß als anschauliches Urphänomen zu erfassen“[93], als dessen Vor- und Nachgeschichte die Moderne gedeutet werden kann. Vor Benjamins Auge liegt die zur „Urlandschaft der Konsumtion“[94] erstarrte Geschichte der Passagen.

In der Passage erscheint das Kapital „unmittelbar, unvermittelt durch Produktionsprozeß und Zirkulationsprozeß“. Ihr Glanz ist der des „automatischen Fetischs“[95], in dem sich die kapitalistische Verdinglichung vollendet. In den Weltausstellungen des 19. Jahrhunderts trainieren die Menschen erstmals die Einfühlung in den Tauschwert, d. h. den Wertkonsum. Warenfetischismus maskiert den bloßen Tauschwert als Gegenstand der Lust. Und auch die definitive Vollendung der Verdinglichung scheinen jene Weltausstellungen schon vorwegzunehmen: „Der neue Fetisch ist der

[91] A.a.O., S. 1002.
[92] A.a.O., S. 1031.
[93] A.a.O., S. 574.
[94] A.a.O., S. 993.
[95] Marx, MEW 25, S. 405.

Apparat als solcher: das lückenlose Funktionieren einer metallglänzenden Maschinerie."[96]

Prostitution der Warenseele

Die Theologen unter den Marxisten des 20. Jahrhunderts haben im „Anheimfall des Lebendigen an die tote Materie"[97] die Signatur einer Höllenzeit erkannt, deren Schrecken sie mit einer Philosophie des Warenfetischismus zu parieren suchen. Lukács' Verdinglichungsanalyse deutet das Ding-an-sich-Problem als einmalig geschichtlich erscheinendes, nämlich als Hintergrund einer spezifisch historischen Konstruktion der Warenform im Kapitalismus, und das Transzendentalsubjekt als Repräsentanten abstrakt rationaler Tauschbeziehungen. Das Aposteriori des Fetischcharakters wird geschichtlich konkret zum Apriori. Das begründet die zentrale Stellung des Begriffs der Naturgeschichte im Neomarxismus.

Die Höllenlandschaft des 19. Jahrhunderts zeigt Züge des barocken Trauerspiels. Benjamins entscheidende Bestimmung der allegorischen Geschichtsbetrachtung des 17. Jahrhunderts folgt wörtlich der Einsicht Lukács', daß „die Totalitätsbetrachtung des jungen Marx die facies hippocratica des damals noch blühenden Kapitalismus grell beleuchtet hat"[98]. Der ironisch naturgeschichtliche Duktus der Philosophie des Warenfetischismus macht deutlich, daß sie Verdinglichung weniger kritisiert als rezipiert. Diese philosophische Rezeption der Verdinglichung findet den ihre Intention erfüllenden Gegenstand in Baudelaires Spiel mit der Antinomie von Neuem und Immergleichem. In diesem Spiel, so zeigt Benjamin, hat Baudelaire den Fetischcharakter artistisch ausgenutzt und die Ware in den Stand des poetischen Objekts erhoben. Durch Äquivalenz erzeugt die Ware eine Scheinwelt des Gleichen.

Der Sinn für die Gleichartigkeit ist der spezifisch moderne der Massenbewegungen im Zeitalter der technischen Reproduzierbarkeit. Die alle echten Kategorien der Geschichte überblendende „historische Halluzination der Gleichheit, die mit der Warenwirtschaft sich eingenistet hatte"[99], findet in Baudelaire einen willigen Agenten. Das Immergleiche erscheint sinnfällig in der Massenproduktion. Daß darin das Neue als Stimulans des Konsums entspringt, macht die „Dialektik der Warenproduktion im Hoch-

---

[96] Adorno, GS Bd. 14, S. 31. — Max Webers ‚ehernes Gehäuse' stellt das Urbild vollendeter Verdinglichung. Benjamin hat es nachgezeichnet — GS II, S. 495: „Durch die Verdinglichung werden ja nicht nur die Beziehungen zwischen den Menschen unsichtig; es werden darüber hinaus die wirklichen Subjekte der Relationen selbst in Nebel gehüllt. Zwischen die Machthaber des Wirtschaftslebens und die Ausgebeuteten schiebt sich eine Apparatur von Rechts- und Verwaltungsbürokratien, deren Mitglieder nicht mehr als voll verantwortliche moralische Subjekte fungieren; ihr ‚Verantwortungsbewußtsein' ist gar nichts anderes als der unbewußte Ausdruck dieser Verkrüppelung."

[97] Benjamin, GS V, S. 448.

[98] Lukács, GuK, S. 44 f.

[99] Benjamin, GS V, S. 1115.

kapitalismus"[100] aus. Wo nichts Neues mehr kommt, muß das Neue dem Immergleichen abgetrotzt werden.

Die Ostentation von Reklame und Ausstellung verklärt die Warenform und potenziert den Schein zur allesbeherrschenden Phantasmagorie. So setzt Benjamins Passagenwerk die Marxsche Naturgeschichte der Ware fort und erkennt Natur als Asyl des historischen Scheins. „Die Ware, die der letzte Brennspiegel historischen Scheins ist, feiert ihren Triumph darin, daß die Natur selber Warencharakter annimmt."[101]

Das begründet die Rede von der Einfühlung in den Tauschwert. Der Kunde fühlt sich in tote Materie ein, weil sich die ihr einwohnende „Warenseele" (Marx) in den Kunden einfühlt. Wen die Ware anschaut, der wird zum Käufer. Er antwortet auf ihren Appell. Für Benjamin spricht aus Baudelaire der Fetisch selbst. Seine Lyrik läßt Sex-appeal des Anorganischen und Appell der Ware zu Wort kommen. In ihr erscheint das Spiel mit den Verlockungen des Fetischs als Arkandisziplin des offenen Marktes. Und sein innerstes Geheimnis ist an der Praxis der modernen Hure abzulesen: „die Prostitution der Warenseele"[102].

Wie die Hure ist der Flaneur ein Preisgegebener der Menge. Aus ihm spricht das Bewußtsein der Ware selbst; seine Existenz bringt die der Hure auf ihren abstrakten Begriff. Flanieren ist die Ostentation eines Lebens in der Käuflichkeit. Es trägt bei zum Schein eines Naturfriedens in idyllischem Konsum. Auch deshalb hat Marx den Kapitalismus ironisch als Naturerscheinung dargestellt.

Kapitalismus als Natur ist die äußerste Dichte historischen Scheins. Er wird vom materialistischen Historiker beim Namen genannt, d. h. weder als Natur affirmiert, noch als echte Geschichte verklärt, sondern naturgeschichtlich skelettiert. „Die Rückverwandlung der konkreten Geschichte in dialektische Natur ist die Aufgabe der ontologischen Umorientierung der Geschichtsphilosophie: die Idee der Naturgeschichte."[103] Das ist der geschichtsphilosophisch zu Ende gedachte Hegelsche Begriff der zweiten Natur, den Lukács' Theorie des Romans entwickelt hat: erstarrte Konvention als Inbegriff sinnesfremder und deshalb in ihrem Erkanntsein zuinnerst unerkennbarer Notwendigkeiten; ein Leben „von der Gnade der Gesetzlichkeiten". Dieser „Kerker" *zweiter* Natur, eine „Schädelstätte vermoderter Innerlichkeiten", ist das konkrete Apriori jeder Erfahrung der *ersten*, die den entfremdeten Menschen in Naturwissenschaft und Sentimentalität zerfällt. Der Trost des reinen Gefühls ist scheinhaft, fetischistisch „die Erkenntnis der Macht, die sie knechtet, (...) im Begriff des Gesetzes"[104].

Natur ist das große Gleichnis des geschichtlichen Kerkers, der kalten Objektivität gesellschaftlicher Naturgesetze. Im Zentrum dieses Scheins zeigt sich der Wert als Natur, Ding an sich. So entspringt der Fetischismus

---

[100] A.a.O., S. 417.
[101] A.a.O., S. 435.
[102] A.a.O., I, S. 559.
[103] Adorno, GS Bd. 1, S. 355.
[104] Lukács, ThR, S. 53 ff. — Vgl. Spengler, UdA, S. 132: Natur ist die „greisenhafte Art, Wirklichkeit zu besitzen."

des 19. Jahrhunderts aus der Form der Ware selbst. Die Warenform ist der Prägestempel der Gegenständlichkeitsformen.

Wo die Analyse der Ware zur Produktionssphäre vordringt, durchschreitet sie die Höllenpforte der Moderne. Der Hölle kapitalistischer Ausbeutung, die den Lohnarbeiter peinigt, ist „die Hölle des absolut genießenden, rein drohnenhaften Daseins“[105], die den Snob umschließt, genau komplementär. Er genießt die Gesellschaft, indem er sich in ihre Waren einfühlt. Und umgekehrt erscheint Genußfähigkeit selbst als käuflich; damit lockt die Hure als Straßenprostituierte, in der sich die Aura des Massenartikels Frau konzentriert. Warenfetischismus begründet die Macht ihrer Aura. Ihr individueller Ausdruck ist weggeschminkt zugunsten uniformierter Ausstellung.

Die Prostitution der Großstadt handelt das Triebleben als Massenartikel für Massen; das potenziert den Sex-appeal. „Erst die Masse erlaubt es dem Sexualobjekt, sich in hundert Reizwirkungen zu reflektieren, die es zugleich ausübt.“[106] Für den Kunden wird die Großstadtprostitution zur Schule des Lebens in einer Welt totaler Massenproduktion. Dem Sachverhalt, daß alles zur Ware wird, gewinnt sie den letzten Schrei der Lust ab. „Die Liebe zur Prostituierten ist die Apotheose der Einfühlung in die Ware.“[107] Deshalb kann Benjamin an der Hure das mythische Tabu der Ware überhaupt aufzeigen. Sex-appeal ist der Augenaufschlag der Ware.

Wenn Aura definiert wird als „Ferne des im Angeblickten erwachenden Blicks“, dann sind die spiegelnden, blicklosen Augen der Hure schlechthin unauratisch. Diesen Augen verfallen, bleibt Baudelaire von dem Blick fixiert, „in dem der Zauber der Ferne erloschen ist“[108]. Hier wird deutlich, was der Sex-appeal der Hure dem Tod verdankt. Denn in ihrem blicklosen zeigt sich das brechende Auge als Urphänomen des Auraverlusts. Der Tod verwandelt den Blick in einen Spiegel. Die bannende Kraft blickloser Augenspiegel gründet in der Abwesenheit des Schauenden — Ausdruck eines Sexus, in dem die Fackel des Eros erloschen ist. Wer der Hure in die Augen blickt, geht leer aus; was sie unwiderstehlich macht, ist ihr Stumpfsinn.

In der Welt der Großstadtprostitution wird die kokette „Rhythmik fortwährender Alternierung“ von Zu- und Abwendung, die G. Simmel am „Blick aus dem Augenwinkel“[109] abgelesen hat, absolut. Die Hure erhebt das spezifische Gesetz der Passagenwelt, bestimmt vom „Blick der Dinge in den Spiegel des Nichts“[110], zur sexuellen Norm. Sie hat kein Geschlecht und ihr Körper keine natürliche Bestimmung. An der Hure wird der liebende wie der aufmerksame Blick zuschanden. Sie ist stumme Agentin der Aurazerstörung, die das Außer-sich blockiert und das „schauend auf-

---

105 Benjamin, GS II, S. 1048.

106 A.a.O., V, S. 427.

107 A.a.O., S. 637.

108 A.a.O., S. 396.

109 Simmel, Philosophische Kultur, S. 82 f.

110 Benjamin, GS V, S. 1049 f.

gerissene Auge"[111] blendet. Resolut erfüllt sie die Ansprüche, die der moderne Sinn für das Gleichartige an die Sexualität stellt.

Dem entspricht Baudelaires Impotenz als Triebcharakter des Auraverfalls. Er zerstückelt das Schöne, löscht seinen Schein und verwandelt es als la Beauté in die Allegorie seiner selbst. In der vollständig allegorisierten Physis ist alles Organische zerschlagen und an die „schriftgemäße Bedeutung"[112] aufgeteilt. Der Verfall der Aura zielt auf die Leiche. In ihr ist die Trennung von Zeichen und Bedeutung unwiderruflich geworden. Die Allegorie dementiert das Symbol, wie der Vorrang der Dingwelt die Person und das Bruchstück die Totale. Ein allegorisches Bild ist prinzipiell Schriftbild, Signatur. Deshalb kann die Allegorie als Schema fungieren: „fixiertes Bild und fixierendes Zeichen in einem"[113]. Ihre Gegenstände kombinieren sich zu Rebus und Hieroglyphe. In ihrer Äquidistanz zum Kunstsymbol und zur Buchstabenschrift ähnelt sie der sakralen Schrift. Die allegorische Anschauungsform hat nämlich kodifizierende Kraft. Indem sie den Schein löscht, drängt sie auf die religiöse Lehre. Mit dieser religiösen Armatur rückt Baudelaire dem versteinerten Schein der Moderne zu Leibe: Großstadtmasse, Kollektivtraum und Warenfetisch. Er versucht, der Warenform mit der Allegorie Paroli zu bieten. Dadurch wird es Benjamin möglich, nachdem Max Weber die Entzauberung der Welt durch den Geist des Kapitalismus beschrieben hat, die diesem spezifische Verzauberung, den Höllenzauber der Moderne, als objektive Phantasmagorie zu bestimmen.

„Die allegorische Erfahrung ist ihm primär gewesen."[114] Denn Baudelaire ist in eine schon präparierte Welt eingetreten. Schon Poes Werk hält die „Erfahrung einer in die Totenstarre eintretenden Welt"[115] fest, die nun zur Bedingung und Legitimation der Baudelaireschen Arbeit wird. Auf Poes Schauplatz gibt er der Moderne eine Gestalt, deren Züge Benjamin dann als urgeschichtliche entziffern kann: „Die Allegorien stehen für das, was die Ware aus den Erfahrungen macht, die die Menschen dieses Jahrhunderts haben."[116] Deshalb sind sie das Vehikel einer historischen Erfahrung der Moderne. Ihr Inbegriff ist „das sichtbar gewordene, die Augen blendende Rätsel des Warenfetischs"[117]: das Geld. Benjamin hat diesen Zusammenhang in einer Allegorie der Allegorie fixiert: Aus dem Thesaurus der europäischen Tradition bekommt Baudelaire eine Münze mit auf seinen einsamen Passionsweg durch die Moderne, die „auf der Kopfseite einen Knochenmann, auf der Wappenseite die in Grübelei versunkene Melencolia auf(weist)"[118]. Diese Münze ist die Allegorie.

Baudelaire kann der Moderne Gestalt geben, weil die allegorische Intention dem Warenfetischismus korrespondiert. Dinge sind hier Subjekt, nicht Menschen. Der Schein des Naturfriedens im Konsum verdeckt: „Eine

---

[111] A.a.O., II, S. 277.
[112] A.a.O., I, S. 391.
[113] A.a.O., S. 359.
[114] A.a.O., V, S. 409.
[115] A.a.O., S. 420.
[116] A.a.O., S. 413.
[117] Marx, MEW 23, S. 108.
[118] Benjamin, GS I, S. 684.

Hölle tobt in der Warenseele."[119] Auf dem Warenmarkt und in der Allegorie herrscht die Willkür des Zeichens. Denn die Zeichen verwirren sich, wenn sich die Dinge durch die Abkehr des Menschen von ihnen verwikkeln. Es gibt keine natürliche Vermittlung mehr zwischen Bild und Bedeutung. Stückwerk ist das Wissen in der Allegorie, im Traum und auf dem Markt; und je zerstückter, desto scheinloser. Die allegorische Erfahrung bringt eine heilsame Ernüchterung über die „ungeheure Warensammlung" (Marx) mit sich, in deren Schein das Kapital sich hüllt. Denn die Allegorie ist die Anschauungsform der Warenform als ihres gesellschaftlichen Gehalts. Diese fichteanisierende Formel soll deutlich machen, warum Benjamins Darstellung der Baudelaireschen Allegorie kritisch endet: „Baudelaire idealisiert die Erfahrung der Ware indem er ihr die von der Allegorie als Kanon anweist."[120] Benjamins Begriff des dialektischen Bildes geht deshalb über die allegorische Anschauung hinaus, denn die Intention des Allegorikers bringt es nur bis zur Erstarrung, nicht bis zur Dialektik im Stillstand.

Was Benjamin an Baudelaires Verfahren interessiert, ist die „Erhebung der Ware in den Stand der Allegorie"[121]. Sie zerstört die fetischistische, Geschichte abblendende Verklärung. Die Hure vollzieht diese Allegorisierung am Leib der Lust. Diese Lust ist nicht nackt, sondern ‚renfermé', wie die Maskenwelt der herrschenden Klasse. So steht sie im Dienst der Mystifikation, aus deren Geist im 19. Jahrhundert die Reklame entspringt. Reklame erhebt die „Ware zum Arkanum"[122] und transfiguriert den Fetischcharakter zur okkulten Qualität. „Der trügerischen Verklärung der Warenwelt widersetzt sich ihre Entstellung ins Allegorische. Die Ware sucht sich selbst ins Gesicht zu sehen. Ihre Menschwerdung feiert sie in der Hure."[123] Deren ganz verworfene Psyche vollendet die Sündhaftigkeit des Zeitalters. So trennt sie aber — nach der Logik antinomistischer Ethiken — nur ein kleinster Schritt von der Rettung. Das geschichtsphilosophische Gewicht, das die Hure in Benjamins Passagenwerk gewinnt, läßt sich nur ermessen, wenn man bedenkt, daß sie die Systemstelle besetzt, die bei Lukács der Arbeiter einnimmt. In ‚Geschichte und Klassenbewußtsein' tritt der Arbeiter als „das Selbstbewußtsein der Ware" auf. Diese Selbsterkenntnis vollbringt eine gegenständliche Veränderung an ihrem Objekt; sie sprengt die dingliche Hülle der Ware Arbeitskraft auf und legt ihren ‚lebendigen Kern' frei.[124]

Benjamin versagt sich den Traum von der kopernikanischen Wendung der Geschichte durch die Menschwerdung der Ware im Arbeiter. Statt auf den lebendigen Kern der Ware Arbeitskraft zielt seine Historik auf den Tod im Zentrum der Ware Lust; ihn bedeutet die Hure als Allegorie. Die Allegorie ergreift an der Hure das, was in den chimärischen Verkauf ihrer Genußfähigkeit nicht mit eingeht. „Die Hure ist das kostbarste Beutestück

[119] A.a.O., V, S. 466.
[120] A.a.O., S. 436.
[121] A.a.O., S. 274.
[122] A.a.O., III, S. 360.
[123] A.a.O., I, S. 671.
[124] Lukács, GuK, S. 185 ff.

im Triumph der Allegorie — das Leben, welches den Tod bedeutet. Diese Qualität ist das einzige, was man ihr nicht abhandeln kann und für Baudelaire kommt es nur darauf an."[125] Bei Baudelaire gewinnt die Hure einen allegorischen Index: Das Weib als Massenartikel der Großstadtprostitution ist eine Figur der Erbsünde. Benjamin deutet die Hure als umschlagende Allegorie des Todes für die Moderne. Sie ist die Figur der Erlösung des entstellten Lebens durch die Vollendung seiner Verdinglichung. Hurenhafte Kuppelei zwischen Lebendigem und Anorganischem ist die korrupte Form ihrer Versöhnung. In der Allegorie schlägt der Sex-appeal des dinghaft Toten in die Verheißung der Auferstehung um. So lautet das Credo einer dialektischen Theologie der Ware. In der Hure als Allegorie wird nicht der Mensch gerettet, sondern die Ware. Sie stellt im Nutzlosen und Verworfenen das dialektische Bild des 19. Jahrhunderts dar: „An den Waren und nicht für die Menschen haben wir das Versprechen der Unsterblichkeit und der Fetisch ist (...) fürs neunzehnte Jahrhundert ein treulos letztes Bild wie nur der Totenkopf."[126]

Die von der Hure verkörperte Ware entwertet die Dingwelt und disponiert sie für die allegorische Intention. „Die Dirne ist auf der andern Seite die menschgewordene Allegorie. Die Requisiten, mit denen die Mode sie ausstaffiert, sind die Embleme, mit denen sie sich behängt."[127] Als völlig entseelter Leib im Dienst der Lust synthesiert die Hure Ware und Allegorie. Die Intention der Allegorie wird hier aber so vollkommen erfüllt, daß ihr Schein zu zerfallen beginnt. Und im Zerfall wird das Bild der Hure dialektisch. „Die einzigartige Bedeutung Baudelaires besteht darin, als erster und am unbeirrbarsten die Produktivkraft des sich selbst entfremdeten Menschen im doppelten Sinne des Wortes dingfest gemacht — agnosziert und durch die Verdinglichung gesteigert — zu haben."[128]

Jenem Credo einer dialektischen Theologie der Ware entspricht bei Benjamin das Postulat, daß wir alle Prostituierte sein sollen. Im Als-ob ihrer Freundlichkeit kultiviert die Hure die hohe Tugend der Selbstverdinglichung, die ihrem Dasein schon in der kapitalistischen Welt einen absoluten Sinn verleiht. „Wir sollen Ding und Sache sein vor der Kultur."[129] Deshalb charakterisiert die Vergeistigung des Geschlechtlichen das sentimentale Verhältnis zur Hure, Vergeschlechtlichung des Geistigen das sachliche.

Die Großstadtprostituierte demonstriert, wie Kultur die kulturfeindlichste Macht, den Eros, in Dienst stellt. Diese prostitutive Perversion des Eros im Namen der Kultur ist die sittliche Leistung der Hure. Deshalb stellt sie für Benjamin „den vollendeten Kulturtrieb" dar: „sie vertreibt

[125] Benjamin, GS V, S. 424.

[126] Adorno, Brief an Benjamin vom 2. August 1935. — Diesem Totenkopf verheißt schon das barocke Trauerspiel, er werde am Jüngsten Tag ein „Englisch Antlitz sein" — vgl. Benjamin, GS I, S. 406.

[127] Benjamin, GS I, S. 1151.

[128] A.a.O., S. 1074.

[129] Benjamin, Briefe, S. 67.

die Natur aus ihrem letzten Heiligtum, der Sexualität"[130]. An ihrer Existenz liest Benjamin die Forderung ab, Innerlichkeit vor dem Geist preiszugeben und den natürlichen Schein des Privaten in sich auszulöschen.

Wie das Äquivalent ihrer Lust gehört die Hure der großen Stadt zum Grundbestand der entzauberten Welt. Geld und Prostitution sind gleich spurlos, treulos, indifferent und sachlich. „Der momentan aufgegipfelten und ebenso momentan verlöschenden Begierde, der die Prostitution dient, ist allein das Geldäquivalent angemessen, das zu nichts verbindet und prinzipiell in jedem Augenblick zur Hand ist und in jedem Augenblick willkommen ist."[131] Doch diese Bestimmung Simmels zeigt sich noch der auratischen Erfahrung verhaftet, wenn er darüber klagt, daß die Prostitution den ‚persönlichsten Besitz der Frau' zum neutralsten Wert erniedrige. Dagegen zeigt Benjamin immer wieder, daß sich kein Mensch in der entzauberten Welt von den Formen der Prostitution reinhalten kann. Die „falsche negative Askese" des sich Reinhaltens glaubt sich vom Schuldzusammenhang der Gesellschaft ausnehmen zu können; das verstellt ihr die Möglichkeit der Entsühnung. Und gerade deshalb wird die Hure für Benjamin zur utopischen Gestalt. Ihr Gewerbe ist so moralisch schlecht, wie das Geld, das sie kassiert, schmutzig. Das erspart ihr die ‚hygienische' Illusion des sich Reinhaltens. Allein der wahre asketische Weg ist ihr noch offen: die „Reinigung". Daß alle Praxis im Kapitalismus der Reinigung bedarf, versteht der am letzten, der sich keine schmutzigen Hände machen will. Doch wohin er auch flieht — das hurenhafte Geld ist immer schon da: „die Schuld des Geldes ist eine Gestalt der ewigen Schuld, die die Personen tragen, das Fürchterliche ist, daß die Menschen des kapitalistischen Zeitalters sich nicht von ihr zu entsühnen wissen"[132].

Die Masse als Matrix

Die Theorie der Hure ist Benjamins Königsweg zur Kommunion mit der Masse. Sie scheint psychologischem Zugang verschlossen. Deshalb studiert Benjamin, statt in raffinierten Analysen der imaginären Seele der Masse nachzuforschen, die einfachen Formen ihres Geistes. Brechts Mahnung, plump denken zu lernen, folgt er bis zu dem Punkt ihres dialektischen Umschlags. Aus dem Studium einfacher Geistesformen der modernen Massen entwickelt Benjamin eine Dialektik von plumpem Denken und Dialektik. „Plumpe Gedanken gehören gerade in den Haushalt des dialektischen Denkens, weil sie gar nichts anderes darstellen als die Anweisung der Theorie auf die Praxis."[133] Denken bewährt sich vor der Masse nicht durch intellektuelle Transparenz, sondern im exemplarischen Bild. Wer plump denken *gelernt* hat, denkt ja nicht plump, sondern entwickelt die Dialektik im plumpen Gedanken. „Wer seinen Zoll dem Bilderschatz der

[130] A.a.O.

[131] Simmel, Philosophie des Geldes, S. 413.

[132] Benjamin, GS II, S. 613.

[133] A.a.O., III, S. 446.

Masse nicht entrichtet, muß scheitern."[134] Schocks und Bilder sind die prompten Mittler zwischen Gedanken und Masse. Wer sie bilden statt belehren; wer sie organisieren statt formieren will, muß die „traumatische Energie" des Alltags im Bild mobilisieren. Denn die Masse „kann Wissen nur mit dem kleinen Chock in sich aufnehmen, der das Erlebte im Innern festnagelt. Ihre Bildung ist eine Folge von Katastrophen"[135].

Massenbildung als Katastrophe — die Formel ist doppelsinnig. Sie bezeichnet nicht nur die Schockrezeption des Wissens durch die Masse, sondern auch ihre katastrophische Formierung. Lukács hat gerade diese spontane Massenformierung als fetischistischen Ausdruck ihrer ohnmächtigen Stellung in den Produktionsverhältnissen und auf dem Warenmarkt angesehen: „die Spontaneität einer Bewegung ist nur der subjektiv-massenpsychologische Ausdruck für ihre rein ökonomisch-gesetzmäßige Determiniertheit"[136].

Die revolutionäre Physiognomie von Massenbildungen wahrzunehmen, ist jeder Theorie versagt, die der Masse ihre Genealogie nicht zu schreiben vermag. So ist Jaspers vor der meontischen Drohung der Vielzuvielen zurückgeschreckt; die Masse schockiert ihn als täuschendes, unfaßbares Ungeheuer, ein Anonymat der Anderen, „das Nichts der großen Zahl"[137]. Schon Spenglers Ressentiment hat ja die Masse als spezifisch nihilistische Macht des 20. Jahrhunderts bestimmt. Zukunftsblind und ursprungsvergessen zerschlage sie die Kultur und reiße die Geschichte in den Kältetod des Posthistoire: „Es ist das absolut Formlose, das jede Art von Form (...) mit Haß verfolgt."[138]

Dies formlose Nichts trägt Benjamins Begriff der Moderne, den er an Baudelaires Werk abliest. Dort „steht Paris als ein Wahrzeichen der Antike in Kontrast zu seiner Masse als Wahrzeichen der Moderne"[139]. Die heroische Haltung des untergehenden Individualisten, die Orientierung der Optik am träumerischen Flaneur und die Wahrnehmung von Paris als Antike sind Benjamins Schlüssel zum 19. Jahrhundert. Demgegenüber erscheint Spenglers intellektueller Nomade der Großstadt auf den ersten Blick als der prägnantere, aktuellere Typ. Doch die präzise Gegenwartsdiagnose verstellt sich die eigene Einsicht, wo sie die ‚moderne' Weltstadt dualistisch von der Provinz unterscheidet, statt sie als ‚antiken' Schauplatz einer Dialektik von Weltstadt und Provinz zu begreifen. Denn die moderne Großstadt hat den antiken Architekturtraum verwirklicht: das Labyrinth. Spengler sieht nur die wachsende Uniformität der modernen Städte, nicht den dialektischen Rückschlag ins Labyrinth, d. h. in Antike. Wie der Bauer in der Stadt spürt er die Hast, schmerzen ihn die Schocks. Das verstellt ihm die Möglichkeit, in diesen Straßen Wohnungen für die Massen zu erkennen. Dagegen hat Benjamin an den Pariser Passagen gelernt, daß Straßenzüge die vier Wände des unruhigen Kollektivs bilden können; es übt ein Wohnen ohne Geborgenheit ein. Benjamin interpretiert die Passage als

[134] A.a.O., IV, S. 349.
[135] A.a.O., S. 528.
[136] Lukács, GuK, S. 309.
[137] Jaspers, Die geistige Situation der Zeit, S. 35.
[138] Spengler, UdA, S. 1004.
[139] Benjamin, GS V, S. 437.

von den Massen erobertes, auf die Straße gezerrtes Interieur. Die Masse des 19. Jahrhunderts ist ein Kapitel der gesellschaftlichen Naturgeschichte. Entsprechend ist dem zeitgenössischen poetischen Sensorium Massenbildung als „Naturspiel“ erschienen. In Hugos Werk erkennt Benjamin das „Waldweben als Archetypus des Massendaseins“[140], und noch 1930 vergegenwärtigt sich Jaspers das Leben der modernen Massen im Bild elementarer Naturgewalten; es sei ein unentrinnbares Treiben im Meere: „der Strudel des modernen Daseins (...) bringt zutage, was wir nur sehen, wenn wir in ihm mitgerissen werden“[141].

Massen erscheinen aber nur deshalb als Naturspiel, weil sich in ihrer Konstitution die Naturgesetze der kapitalistischen Produktion und des Marktes Ausdruck verschaffen. Die Massierung kontingenter Privatinteressen auf dem Markt ist das kapitalistische Urphänomen der modernen Massenbildung. Ihr Gesetz hat Poes Erzählung vom ‚Man of the Crowd‘ chiffriert. Es ist die Geschichte eines Großstadtnomaden, der sich unersättlich in den Tumult der Massen stürzt, die durch die Straßen hasten. Die vom Gaslicht wild beleuchtete Masse der Kunden ist sein letztes Reservoir der Lust.

Poe zeichnet das Bild der Masse als Geheimschrift. Daß Menschen Chiffren sind, ist die bürgerlich entstellte historische Erfahrung großstädtischer Kollektivität. Benjamin stellt sich die Aufgabe, diese Geheimschrift der Masse in die Matrix eines künftigen Weltverhaltens aufzulösen. Um aber diese in sich historische Schrift, die nicht Aufzeichnung ist, lesen zu können, muß das Lesen selbst zur höchsten Manifestation der Geistesgegenwart werden. Diese Leistung definiert die Figur des Detektivs im 19. Jahrhundert. Seine Aufmerksamkeit wird durchs ‚Erlebnis‘ belohnt, zu dem alle Spuren des modernen Lebens führen. Der Detektiv hält sich auf der Grenze zwischen Arbeit und Müßiggang, Erfahrung und Erlebnis. Die Kontingenz seines Wissens und die systemlose Unabschließbarkeit seiner Zeichenkunde charakterisieren sein Treiben als moderne Jagd. Ein Buch lesen, ein Verbrechen aufklären, einer Spur im Walde folgen — das sind Leistungen desselben Typs. Denn der Text ist ein Wald, die detektivische Aufklärung eine Jagd und die Spurensuche im Wald eine Lektüre. Als Jäger folgt der Detektiv den Spuren in der unauratischen Welt der Nähe und des Habens. Und als Flaneur verfällt er der Phantasmagorie, den Passanten Beruf, Herkunft und Charakter von den Gesichtern ablesen zu können.

Poes Werk fixiert den Augenblick der Geburt des Kriminalromans aus dem Geist der modernen Masse. Alle Elemente treten rein aus ihm hervor: der Detektiv auf der Jagd, das Labyrinth der Großstadt, die Faszination der ungeheuren Warensammlung, die Masse als Asyl des Asozialen und das Geheimnis des Verbrechens. Die Spannung im Bild des modernen Lebens verdankt sich nicht der Übertretung bürgerlicher Gesetze, sondern dem „genius of deep crime. He refuses to be alone. He is the man of

---

140 A.a.O., S. 557.

141 Jaspers, Die geistige Situation der Zeit, S. 30.

the crowd“[142]. Der Massenmensch hat Intimität, Willen, Individualität in sich getilgt. Sein Verhalten ist unwillkürlich und reflektorisch — als sei er „angezogen von dem Magneten der Masse, von dem er unablässig bestrichen wird“[143]. Die Seele, die er im Labyrinth der Großstadt sucht, ist die der Ware, denn er fordert vom Leben den warenspezifischen Rausch: vom Meer der Masse umbraust zu sein. Der Begriff der Masse wird hier also nicht mehr durch die imaginäre Opposition zum bürgerlichen einzelnen, sondern durch die Kundenmasse des Weltmarkts definiert.

Baudelaire ist für Benjamins Passagenwerk auch deshalb von zentraler Bedeutung, weil er in seiner Haltung zur modernen Masse den Übergang von der Phantasmagorie des Flaneurs zur rauschhaften Schockrezeption des Poeschen Massenmenschen markiert. Dem Flaneur verschleiert das imaginäre Erlebnis der bunten Menge das Grauen der entzauberten Massen. Er verklärt sie zum Reservoir seiner Augenlust und läßt aus diesem Immergleichen das Trugbild des Neuen erstehen. Es ist der Flaneur, der den Warencharakteren Seele verleiht. „Der Schein einer in sich bewegten, in sich beseelten Menge ist es, an dem er seinen Durst nach dem Neuen löscht. In der Tat ist dieses Kollektiv durchaus nichts als Schein.“[144]

Die Moderne richtet die Realität auf die Massen aus. Man will die Dinge nah und reproduzierbar, die Erlebnisse flüchtig und wiederholbar, die Wahrnehmung hüllenlos und stereotyp. Man standardisiert die Moral und fordert statt der vorbildlichen die reproduzier- und erlernbare Haltung. ‚Man‘ — in Heidegger hat es seinen zu Benjamin genau antipodischen Analytiker gefunden. Den spezifisch modernen Prozeß der Entauratisierung beschreibt er als „Einebnung aller Seinsmöglichkeiten“. Durch sie konstituiert sich Öffentlichkeit, die Vorrang, Ausnahme, Echtes, Ursprüngliches und Geheimes nivelliert. Die möglichkeitsblinde Masse der Öffentlichkeit „verdunkelt alles“ und schreibt das Schema der Alltäglichkeit vor. Diese „Diktatur“ des Man stabilisiert sich als unauffällige Herrschaft der anderen, die dem einzelnen „das Sein abgenommen“ haben, die Verantwortung übernehmen und die Entscheidung verdrängen. Man ist Niemand, und darein löst sich das ‚seinsentlastete‘ Dasein des Massenmenschen auf.[145]

---

142 Poe, „The Man of the Crowd“, S. 97.

143 Benjamin, GS I, S. 551.

144 A.a.O., V, S. 436.

145 Heidegger, SuZ, S. 126 ff. — Eine Urzelle der Heideggerschen Man-Analyse bildet Kierkegaards Kritik des Publikums in: Literarische Anzeige, S. 97 ff. Publikum ist das Märchen der Aufklärung, das Phantom der Moderne, die Abstraktion der Gleichheit atomisierter einzelner — und damit der Gegenpol zum leiblich konkreten Kollektiv. Indem es die einzelnen gerade im Moment ihres Nichtseins faßt, „ist Publikum ein ungeheuerliches Etwas, das abstrakte Öde und Leere, welches alle und niemand ist.“ Publikum erweist sich hier zwar als Phantasma der Reflexion, damit aber nicht als nichts, sondern als „ungeheuerliches Nichts“ der Nivellierung und Liquidation des Konkreten, der Verantwortung. Das Gegenbild zur phantasmagorischen Masse der Moderne konnte Kierkegaard nur aus der Antike zitieren: „das Volk selber en masse in corpore in der Situation der Handlung“. Denn nur wenn diese Konkretion des Kollektivs in corpore den einzelnen stützt, muß er sich „dem Standrecht des Augenblicks“ stellen.

Heidegger beschreibt das Man als Schauplatz einer Entzauberung aller Ursprungswerte. Doch sieht er nur die Nivellierung, nicht auch die Befreiung, die in der Herrschaft der Reproduktion liegt. Als „Verkleinerungstechnik“[146] sichert Reproduzierbarkeit den Massen die Herrschaft des Nahen und Handlichen über die Werke. Diese radikale Veränderung im inneren Verhältnis zwischen Mensch und Ding berührt aber nicht nur, als Entzauberung, die Objektseite. Aus der Zertrümmerung der Aura entwickelt Benjamin die geschichtsphilosophische Perspektive einer „Erneuerung der Menschheit“[147]. Am Himmel der kommunistischen Reformation geht das menschliche Antlitz der Masse auf. Alles bloß Organische und Individuelle hat sie im Purgatorium der Anonymität abgestreift, das Naturspiel, als das sie sich einmal erschien, als bösen Schein durchschaut. Die vom Fetisch individueller Freiheit verhexte Masse muß untergehen, um dem Menschengesicht des Kollektivs das Erscheinen zu bereiten.

Aber nicht die befreite, sondern die kapitalistische Masse ist Gegenstand der Benjaminschen Darstellung. Sie zeigt kein menschliches Gesicht, aber sie regelt das neue Weltverhalten als „Matrix“. Daß aus der Masse als Matrix „alles gewohnte Verhalten (...) neugeboren hervorgeht“, bestimmt die Masse als Gebärmutter der neuen Welt. Doch Benjamin versteht Matrix auch als „Urbild des Wohnens“[148]. Alle die Moderne entscheidend bestimmenden Bilder ‚wohnen‘ in der Masse.

Masse als Matrix heißt: Sachlichkeit statt Persönlichkeit, Funktion statt Individuum, palpables Wissen statt Fabrikationsgeheimnis. „Sein ist sachlich sein“[149] — Dienst in einer Apparatur, die das, was man Menschenwelt nennt, zerstört. Man kann nicht mehr repräsentieren und will nicht mehr feiern. Die Masse ist die Matrix einer neuen Welt, denn Wahrnehmbarkeit fordert nun keine Aufmerksamkeit mehr, sondern ist durch eine kollektive und zerstreute Rezeption bestimmt. Man konzentriert sich nicht mehr.

Wie Heideggers Fundamentalontologie stets von Phänomenen ausgeht, die ‚zunächst und zumeist‘ das Dasein qua Alltag beherrschen, analysiert auch Benjamin historische Erscheinungen, die sich „zunächst in verrufner Gestalt“ zeigen. Registriert Jaspers, die Masse lasse sich nur noch von der Reklame ansprechen, so erkennt Benjamin in dieser den kapitalistischen Agenten der zerstreuten Rezeption. Kapitalistisch, denn die Reklame appelliert an die massierten Privatinteressenten in ihrer Zerstreuung, nicht an das Kollektiv. Von der revolutionären Parole unterscheidet sich die Reklame also dadurch, daß sie durch den Appell an den einzelnen in der Masse deren politische Selbstbegegnung als Kollektiv verstellt. Doch Benjamin deutet sie als kapitalistische Vorschule der echten politischen Haltung des Kollektivs. Reklame bietet die „merkantile“, Revolution die „menschliche Probe“ aufs welthistorische Exempel einer „Rezeption in der Zerstreuung

[146] Benjamin, GS II, S. 382.
[147] A.a.O., I, S. 478.
[148] A.a.O., III, S. 196.
[149] Jaspers, Die geistige Situation der Zeit, S. 43.

und durch das Kollektivum“[150]. Benjamin entwickelt diese Theorie Aug' in Aug' mit der faschistischen Probe auf jenes welthistorische Exempel: dem NS-Ornament der Masse. Daß sich die Masse im faschistischen Ornament ins Gesicht schaut, heißt nicht schon, daß sie sich darin selbst begegnete. Als veranstaltete ist die Masse nicht der Situation gewachsen, sondern dem Befehl unterworfen, der sie zu ‚organischen Konstruktionen' (E. Jünger) formiert. Die organische Konstruktion disponiert kollektive Aktionen ohne verantwortliche Stellungnahme des Kollektivs; sie wird durch den ornamentalen Ausdruck der Massen ersetzt. Dabei verhindert die Abspaltung des Ausdrucks von der Konstruktion, daß sich die Masse in ihrer Reproduktion als Geschichtsmacht erkennt. „Das Leben der Massen ist von jeher für das Gesicht der Geschichte entscheidend gewesen. Aber daß diese Massen bewußt, und gleichsam als die Muskeln dieses Gesichts, dessen Mimik zum Ausdruck bringen — das ist eine gänzlich neue Erscheinung.“[151]

Den Kampf um die neue Erscheinung haben Faschismus und Stalinismus für sich entschieden. Solidarität weicht der Reserve und dem Mißtrauen eines Produktionskollektivs, das sich aus atomisierten einzelnen massiert, die „bei derselben Sache *angestellt*“[152] sind. Schon in den 20er Jahren erkennen Kracauer und Heidegger im Angestellten den paradigmatischen Typus des ehernen Gehäuses; sein Gesicht verwächst mit der „Maske des Füreinander“[153]. Sie disponiert die Massen für eine ästhetisierende Formierung des politischen Lebens. Die drohende Vielheit wird in kultische Gestalt gebannt. Der Trick faschistischer Massenstilisation liegt darin, die Versammelten sich selbst monumental erscheinen zu lassen. Dieser Ägyptizismus des Menschenmaterials belohnt die Massen für ihre Selbstlähmung mit der Teilhabe, nicht sowohl an der Herrschaft, als vielmehr ihrem Monument. „Vor dem Blick der faschistischen Herren, der (...) über Jahrtausende schweift, ist der Unterschied der Sklaven, die aus Blöcken die Pyramiden errichtet haben, und der Massen von Proletariern, die auf den Plätzen und Übungsfeldern vor dem Führer selbst Blöcke bilden, ein verschwindender.“[154]

Aus Angst vor der Masse wird sie ästhetisiert. Ihr NS-Ornament inszeniert den Kult ohne Sinn, den Ausdruck ohne Recht, den Leib des Kollektivs ohne die Gegenwart des Geistes. Diese aus Angst formierte Masse ist das Reversbild der Desintegration, als welche der Weltkrieg die herrschende Klasse zersetzte. „‚Masse' scheint ganz und gar nichts Rundes, Eindeutiges zu sein. Es scheint eine Dialektik der Masse und sie selber zwiefach zu geben, je nachdem, ob sie sich formiert oder ob sie entdeckt wird.“[155] Denn der Faschismus *formiert* das meontische Nichts im Massenornament, der Kommunismus *organisiert* die ‚entdeckte' Masse als kollek-

[150] Benjamin, GS I, S. 1043 f.
[151] A.a.O., S. 1041. — Vgl. hierzu Kracauer, Das Ornament der Masse, S. 50 ff und Theweleit, Männerphantasien I, S. 549.
[152] Heidegger, SuZ, S. 122.
[153] A.a.O., S. 175.
[154] Benjamin, GS III, S. 489.
[155] A.a.O., IV, S. 567.

tiven Leibraum. Die Masse kommt dann zu ihrem Recht, wenn ihre Reproduktion nicht den monumentalen, sondern den architektonischen Charakter ihrer Dynamik herausarbeitet.

Auch die Schönheit geht neugeboren aus der Matrix der Masse hervor. Benjamin bestimmt die Schönheit des bewegten Kollektivs noch in Panik und Entsetzen, denn der Schrecken sei nur das abgespaltene und deshalb unkenntlich gewordene Komplement des Massenfestes. Er deutet Katastrophe und Feier als unbewußte Einübung ins kollektive Mündigwerden; als Antizipationen des Augenblicks, „da Panik und Fest, nach langer Brudertrennung sich erkennend, im revolutionären Aufstand einander umarmen“[156]. Benjamins materialistische Historik versucht, an Entsetzen und Freude der Massen die Gesetze der neuen Welt abzulesen und in ihren Revolutionen die „geschichtliche Versuchsanordnung“[157] des bewegten Kollektivleibs zu erkennen.

Ist die moderne Masse das Desintegrationsprodukt der herrschenden Klassen der Geschichte, so wirken in ihr, als künstlich formierter, ihrerseits wieder Kräfte der Desintegration. So bemerkt Freud an künstlichen Massen: „es wird ein gewisser äußerer Zwang aufgewendet, um sie vor der Auflösung zu bewahren (— Die Eigenschaften ‚stabil‘ und ‚künstlich‘ scheinen bei den Massen zusammenzufallen oder wenigstens intim zusammenzuhängen. —) und Veränderungen in ihrer Struktur hintanzuhalten“[158]. Der Schein einer gesellschaftlich profillosen Masse verschleiert den Klassenkontur; das macht die Masse stabil und dem diktatorischen Zugriff verfügbar. Hier zeigt sich ein wesentlicher Zusammenhang zwischen Warenfetischismus, Massendasein und Totalitarismus. Die Verschmelzung atomisierter Privatinteressenten um die tote Warenmitte ist das historische Urphänomen der Massenformation. „Die totalitären Staaten haben diese Masse zu ihrem Modell genommen. Die Volksgemeinschaft sucht alles aus den einzelnen Individuen auszutreiben, was ihrer restlosen Einschmelzung in eine Kundenmasse im Wege steht. Den einzig unversöhnlichen Gegner hat der Staat, der in diesem heißen Bemühen den Agenten des Monopolkapitals darstellt, dabei an dem revolutionären Proletariat. Dieses zerstreut den Schein der Masse durch die Realität der Klasse.“[159] Die Organisierung des Proletariats als ‚natürliche‘ Massenbildung muß deshalb in einer Fluchtlinie der Desorganisation moderner Massen liegen. Konstruiert man Benjamins materialistische Historik als Ellipse, so bildet die rationale Organisation den einen Brennpunkt; im anderen konzentrieren sich die „mystischen, der Leiblichkeit angehörenden Elemente“[160] der Massenbewegun-

[156] A.a.O., S. 435.

[157] A.a.O., II, S. 801.

[158] Freud, Stud. Bd. IX, S. 88.

[159] Benjamin, GS V, S. 496; vgl. a.a.O., VI, S. 162: „Daß aber ein Versuch, den Leib aus alten Kollektivzusammenhängen zu lösen, in neue einzustellen, diesem plötzlichen Virulentwerden aller rituellen Vorstellungskomplexe zugrunde liegt und daß, was sie zu Erscheinungsformen des Irrsinns macht gerade ihre Beziehungslosigkeit zur kollektiven Aktivität ist, das dürfte als sicher angesehen werden.“

[160] A.a.O., S. 853.

gen. Diese Mystik des bewegten Kollektivleibs soll die revolutionäre Legitimität des proletarischen Anspruchs dadurch begründen, daß „nur die Arbeiterklasse ein unfehlbares Organ für das Dasein der Kollektiva besitzt"[161]. Diese Masse kann ‚natürlich' organisiert werden, weil sie das Kollektiv-Organ hat, durch das sich das Kollektiv selbst moralisch korrigieren und verantwortlich Stellung nehmen kann.

Benjamins rhetorische Frage: „der metaphysische Materialismus der kommunistischen Theorie — ist er nur ein Schönheitsfehler oder ein Konstruktionsfehler?", charakterisiert sein Bekenntnis zu einem anthropologischen Materialismus, den er durch eine „doppelte Bindung" definiert: „ans Kreatürlich-Animalische und ans Politisch-Materialistische"[162]. Dafür findet Benjamin ein Modell in der künstlerischen Revolte des Surrealismus, dessen „Zerschlagung des Ästhetischen, die Bindung ans Physiologisch- und Animalisch-Menschliche einerseits und die Bindung an Politisches andererseits"[163], mit einem Schlag die Kunst in Physiologie und Politik, das bürgerliche Individuum in Kreatur und Kollektivleib zerrissen hat. Diese surrealistische Zerreißung des Individuums in Kreatur und Klassensubjekt verwandelt das archaische Bild der dionysischen Destruktion des principium individuationis in ein dialektisches Bild: Als Kreatur erhofft der Mensch die Erlösung, als Klassensubjekt dient er der revolutionären Aktion.

„Nach solcher dialektischen Vernichtung" öffnet sich eigentlich erst der Bildraum, den Benjamin ‚hundertprozentig' nennt: der „Leibraum"[164]. Erst in der Zerreißung der bürgerlichen Psyche kann die Physis von Kreatur und Kollektiv (wieder-)geboren werden. Diese Physis des Kollektivs zu organisieren, ist die Aufgabe einer aus ihren kapitalistischen Fesseln befreiten Technik.

Das Kamera-Auge

Technik als Organ des Kollektivs — das ist die utopische These Walter Benjamins, die er am Kino exemplifiziert. Wie verändert sich die Realität, wenn sie vom Kamera-Auge erfaßt wird? Aura erlischt im Abbild, das Antlitz verblaßt. Moderne schaut durch Linsen und setzt die natürliche Optik außer Kraft. Diese Bilanz des Auraverlusts ist aber nur scheinbar negativ. Denn was in bürgerlicher Defensive als Verfall erscheint, erfährt die geknechtete Klasse als „Befreiung des Objekts von der Aura"; sie verzichtet auf den Fernentraum zugunsten palpabler nächster Nähe und erkennt in der technischen Reproduzierbarkeit „eine heilsame Entfremdung zwischen Umwelt und Mensch". Der „politisch geschulte Blick"[165] gibt das Intime preis.

Aura ist immer an eine wesentliche Ferne, d. h. ans Berührungstabu, gebunden. Wer dieses durch einen taktilen Rezeptionsakt bricht und den

---

[161] A.a.O., II, S. 765. [162] A.a.O., S. 1040. [163] A.a.O., S. 1023.
[164] A.a.O., S. 309. [165] A.a.O., S. 378 f.

Gegenstand in Leibnähe rückt, entzaubert ihn und tilgt die Aura. So ist Aufklärung, die das Tabu bricht, von Verdinglichung untrennbar; sie hebt die ästhetische Distanz auf und bemächtigt sich des Bildes. Dem entspricht die moderne Rezeption der Massenprodukte, die sich der Konsument in leibhafte Nähe rückt; er will einer Sache habhaft werden. Dagegen soll die Wendung, Aura sei zu ‚atmen', verdeutlichen, daß mit der einmaligen Erscheinung einer Ferne keine räumliche, sondern eine Ferne des Erscheinens gemeint ist. Das einmalig Erscheinende bleibt unnahbar wie ein Kultbild. In Zeitaltern, die „eine Krisis der Aura erfahren haben"[166], zerreißt der Schleier und das Bruchstück wird sichtbar; das Geheimnis säkularisiert sich zum Rätsel und die Ferne der Seligen Sehnsucht weicht der bestürzenden Nähe des Allegorischen.

Auratisches unterscheidet sich von technisch Reproduziertem wie die Erscheinung von der Funktion, Autorität von Aktualität, Bild von Abbild, Hülle eines Gegenstandes von nackter Konstruktion und die Ferne der Erscheinung von der handlichen Nähe der Verwertung. Solange es eine Spur der Hand an den Gegenständen gibt, solange gibt es auratische Erfahrung. Technik verwischt die Spuren. Benjamins „Definition der Aura als der Ferne des im Angeblickten erwachenden Blicks"[167] macht deutlich, was mit der Selbstwahrnehmung des Menschen im Angesicht der modernen Apparate geschieht: Photo und Film nehmen das Bild des Menschen auf und ignorieren seinen Blick. Das Menschenantlitz tritt vor die Maschine, um objektiv gerichtet zu werden. „Im übrigen bereitet sich eine neue Wirklichkeit vor, dergegenüber niemand die Verantwortung persönlicher Stellungnahme eingehen kann. Man appelliert an das Objektiv."[168]

Benjamins Begriff der Entauratisierung reicht vom Barock und seiner allegorischen Zerstückelung des symbolischen Kosmos über Baudelaires appareil de la destruction bis zur Zerstückelung der Bildwelt durch die Filmkamera. Zwar besorgt schon Baudelaires „destruktiver Furor" die „Austreibung des Scheins"[169] von Ordnung, Totalität und Organischem. Doch erst das Kamera-Auge erkennt die Gesetze der neuen Welt in den Trümmern der alten. Im Zerstörungswerk des Films kommt der allegorische appareil de la destruction zu sich. „Denn die Welt ist nicht schön und zum Gericht über sie ruft mit stummem Munde die Kamera Millionen namenloser Zeugen auf. Nur der an dies ihr auferlegte Werk verlornen wird es zustoßen, wie unversehens im Chaos der Verwesung, das sie vor sich hat, in Haltungen, Gebärden, Blicken winzige Keime des neuen, das kommen will, zu entdecken."[170]

Erst das Kamera-Auge hat den rechten Blick für die wimmelnde Hölle des Details. So erfüllt der Film als Medium die Intention einer Psychoanalyse der alltäglichen Dingwelt, die nach dem Modell der Freudschen Traumdeutung versucht, „die Konturen des Banalen als Vexierbild zu ent-

---

166 A.a.O., V, S. 462; vgl. Heidegger, Gesamtausgabe Bd. 20, S. 312.

167 A.a.O., S. 396.

168 A.a.O., S. 833.

169 A.a.O., S. 417.

170 A.a.O., II, S. 1140.

ziffern"[171]. Die neue Optik richtet sich nicht auf die großen geschichtlichen Entscheidungen, sondern auf die inkommensurablen Einzelheiten. Sie konstruiert „die Folge der kleinen Ereignisse, aus denen sich unser normales gesellschaftliches Leben zusammensetzt", um den Alltag „in seiner unmerklichen Schrecklichkeit zu ermessen"[172].

Der Alltag soll entüblicht, d. h. durch Verfremdung entdeckt werden. Brecht hat in diesem Sinne aus der Distanz des Fremden ein experimentelles Verhältnis zu den Elementen der Wirklichkeit entwickelt und aus gewöhnlichen Abläufen durch Techniken der Unterbrechung erstaunliche Zustände herauspräpariert. Ein Laboratorium des Alltags, das die Testierbarkeit des Üblichen steigert. Verfremdungstechniken machen die Gewohnheit als Dimension der Veränderbarkeit kenntlich und sie erheben Einspruch gegen die Vergleichgültigung der nächsten Dinge: „im *Kleinsten und Alltäglichsten unwissend* zu sein und keine scharfen Augen zu haben — das ist es, was die Erde für so viele zu einer ‚Wiese des Unheils' macht. Man sage nicht, es liege hier wie überall an der menschlichen *Unvernunft*: vielmehr — Vernunft genug und übergenug ist da, aber sie wird *falsch gerichtet* und *künstlich* von jenen kleinen und allernächsten Dingen *abgelenkt*"[173].

Die Entüblichung des Alltags durch Einübung guter Nachbarschaft zu den nächsten Dingen ist eine Möglichkeit der modernen Massenmedien, denn sie kommen einer Wahrnehmung entgegen, die den Schock zur Norm erhoben hat. Im Schock erweist sich jede Gegenwart als Gefahrenkonstellation; und als Schock setzt sich in der Optik der Vorrang des Taktilen durch. „Der Film ist von allen Formen der Kunst die, welche im Aufnehmenden verhältnismäßig am wenigsten Erfahrungen, verhältnismäßig am meisten Erlebnisse provoziert. Es gelingt ihm, sogar dem gewohnten, der Erfahrung geläufigen den Charakter des Chocks mitzuteilen."[174] Die verstellbare Linse, Zeitlupe und -raffer haben die Welt einer

---

[171] A.a.O., V, S. 281.

[172] Kracauer, Die Angestellten, S. 109.

[173] Nietzsche, SW Bd. 2, S. 542.

[174] Benjamin, GS I, S. 1176. — Ludwig Klages hat jede eigentliche Handlung zur Ausdrucksbewegung fetischisiert und sie der automatisch gewordenen Handlung des Alltags entgegengesetzt; menschliche Bewegung werde durch Gewohnheit ausdruckslos. Der Begriff des Reflektorischen bestimmt jene Übungen und Gewohnheiten, die Benjamin in der zerstreuten Apperzeption am Werk sieht, als Einverleibungen. Willkürbewegungen werden unwillkürlich und bewußtlos vollzogen; der Geübte nimmt seiner Praxis den Ausdruckscharakter. Das deutet Benjamin als Signatur der Moderne: An die Stelle des Ausdruckscharakters einer Gebärde tritt der Schockcharakter eines Ereignisses, der es aus der Erfahrungsordnung heraussprengt. Dem entspricht im Bereich gesellschaftlicher Produktion der reflektorische Mechanismus automatisierter Arbeitsvorgänge, den schon Marx als Dressur der Maschine beschrieben hat. Dabei nimmt die Einübung in die Schockrezeption dem Schock das Traumatische. Die Entfremdung ins Ausdruckslose und Mechanische der modernen Praxis hat Klages durch eine Trennung von „Handlung und Seelenausdruck" begründet: Ausdrucksbewegung und Gestaltungskraft, S. 156. — Aber erst Benjamin erkennt, daß ein derart von aller gesellschaftlichen Praxis abgespaltener Ausdruck zum Gegenstand einer ästhetischen Veranstaltung werden kann — nämlich in der faschistischen Politik: GS I, S. 506 ff.

antiphysischen Optik eröffnet, in der „völlig neue Strukturbildungen der Materie zum Vorschein kommen“[175]. Nur eine dem natürlichen Auge inkommensurable Optik ist fähig, die Welt des Kleinsten und Nächsten vom „Schleier, den unsere Trägheit über sie geworfen hat“[176], zu befreien. Der Film präpariert das Typische im scheinbar Gleichgültigen heraus und zeigt die optische Bedeutsamkeit der Welt gerade in dem, was das natürliche Auge, der konventionelle Blick, übersieht. „Wir brauchen keine zweite Welt (...), in unserer Zeit liegt das Ungeheuerste, freilich, dem blöden Auge unerreichbar, aber offen und greifbar dem Auge, das sieht.“[177] Das Auge, das sieht, ist das Kamera-Auge. Isolierend dringt es in die Wirklichkeit ein und steigert deren Analytizität. Diese technische „Vertiefung der Apperzeption“[178] verändert das historische Apriori der Wahrnehmungsorganisation in einer Weise, die Benjamin immer wieder zu Analogien mit der Psychoanalyse gedrängt hat.

Denn der Film macht das Optisch-Unbewußte, das sich dem natürlichen Auge entzieht, ebenso schlagend formulierbar, wie die Psychopathologie des Alltagslebens den unbewußten Wunsch in der Fehlleistung, die sich bisher der Aufmerksamkeit des Gesprächs entzogen hatte. Das Kamera-Auge subvertiert das normale Wahrnehmungsspektrum und antwortet einer anderen Natur. Ob die antiphysische Entüblichung des Alltags in den Dienst seiner ‚natürlichen‘ Bewältigung tritt, entscheidet über die gesellschaftliche Bedeutung des Films. Es gab für Benjamin Anlaß zum Optimismus: „An sich selber sind diese Büros, möblierten Zimmer, Kneipen, Großstadtstraßen, Bahnhöfe und Fabriken häßlich, unfaßlich, hoffnungslos traurig. Vielmehr: sie waren und sie schienen so, bis der Film war. Er hat dann diese ganze Kerkerwelt mit dem Dynamit der Zehntelsekunden gesprengt, so daß nun zwischen ihren weitverstreuten Trümmern wir weite, abenteuerliche Reisen unternehmen.“[179] Im Film ist die Entwöhnung von den Üblichkeiten der natürlichen Optik eins mit der Einübung in die zweite Natur der technischen Welt.

Indem die Kamera die Bildwelt zerstückelt, wird der Schein verwertbar, denn in diese Bilder kann man sich nicht versenken; sie schließen Innerlichkeit aus. Seit technische Medien die Wirklichkeit durchdringen, muß, wer die Welt sehen will, die Apparatur innervieren. Einfühlung in die Apparatur schließt aber jede Einfühlung als ein Verhältnis von Mensch zu Mensch gerade so aus, wie der instrumentelle Eingriff des Chirurgen in äußerster Nähe zum Körper die natürliche Distanz aufhebt, die die Berührung des Magiers erfordert. Benjamins paradoxe Formulierung einer Einfühlung in den Apparat setzt also Brechts Kritik an der psychologischen Einfühlung schon voraus und charakterisiert die Testhaltung eines Publikums, das in seinen kollektiven Rezeptionsweisen die Innerlichkeit annihiliert. Carl Schmitts These: „Vor Automaten und Maschinen kann man nicht repräsentieren“[180], erfährt hier eine für Benjamins Filmtheorie charak-

[175] A.a.O., S. 500.
[176] A.a.O., III, S. 152.
[177] Endell, „Vom Sehen“, S. 47.
[178] Benjamin, GS I, S. 498.
[179] A.a.O., II, S. 752.
[180] Schmitt, RK, S. 36.

teristische dialektische Korrektur: Man kann nicht vor, wohl aber durch Maschinen repräsentieren — und zwar den sich selbst entfremdeten und gerade in seiner Selbstentfremdung ‚höchst produktiv' verwerteten Menschen. Selbstentfremdung ist die Produktivkraft des Filmschauspielers. Er bringt sein Spiegelbild vor die Kontrollinstanz der unsichtbaren Masse. Und vor der Masse zeigt der Darsteller, wie man seine Menschlichkeit kraft totaler Selbstentfremdung „im Angesicht der Apparatur"[181] behaupten kann. Repräsentation durch Reproduktion eröffnet für Benjamin die Perspektive einer Neugeburt der Menschlichkeit aus der totalen Selbstentfremdung der Selbstdarstellung vor der Apparatur und der Masse.

Spezifisch kollektive Bewegungsformen kann der Blick nicht angemessen wahrnehmen. Alles Massenverhalten fordert eine von Apparaturen durchdrungene Apperzeption. Deshalb entscheidet sich die Frage nach der revolutionären Selbstbegegnung der Massen im Angesicht der reproduzierenden Maschinen. Im Blick auf Rußland heißt es: „Auf solche Kollektiva Film und Radio einwirken zu lassen, ist eines der großartigsten völkerpsychologischen Experimente, die in dem Riesenlaboratorium Rußland jetzt angestellt werden."[182] Aber auch die faschistische Wochenschau ist für Benjamin ein Beleg dafür, daß kollektive Verhaltensweisen in den modernen Massenmedien die ihnen adäquate Form der Darstellung gefunden haben, nämlich die massenweise technische Reproduktion. „In den großen Festaufzügen, den Monstreversammlungen, in den Massenveranstaltungen sportlicher Art und im Krieg, die heute sämtlich der Aufnahmeapparatur zugeführt werden, sieht die Masse sich selbst ins Gesicht."[183]

Das Kino gewinnt in Benjamins Theorie der Masse deshalb so außerordentliche Bedeutung, weil es den Übergang von der Summe bloß einzelner zum Kollektiv markiert. Denn die Massierung der Publikumsreaktionen im Kino wird zum Apriori der Reaktion jedes einzelnen — „und indem sie sich kundgeben, kontrollieren sie sich"[184]. Durch die Massierung seiner Reaktionen organisiert sich das Publikum im Prozeß zerstreuter Rezeption und transformiert die Wahrnehmungsstrukturen des einzelnen. „Die von Massen bemerkten Worte, Geberden, Geschehnisse sind anders als die von einzelnen bemerkten. In der Ruhe von großen Massen aber ändert sich auch für den einzelnen schon das Merkfeld."[185] Die modernen Massenmedien beschwören in ihren Programmen zwar immer noch das Individuum, ihrer Struktur nach aber wenden sie sich an den Typus. Die Maske, der berechtigte Schein, zeigt sich der Physiognomie, dem scheinbaren Wesen, in allen Belangen überlegen. Kino ist nicht der Triumph der Charaktermaske, sondern die Aufhebung des Charakters durch die Maske.

Benjamin betont nachdrücklich, daß der Film nicht Gegenstand einer theoretischen Beurteilung, sondern Instrument einer praktischen Übung ist. Er analysiert ihn nicht primär als Kunstform, sondern als Medium.

---

[181] Benjamin, GS I, S. 450 f.
[182] A.a.O., II, S. 750.
[183] A.a.O., I, S. 467.
[184] A.a.O., S. 459.
[185] A.a.O., II, S. 1193 f.

Denn im Film geht es um die Vertiefung der Apperzeption, nicht um eine Sinndeutung des Apperzipierten. „Wirklich entsteht mit ihm *eine neue Region des Bewußtseins*.“[186] Es ist die der „aktuellen Urgeschichte“[187]. Denn der Film zieht nur die technische Konsequenz aus den Erfahrungen des 19. Jahrhunderts. Urgeschichte des 19. Jahrhunderts heißt ja nicht: Wiederkehr des Mythos im 19. Jahrhundert, sondern: das 19. Jahrhundert als mythische Form, in der sich die ganze Urgeschichte erneuert.

Erwachen aus der Moderne

Benjamin interpretiert das 19. Jahrhundert als objektive Phantasmagorie: ein kapitalistischer Traum, der auf das Erwachen aus der Vorgeschichte wartet. Wenn er das Gewesene als Einfall des Erwachten definiert, besagt dies, daß das erwachende Erinnern die Fakten feststellt als das, was uns soeben erst zustieß. Der eigentliche Fall des Erinnerns ist also der Einfall des Erwachens. Um die Gegenwart als Wachwelt zu erfahren, müssen wir aus dem Traum, den wir Gewesenes *nennen*, erwachen. In diesem eminenten Sinne ist das 19. Jahrhundert für Benjamin Zeit(t)raum.

Das Traumkollektiv ist die Bourgeoisie. In ihrem Unbewußten sind urgeschichtliche Erfahrungen deponiert, aus denen sich die Wunschbilder des Zukunftstraums, die phantastischen Vorformen des Neuen speisen. In diesem Reich seiner sich selbst undurchschaubaren Ähnlichkeit behauptet das Bild den Vorrang vor dem Ich. Deshalb verpflichtet Benjamin die Hermeneutik des Kollektivtraums auf Techniken, die der allegorischen Bibelauslegung vertraut sind. Denn in der traumhaften Entstaltung der Welt sucht er nach den „Bildern des tausendjährigen Reichs“[188]. Hier schlägt die Lehre vom Traumkollektiv in eine Theologie des dialektischen Bildes um. Subjekt ist ja nicht mehr, wie beim Naturtraum Freuds, das Individuum. Vielmehr geht es um jenen „Traum von einer Sache“ (Marx), in dem sich die Gesellschaft selbst darstellt, d. h. ins dialektische Bild versetzt, das die „Einbruchsstelle des Erwachens“[189] enthält, in dem der Traum stillsteht.

Warum Benjamin dies eine „kopernikanische Wendung in der geschichtlichen Anschauung“[190] nennt, wird in einem Vergleich mit Kant deutlich, dessen Experiment der reinen Vernunft analog zum synthetischen Verfahren des Chemikers die analytisch unterschiedenen Momente ‚Ding an sich‘ und ‚Ding als Erscheinung‘ durch dialektische Synthesis „zur Einhelligkeit mit der notwendigen Vernunftidee des Unbedingten“[191] verbindet. So

[186] A.a.O., S. 752.

[187] A.a.O., V, S. 576.

[188] A.a.O., III, S. 471.

[189] Benjamin, Briefe, S. 688; vgl. Friedlaender, Schöpferische Indifferenz, S. XXV und Lacan, Encore, S. 52 f.

[190] Benjamin, GS V, S. 1057.

[191] Kant, Kritik der reinen Vernunft, B XXI Anm.

steht die Wachwelt analytisch im Gegensatz zu den Traumbildern des Gewesenen, synthetisch aber soll das Erwachen dessen „dialektische Fixierung" leisten. Für Kant ist Erfahrung ja prinzipiell Synthesis von Wahrnehmungen — historische Erfahrung synthesiert demnach die Traumwahrnehmung des Gewesenen mit dem wachen Jetzt, und zwar im Augenblick des Erwachens. Im Traum — und Benjamin geht es um den Traum des Historismus — gibt es nämlich keine Synthesis der Erfahrung. Denn der Traum erinnert sich an alles, nur nicht ans Ich. Erst das Erwachen bringt die synthetische Einheit, die Erinnerung des Ich (gen. obi.). Dem Traum des Gewesenen sind also die Begriffe, die den geschichtlichen Gegenstand konstituieren, nicht zu entnehmen. „Politik erhält den Primat über die Geschichte."[192]

Politik heißt für Benjamin auch theologische List. Denn die Schwellenerfahrung des Erwachens kultiviert nicht romantisch den Traum im Wachleben, sondern erobert ihn. „Die Verwertung der Traumelemente beim Erwachen ist der Schulfall des dialektischen Denkens. Daher ist das dialektische Denken das Organ des geschichtlichen Aufwachens."[193] Es kündigt sich in den Träumen vom Ende an, die das Bestehende als Ruinenlandschaft zeigen. Dieser Blick delektiert sich nicht an den Visionen des Untergangs, sondern stellt das Bild der Zerstörung dialektisch still: „Die Zukunftsdrohung ins erfüllte Jetzt zu wandeln" — Sehnsucht des Surrealismus und Programm des historischen Materialismus — „ist Werk leibhafter Geistesgegenwart"[194]. Sie hat Benjamin im Bild vom Wecker, der jede Sekunde anschlägt, festgehalten. Dieses Bild permanenter Alarmbereitschaft ist die wahre Miene des Surrealismus: Politik gewordenes Erwachen aus dem Alptraum der Moderne.

Schon die Traumbilder von 1918 ließen sich nicht mehr traumdeutend, analytisch auflösen. Es waren Träume vom Erwachen aus der Moderne. So stand auch Jüngers Traumintensität einmal im Dienste des Erwachens aus der Narkose des Automatismus und der Lähmung des großstädtischen Angsttraums. „‚Erwachen und Tapferkeit' — das könnte auf unseren Fahnen stehen."[195] Um überhaupt noch Bedeutung zu gewinnen, muß sich historische Erfahrung im 20. Jahrhundert am Traum orientieren. Als ‚Naturform' hat er sich bei Freud, Spengler und Jünger seinen Anteil an der Geschichte noch verstellt. Gegen diesen Naturtraum der konservativen Revolutionäre begreift Benjamin den Traum als kollektive Erinnerungsform, in der der ‚Film' des Geschehenen in äußerster Verkürzung abläuft. Sein historischer Materialismus zielt auf die Traumdeutung dieser geschichtlichen Bilder. Dieses Verfahren übt einen traumartig veränderten Apperzeptionsrhythmus ein: als ob das Gewesene vor unseren Augen geschehe, uns zustieße. Sein Inbegriff ist der Schock, und zwar nicht der des

[192] Benjamin, GS V, S. 1057.

[193] A.a.O., S. 59.

[194] A.a.O., IV, S. 142. — Vgl. Unger, Politik und Metaphysik, S. 15; Barth, Römerbrief I, S. 316; Jünger, Siebzig verweht II, S. 216.

[195] Jünger, AH I, S. 81.

Erlebnisses, sondern der wahren Erfahrung. In ihr gibt es für den vom Bild Betroffenen nichts ‚Bestehendes' mehr. Überwältigt durch Vergessenes, vergegenwärtigt der Historiker vergangene Dinge. „Nicht wir versetzen uns in sie, sie treten in unser Leben"[196] — als ob sie Erscheinungen wären. Der historische Materialist zitiert sie in *seinem* Zeitraum; „zweite Gegenwart"[197] des Gewesenen ist sein Ziel.

Dem entspricht Benjamins an den Augenblick der Gefahr als Spitze der Zeit gebundener Begriff historischer Erkenntnis. Gefahr rafft die Zeit der Bilderfolgen, die im Gedächtnis bereitliegen; der Schock stellt sie still, ihre Sukzession schlägt in Dezision um. Die Gewalt über diesen Augenblick heißt leibliche Geistesgegenwart. Was für den einzelnen die Lebensgefahr, ist in der Geschichte die Krise, die das historische Subjekt am extremsten exponiert. Das Eingehen des Geistes in die Geste ist identisch mit dem Einwandern theologischer Gehalte in die Profanität: „Gegenwart des Geistes schafft allein der Leib."[198] Dies ist ein zentrales Lehrstück aus Benjamins inverser Theologie, die gerade vom Geistigen fordert, „den Geist von sich (zu) schleudern (wie die Fahne unter die Feinde)"[199] — sonst wird der Gott zum Fetisch. Daraus ergibt sich für den materialistischen Historiker die Aufgabe, den Begriff der historischen Zeit gerade durch das „Bild der Erlösung" politisch zu bestimmen, ohne Politik und Erlösung zu konfundieren. „Unser Leben ist ein Muskel, der Kraft genug hat, die ganze historische Zeit zu kontrahieren."[200] So wird leibliche Geistesgegenwart zu der entscheidenden Kategorie, die in Benjamins Traumarbeit an der Moderne den Vorrang der Politik vor der Geschichte sichert.

Daß Gewesenes nicht als Vergangenes fixiert, sondern als dialektisches Produkt der Vergegenwärtigung begriffen wird, heißt: aktuell ist es als Ort der Geistesgegenwart. Benjamins Materialismus der Jetztzeit präsupponiert, „daß die Vergangenheit kein musealer Kronschatz ist, sondern etwas das immer von Gegenwart betroffen ist"[201]. So soll historische Darstellung in die Selbsterkenntnis der Gegenwart umschlagen.

Benjamin vergegenwärtigt Geschichte als rettende Erinnerung, als Einfall des erwachten Bewußtseins. Durch diesen dialektischen Schematismus überwindet seine Historik den Historismus genauso, wie die in Freud erwachende Psychoanalyse sich von der Hypnose emanzipiert hat. Das Erwachen unterbricht den Traum dialektisch, d. h. kritisch, und macht ihn lesbar, d. h. auf die Gegenwart beziehbar. Es geht hier um eine Umfunktionierung der urgeschichtlichen Erfahrungen, also jener Wirklichkeit der Bilder, die L. Klages gegen die öde Welt der mechanischen Sinne verteidigt: „ferne Vergangenheitsseelen"[202] bilden die Wahrnehmungswelt des Traumbewußtseins. Doch kennt Klages nicht das teleologische Moment des Traums, das Warten aufs Erwachen und die darin sich ankündigende

[196] Benjamin, GS V, S. 272 f.
[197] A.a.O., II, S. 331.
[198] A.a.O., IV, S. 352.
[199] A.a.O., II, S. 841.
[200] A.a.O., V, S. 600.
[201] Benjamin, Briefe, S. 311.
[202] Benjamin, GS III, S. 44.

politische Aneignung jener kollektiven Traumenergien, die sie allererst in Geschichte verwandelt. Denn wenn eine Epoche im Traumschlaf liegt — und das charakterisiert für Benjamin den Kapitalismus —, muß, um der Geschichte willen, Politik den Vorrang vor der Geschichte reklamieren. Der kapitalistische Traum wartet auf das Erwachen aus der Vorgeschichte. Von Klages und Jung unterscheidet diesen Gedanken das Moment des Erwachens, von Marx das des Wartens. Warten ist ein politisch-theologischer Begriff: Harren aufs Heil. Denn dem Juden bedarf die Welt keiner Entwicklung mehr; sie ist am Ziel. Das Warten wartet auf das Ende. Ihm ist Gottes Reich als „das Fernste das in jedem nächsten Augenblick Erwartete, und so wird das Nächste, das ja nur der Platzhalter des Fernsten (...) ist, in jedem Augenblick greifbar“[203]. Warten ist also eine ‚surrealistische‘ Apperzeption der historischen Zeit, ein Zeitstau, in dem das Bild des Erwarteten die Banalität des Gegebenen überblendet. Dieser Zeitstau bewirkt das Staunen, das die Dialektik im Stillstand artikuliert. Sie denkt die Raffung der Zeit mit ihrer Stillstellung zusammen: Der Zeitraffer staut virtuell in einem Augenblick die Geschichts-Zeit zu einem Bild-Raum.

Warten langweilt, wenn es sein Worauf nicht kennt. Und Langeweile, die geschichtsabgewandte Seite des Traums, wartet aufs geschichtliche Erwachen aus dem tiefen Schlaf des Kollektivs. Sie brütet „das Ei der Erfahrung“[204] aus. Das heißt nicht: Zeit verschwenden, sondern: leere, homogene Zeit in historische verwandeln; „der Wartende lädt die Zeit und gibt in veränderter Gestalt — in jener der Erwartung — wieder ab“[205]. Seine geduldige Aufmerksamkeit gilt dem in uns träumenden, noch nicht bewußten Wissen vom Gewesenen. Das Warten verhält sich zum Erwachen wie die Hoffnung zur Erlösung.

Als historischer Gegenstand, d. h. als dialektisches Bild, ist das Gewesene „aus seinem Sein von damals in die höhere Konkretion des Jetztseins (Wachseins!) aufgerückt“. Benjamin begreift hier das geschichtliche Erwachen analog zur psychoanalytischen Integration der Symptome in die Geschichte des Subjekts. Freud hat ja ein „umgekehrtes Verhältnis zwischen realem Erlebnis und Erinnerung“ als psychologische Bedingung der Verdrängung erkannt: „Die Kindertraumen wirken nachträglich wie frische Erlebnisse, dann aber unbewußt.“[206] Nicht anders verhält es sich in Benjamins Psychoanalyse der historischen Dingwelt: Die Aktualität des dialektisch im Eingedenken fixierten Ereignisses ist größer als in der Zeit, in der es real vorfiel. „Wie es als höhere Aktualität sich ausprägt, das schafft das Bild als das und in dem es verstanden wird.“[207] Dieses Bild soll den Körper des Kollektivs durchdringen und es zur Aktion befähigen. Dafür steht Sorels Mythos vom Generalstreik ein. Weil sich aus dem empirischen Bewußtsein der proletarischen Existenz kein revolutionäres Klas-

[203] Rosenzweig, Der Stern der Erlösung, S. 254.
[204] Benjamin, GS II, S. 446.
[205] A.a.O., V, S. 164.
[206] Freud, „Weitere Bemerkungen über die Abwehr-Neuropsychosen“, S. 384 Anm.
[207] Benjamin, GS V, S. 495.

senbewußtsein entwickeln läßt, zeigt sich die Totalität der Klasse als Subjekt historischer Erkenntnis nur auf der Bildebene. Deshalb hat Sorel dem bourgeoisen „Bild des Fortschritts" das „Bild der Gesamtkatastrophe" entgegengehalten.[208] Denn die Bilder tragen der Dunkelheit der Revolution Rechnung: Sie ist eine „Katastrophe", die sich der Beschreibung entzieht.[209] Weil Deduktion und beschreibendes Wort vor der Revolution versagen, erleuchten die politischen Mythologen jenes Dunkel durch säkulare Kampfbilder.

Daß das Proletariat die letzte geknechtete Klasse sei, der Rächer, der das Befreiungswerk zu *Ende* führe, statt zum *Ziel*, ist ein solches Kampfbild: keine Faktizität, sondern ein inszenierter Auftritt, der von einem historischen Bewußtsein gestützt wird. Das Sein, von dem das revolutionäre Klassenbewußtsein Bewußtsein ist, ist nicht nur das, was ist, sondern der Traditionsbestand der Unterdrückten. Den Strich, gegen den Benjamin die Geschichte bürstet, haben die Sieger gezogen.[210] Er markiert das Terrain des Leidens und der Verwerfung.

Materialistische Historik entdeckt das Nichtgeschehene als Bild in der Virtualität der Geschichte. Es geht nicht um das factum brutum, sondern um die „stille Kraft des Möglichen"[211], die sich aber nicht in verstehender Wiederholung, sondern in zitierender Destruktion zeigt. Denn die Aktualität des Vergangenen ist für Benjamin ein Diskontinuitätsbegriff. Zwischen Schöpfung und Weltgericht steht nicht die heilsgeschichtliche Erfüllung. Auf dem geschichtsphilosophischen Indifferenzpunkt stellen sich der Schrecken der Geschichte als Natur und ruinöse Natur als Totenmaske der Geschichte dar. Indem er im „Jetzt das innerste Bild des Gewesnen" erkennt, zerstört dieser dialektische Blick ins Innere der Geschichte den historischen Schein. Geschichtliche Erkenntnis der Wahrheit gibt sich dem materialistischen Historiker in der „Konfiguration eines *schnellen* Bildes"[212]. Wahrheitsfähig wird historische Erkenntnis also gerade durch die Gefahr der Geschichte und die Flüchtigkeit ihrer Bilder, die jedes ‚Haben' ausschließt.

Den idealistischen Abgrund zwischen Erkenntnis und Wahrheit überbrückt die materialistische Ideenlehre. Ihre erste Frage lautet: Wie steht die Gegenwart *in* den historisch darzustellenden Gegenständen? Was ist nur jetzt, also nie vorher und nie später, erkennbar? Diese Frage impliziert schon einen veränderten Begriff von Wahrheit. Sie besteht, weil die Welt

---

[208] Sorel, Über die Gewalt, S. 155.

[209] A.a.O., S. 173. — Vgl. Schmitt, Lage, S. 80, 83 f; Schmitt, PR, S. 225; Schmitt, Leviathan, S. 10, 123; Schmitt PuB, S. 11, 13; Blumenberg, „Wirklichkeitsbegriff und Staatstheorie", S. 130; Blumenberg, Arbeit am Mythos, S. 248.

[210] Vgl. Schmitt, PuB, S. 304: „Wort und Name sind nirgends nebensächlich, am wenigsten bei politisch-geschichtlichen Größen, die das Völkerrecht zu tragen bestimmt sind. (...) Der Sieger schrieb nicht nur die Geschichte, sondern bestimmte auch das Vokabularium und die Terminologie." Dazu auch: Schmitt, ECS, S. 25 und Weber, Gesammelte Politische Schriften, S. 17 f.

[211] Heidegger, SuZ, S. 394.

[212] Benjamin, GS V, S. 1034 f.

jetzt erkennbar ist, allein im „Jetzt der Erkennbarkeit", das den systematischen Zusammenhang historischer Erkenntnis in sich selbst und mit dem „vollendeten Weltzustand" begründet. Dieser zeigt sich schon jetzt in der Brechung symbolischer Begriffe. „Die Handlung, wie die Wahrnehmung treten nur gebrochen, uneigentlich, unreal in das Jetzt der Erkennbarkeit ein."[213] Es bestimmt sich aus dem Heute, so unscheinbar es sein mag. Es verzeitlicht die Bilder und sprengt den Bann der Schau. Das heißt aber nicht, daß das Bild eine *zeitliche* Beziehung der Gegenwart zur Vergangenheit stiftet, sondern vielmehr eine dialektisch-*sprunghafte* des Gewesenen zum Jetzt. Echt geschichtlich, d. h. scheinlos, ist das Bild nur zu *einem* kritischen Zeitpunkt. „Der historische Index der Bilder"[214] bestimmt sich nach der Zeit ihres „Ursprungs" und ihrer Lesbarkeit. Ein Stand-Index wird nämlich abgelesen, und zwar im Nu. Er ist die kleinste Gestalt der realen Zeit als Wirklichkeit des dialektischen Bildes. Während alles Verstehen nur ein Versäumnis deckt — nämlich das der geistesgegenwärtigen Verwertung —, zeigt sich der historische Materialist dem Nu gewachsen, wo er sich der Gefahr des Bilderlesens stellt. Wie die Psychoanalyse gezeigt hat, ist das Lesen der Bilder nicht kontemplativ und harmlos. Weil die Wahrheit einen Zeitkern hat, hängt ihre Erkenntnis von dem Akt des Subjekts ab, im rechten Moment die Zeit des Begreifens zu schließen. Das macht das Lesen so gefährlich. Erst im kritischen Augenblick der Gefahr, es zu verpassen, wird das Bild lesbar.

Das im Nu gelesene Bild ist Benjamins Inbegriff historischer Erfahrung: blitzartig wahrgenommene Gestirnkonstellation am Himmel der Geschichte. Gefährlich ist dies Lesen als ein dem Wissen vorausgehendes Handeln. „Denn in der Gefahr verständigt der Körper sich mit den Dingen in der Tat über den Kopf hinweg."[215] Es geht hier um jene „jähen, blitzhaften Einsichten, die sich nur im Augenblick der akuten Gefahr einstellen"[216]. Carl Schmitt, der ja schon die Theorie des Ausnahmezustandes mit einem Zitat aus der ‚Wiederholung' krönte, bemüht auch für die Theorie der dem Denken der Ausnahme entsprechenden Geistesgegenwart ein Wort Kierkegaards: „Das Genie ist im Augenblick der Gefahr am allerstärksten, seine Angst liegt vielmehr in dem Augenblick zuvor und dem Augenblick hernach, dieser Moment des Zitterns."[217]

Hier schult nicht das Studium die Funktionen des Geistes, sondern der Mut erprobt dessen Gegenwart. „Es ist die Beziehung zwischen der Geistesgegenwart und der ‚Methode' des dialektischen Materialismus zu etablieren, (weil ...) der Dialektiker die Geschichte nicht anders denn als eine Gefahrenkonstellation betrachten kann, die er, denkend ihrer Entwicklung folgend, abzuwenden jederzeit auf dem Sprunge ist."[218] Strikt situations- und leibgebunden erscheint hier der Geist. Geistesgegenwart meint also nicht eine durch Geist bestimmte Gegenwart, sondern den in

[213] A.a.O., VI, S. 46.
[214] A.a.O., V, S. 577.
[215] A.a.O., IV, S. 776.
[216] Schmitt, Donoso Cortés, S. 84.
[217] Kierkegaard, Der Begriff Angst, S. 103.
[218] Benjamin, GS V, S. 586 f.

ihr in Funktion gesetzten. „Geistesgegenwart haben heißt: Im Augenblick der Gefahr sich gehen lassen.“[219] Denn es ist der Leib, der dem Geist Gegenwart und Ort anweist. Das hat Benjamin an der korrumpierten Gestalt der Geistesgegenwart, dem Hasardspiel, abgelesen: Mit seinem Coup antwortet der Körper des Spielers auf die Konstellation des Spiels. Der Hasard des Spiels liegt im Aug' in Aug' des Spielers mit dem drohenden Schicksal, die Chance zu verpassen; „die blitzschnelle Innervation in der Gefahr: den Grenzfall in dem Geistesgegenwart zur Divination wird, (...) erzeugt das Spiel experimentell“[220]. Was der Spieler als Konstellation liest, nutzt er im Coup. Dagegen zeigt die kontemplative Deutung einer Konstellation, ihre Entzifferung, immer an, daß ihre Verwertung versäumt wurde. Deutend gelesen wird immer nur die Wunde des Zu spät. Deshalb ist die Lektüre des dialektischen Bildes der Geschichte eine Sache des Augenblicks, in dem der Mutige die Geistesgegenwart als „Extrakt“[221] der Zukunft bewährt.

„Das dialektische Bild (...) ist das Urphänomen der Geschichte.“[222] Benjamin denkt es monadologisch und dezisionistisch zugleich. Bild ist dabei, in ausdrücklichem Gegensatz zur kontemplativen Metapher, mit Handlung verknüpft. In seiner augenblicklichen Wirkkraft erweist sich die integrale Aktualität des Bildes als messianische. Die monadologische Struktur des dialektischen Bildes hat einen Doppelcharakter — bezogen auf die Erlösung ist sie messianisch, bezogen auf die politische Aktion dezisionistisch. Die historische Erfahrung, die ihm entspricht, gehört nicht mehr in den epischen Formenkreis. Benjamins Historik gibt hier das epische Element der Geschichte: die Tradition, sowie der Wahrheit: die Weisheit, preis. Denn längst ist das ‚Es war einmal', das vormodern den weisen Rat verhieß, in dem die betrachtende Unterbrechung des verständigen Erzählers die mythische Verstrickung löste, zum Narkotikum, zur mythischen Verlockung einer bunten Bilderwelt der Weltgeschichte verkommen. Für Benjamin gibt es keine geschichtsparadigmatischen Geschichten mehr: „Geschichte zerfällt in Bilder, nicht in Geschichten.“[223]

Jedem historischen Bild droht seine Indienstnahme durch die herrschende Klasse, die Gefahr des Konformismus. Deshalb konstituiert sich materialistische Historik im Kampf um die Überlieferung. Ihr Feind ist der Historismus, der zu den Phantasmagorien des Interieurs gehört. Als Etui-Mensch der Weltgeschichte vergnügt sich der Historist im Bordell

---

[219] A.a.O., VI, S. 207; vgl. a.a.O., S. 75.

[220] A.a.O., S. 190.

[221] A.a.O., IV, S. 141.

[222] A.a.O., V, S. 592. — In einer späteren Schrift Carl Schmitts findet sich eine bemerkenswerte Definition dieses dialektischen Bildes der Geschichte: „Das konkret-geschichtliche Bild (...) enthält eine dialektische Spannung, nämlich die Aufeinanderfolge einer konkreten Frage und einer ebenso konkreten Antwort. Diese Dialektik des geschichtlich-Konkreten bestimmt die Struktur einmaliger, geschichtlicher Situationen“ — „Die geschichtliche Struktur des heutigen Welt-Gegensatzes von Ost und West“, S. 147. — Hinter dem vordergründigen Challenge/Response-Modell wird der Benjaminsche Ansatz sichtbar.

[223] A.a.O., S. 596.

der Vergangenheit. Dieser ‚kulturgeschichtlichen' Überlieferung tritt der historische Materialist mit zerstörender Gerechtigkeit gegenüber. Und nur das destruktive Moment seiner Konstruktionen verbürgt ihm die Authentizität dialektischer Erfahrung.

Der destruktiv konstituierte historische Gegenstand ist ein dialektisches Bild, das die Denkbewegung zäsuriert. Geistesgegenwart bewährt sich in dieser Zäsur. Man muß das Denken also stillstellen, um geistesgegenwärtig aus seinem Gebiet herauszukommen — das ist Benjamins Begriff von Politik. Ihm entspricht ein Begriff historischer Erfahrung als Resultat dialektischer Polarisation. Ihr Subjekt ist der zwischen den Extremen in schöpferischer Indifferenz schwebende destruktive Charakter. Er „handelt in jeder Situation so als wenn es eine historische wäre". Das erfordert ein Vermögen, das Bestehende in seinen Extremen wahrzunehmen. Er findet den „Ausweg" immer dort, wo es nicht mehr weiter geht.[224] Der destruktive Charakter, der alles dialektisch polarisiert, hat keinen Sinn mehr für das Werden. Chock und Überblendung bestimmen seine Zeitwahrnehmung. „Bis ins letzte aus dem Bild der Geschichte ‚Entwicklung' herauszutreiben und das Werden durch dialektische Zerreißung in Sensation und Tradition als eine Konstellation im Sein darzustellen"[225], ist auch die Tendenz des Passagenwerks. Das dialektische Bild tritt in Benjamins Erkenntnistheorie der Geschichte an die Stelle der Idee. Dialektische Vernichtung der einzelmenschlichen Erfahrung soll den entscheidenden Bildraum eröffnen und auf den Indifferenzpunkt des politischen Eingriffs führen. Dieses Zerstörungswerk dialektischer Polarisation zerschlägt das Ästhetische in Traum und Theologie und bestimmt den Menschen durch eine „doppelte Bindung ans Kreatürlich-Animalische einerseits und ans Materialistisch-Politische andererseits"[226]. Der Historiker hat es nicht mit Menschen und Kunstwerken, sondern mit Skeletten und Monaden zu tun.

Die Kräfte und Interessen seiner Vor- und Nachgeschichte repräsentiert der historische Gegenstand in seinem Innern, und zwar so, daß die Nachgeschichte die Wandelbarkeit der Vorgeschichte erkennbar macht. Beider geschichtliche Auseinandersetzung, der Ursprungs-Strudel, prägt die monadologische Struktur des Gegenstandes.

Wirbel, Strudel des Ursprungs; gegen den Strom schwimmen; gegen den Strich bürsten; Kratereinsturz — das sind Metaphern, die sich bei Benjamin regelmäßig einstellen, wenn das Verhältnis von Idee und Geschichte umschrieben wird. Denn in ihrem Ursprungswirbel zerschlägt die Idee das Gewesene, reißt seine Elemente in sich hinein und rettet sie in ihrem monadischen Innern. So baut die Idee ihr Bild aus den Extremen der Geschichte auf. „Die Form in welcher das Einzelne dergestalt zur Totalität kristallisiert und festgestellt wird, ist Geschichte."[227] Dem Ur-

---

[224] A.a.O., IV, S. 1000 f; vgl. a.a.O., V, S. 595. — „Schöpferische Indifferenz" ist der Grundbegriff der Philosophie Salomon Friedlaenders.

[225] A.a.O., V, S. 1013 f.

[226] A.a.O., II, S. 1035.

[227] A.a.O., I, S. 946.

sprungswirbel der Idee entsprechen auf seiten der historischen Erfahrung Sprung und Sprengung. Es gibt nämlich im unaufgesprengten historischen Kontinuum gar keine echte historische Erfahrung, sondern nur historischen Schein. Allein die Unterbrechung des Verlaufs macht noch Erfahrung möglich; und zwar erweist sich der so entdeckte Zustand als immanent dialektisch, d. h. als Dialektik im Stillstand. Solche Modelle sind die materialistischen Ideen des Historikers. Brecht hat das Verfahren organisierender Unterbrechung Verfremdung genannt. „Der Wille Josuas": „Den Weltlauf zu unterbrechen", ist hier Technik geworden. „Einhalt gebieten dem natürlichen Verlauf der Dinge: Gebet an die Sonne von Gibeon."[228]

Das ist die theologische Präfiguration des Augenblicks, in dem das Gewesene als Zitat zum Jetzt springt und die Dialektik Stand faßt im Bild. Zitieren heißt durch Unterbrechung Form geben — theologisch urbildlich im ‚Vor Gott', säkularisiert in Marxens ‚Femgericht' der Geschichte über die herrschende Klasse. Derart „vor das Tribunal der Geschichte zitiert", wird das Material des Passagenwerks allererst historischer Gegenstand — nämlich „Gegenstand als Gerichtsstand"[229]. Die Schwelle des geschichtlichen Aufwachens ist die des Weltgerichts, das weder verklärt noch verdammt, sondern die Trümmer der Welt ins Eingedenken birgt. „Verheerung zu Trümmern und Steinhaufen türmen sich auf"[230] — so hat sich das Strafgericht Gottes den jüdischen Propheten dargestellt. Benjamin projiziert es in den Weltlauf; und in dieser großen Destruktion erfährt der Rankesche Historismus seine paradoxe Rettung: „Jeder Augenblick ist das Jüngste Gericht für das, was in irgendeinem frühern Geschehen ist. Wenn jede Epoche unmittelbar zu Gott ist, so ist sie das als die messianische Zeit irgend einer früheren."[231]

Das Tribunal der Geschichte unterbricht ihre Erzählung und fällt ihrer Apologie der Sieger ins Wort: „die Verhandlung wird angestellt, nicht berichtet". Die Zäsur zerstört den Schein des Lebens, denn das Totsein des falschen Ganzen ist Bedingung für jede „Zitierung (Belebung) von Teilen"[232]. Zerstörend stellt das Zitat die Beziehung zum verstellten Ursprung (im Namen) her; so erweist es sich als kathartische Technik der Gerechtigkeit, denn es stiftet die Einheit von Ursprung und Destruktion in der Sprache. Zitierend vergegenwärtigt der materialistische Historiker die bourgeoise Tradition als Diskontinuum; sein Auslegen ist ein Herausschlagen, jede Interpretation gewaltsam. Zitat heißt also nicht Urteil, sondern „Verdikt und Gnade". Es führt in die „Welt der urteilslosen Vollstreckung"[233].

Benjamins Montagetechnik steht im Dienst der hohen „Kunst, ohne Anführungszeichen zu zitieren" — d. h. an „verlorenen Formen" des

[228] A.a.O., II, S. 1103; a.a.O., V, S. 401.
[229] A.a.O., II, S. 1333; vgl. Unger, Politik und Metaphysik, S. 42.
[230] Cohen, Religion der Vernunft, S. 286.
[231] Benjamin, GS I, S. 1174.
[232] A.a.O., V, S. 459.
[233] A.a.O., II, S. 287 f.

Gewesenen „heutige Formen ab(zu)lesen"[234]. Es geht hier um jene von Friedrich Schlegel entdeckte Art, Stellen zu zitieren, wodurch man sie zugleich transzendentalisiert. Das echte Zitat affirmiert nicht, sondern zerstört — nämlich die Zweideutigkeit des Zitierten. Und es stiftet den Stillstand der Scheinlosigkeit. Zitieren heißt also beim (wahren) Namen rufen. Dieser Ruf bricht das Zitierte „zerstörend aus dem Zusammenhang (...) als Name steht es einsam und ausdruckslos"[235]. Das Zitat hat einen Erlösungsindex, denn es bekundet, wie jeder destruktive Impuls bei Benjamin, „Versöhnungsbereitschaft". Denn der theologische Sinn von Destruktion liegt darin, alles zu vernichten in der Versöhnung mit Gott, um dann, versöhnt, vor Gott „es wieder erstanden zu finden"[236].

Rettung durch Verwendung — diese Losung der Gerechtigkeit illustriert Benjamin durch die nautische Metapher vom „Wind des Absoluten in den Segeln des Begriffs"[237]. Auch wer gegen die Geschichte kreuzt, hat ja ihren Wind in den Segeln. Die Flügel des Engels der Geschichte, von dem die neunte ‚Geschichtsphilosophische These' erzählt, sind diese Segel, und der Sturm aus dem Paradies ist dieser Wind. Und das Schiff, das sich derart vom Kontinent des europäischen Humanismus entfernt, heißt „Die Armut". So zehrt die Rettung von der Katastrophe. Jede Negation zeichnet die Konturen des unzerstörbar Lebendigen. Methodologisch entspricht dem eine Technik der Krisis, die mit dialektischen Kontrasten operiert. Der materialistische Historiker scheidet am Gegebenen Positives und Negatives nur, um dem „negativen Teile von neuem eine Teilung zu applizieren, derart, daß, mit einer Verschiebung des Gesichtswinkels (nicht aber der Maßstäbe!) auch in ihm von neuem ein Positives und ein anderes zutage tritt als das vorher bezeichnete. Und so weiter in infinitum, bis die ganze Vergangenheit in einer historischen Apokatastasis in die Gegenwart eingebracht ist"[238]. Nichts anderes meint die dritte ‚Geschichtsphilosophische These' mit der vollständigen Zitierbarkeit der Vergangenheit. In der Konzeption der historischen Apokatastasis wird die Platonische Rettung der Phänomene durch ihre Aufteilung in Elemente, wie sie die Erkenntnistheorie des Trauerspielbuchs noch idealistisch entwickelte, zugleich theologisch und materialistisch gewendet.

Rettung ist also ein theologisch-politischer Begriff. Ihm mißt Benjamin seinen Begriff historischer Erfahrung an. Dialektische Erfahrung zerstreut den Schein von Wiederholung in der Geschichte, indem sie dem Gewesenen

---

[234] A.a.O., V, S. 572.
[235] A.a.O., II, S. 363.
[236] A.a.O., I, S. 184.
[237] A.a.O., V, S. 591; vgl. a.a.O., II, S. 1112.
[238] A.a.O., S. 537. — Vgl. Barth, Römerbrief I, S. 441 und Barth, Die Auferstehung der Toten, S. 125 f: „Die Auferstehung, die alle Menschen aller Zeiten angehende Krisis", bildet eine „Gleichzeitigkeit der Lebenden und der Gestorbenen (...). Das für unsere Blicke unendlich auseinander gezogene Band der Zeit ist vor Gott zusammengeballt in *einer* Faust, tausend Jahre wie ein Tag. (...) Die Auferstehung geschieht quer hindurch durch das Leben und Sterben der Menschen, sie ist die Heilsgeschichte, die ihren eigenen Weg geht durch die andere Geschichte."

den „Index als ‚Vorgeschichte'"[239] der eigenen Gegenwart verleiht. Dazu bedarf es aber politischer Kategorien, die sonst nur auf das Gegenwärtige angewandt werden. Benjamins kopernikanische Wendung in der Historik fordert eine theoretische Sanktionierung der politischen Kategorien, um sie auf das Gewesene beziehbar zu machen. Dem politischen Blick zeigt sich die Vergangenheit als unabgeschlossen; er fällt mit dem theologischen aufs Jüngste Gericht zusammen.

Dem geschichtlich erwachten Kollektiv würde sich die Vergangenheit öffnen. Es soll zur Geschichte erwachen — nämlich aus der phantasmagorischen Formenwelt des kapitalistischen Traums: der Moderne. „Wie sich nun diese Formen auflösen im erhellten Bewußtsein, treten an ihrer statt politisch-theologische Kategorien zutage. Und erst unter diesen Kategorien, die den Fluß des Geschehens erstarren lassen, bildet sich in dessen Innerm als kristallinische Konstellation Geschichte."[240] Jeder dialektische Umschlag nach dem Schema des Erwachens enthüllt eine verborgene Rückseite; er stellt eine Kontraktion der Geschichte dar. Deshalb kann Benjamin behaupten: „die echte Konzeption der historischen Zeit beruht ganz und gar auf dem Bild der Erlösung"[241]. Dieses Bild antwortet einem Gefühl, das der unterdrückten Klasse gilt: daß es für sie keine Befreiung, sondern, „wie für arme Seelen, nur noch eine *Erlösung* gibt"[242].

Wie Naturgeschichte ist auch Heilsgeschichte nicht in eigentlich historischen Kategorien darstellbar. Sie fordert nicht Erklärung, sondern Auslegung und Einbettung — und zwar vom Ende her. Denn erst dort erscheint dem Historiker das wahrhaft Aktuelle, dieser späteste Gast, der alles zurechtrückt. „Die Aktualität als den Revers des Ewigen in der Geschichte zu erfassen", ist eine Aufgabenstellung, die Historisches und Theologisches verschränkt, denn es geht Benjamin um die „Aktualität eines Phänomens als eines Repräsentanten vergessener Zusammenhänge der Offenbarung". Der materialistische Historiker, das Inkognito des ‚häßlichen' Theologen, versteht seinen Gegenstand als „Aufruf der Vergangenheit an (...) die eigene Gegenwart"[243].

Ewig aktuell sind die Ärgernisse der Geschichte, die in keine Siegerchronik Eingang fanden und, obzwar einer bestimmten historischen Konstellation entsprungen, dem Fortschreiten der Geschichte skandalös wider-

---

239 A.a.O., S. 593.

240 A.a.O , S. 1023. — Hier wird, wie im barocken Denken, der „Traum als theologisches Paradigma" — a.a.O., III, S. 98 — mächtig; doch nicht mehr als immanente Scheinwelt, sondern an der Schwelle des Erwachens. „In Gottes Welt erwacht der Allegoriker" — a.a.O., I, S. 406. Denn wie nach den mystischen Gesetzen antinomistischer Ethik vollendete Verworfenheit in Heiligkeit umschlägt, so schlägt auch das aus dem absolut Bösen geborene Bild der barocken Welt dialektisch um in die Allegorie der Auferstehung. Sie wirft das Licht des erwachten Bewußtseins. In diesem Licht ist der Tod nur ein „tiefer Schlaf", „und die künftige Auferstehung unseres Leibes soll nicht anders zugehen, denn wie einer plötzlich aus solchem Schlaf erwachet" (Luther).

241 A.a.O., S. 600.

242 A.a.O., III, S. 537 f.

243 A.a.O., S. 409; a.a.O., V, S. 1083; a.a.O., I, S. 936.

stehen. Die Aktualität eines Phänomens der Geschichte fixiert es also nicht als Manifestation der Offenbarung an ein Ewiges. Vielmehr ist Gegenstand der historischen Vergegenwärtigung „ein allen Korrekturen der Regie erreichbares lebendes Bild"[244]. Die Konstruktion des materialistischen Historikers beruht also ganz auf einer dialektischen Wechselbestimmung der geschichtstheologischen Grundbegriffe Aktualität und Ewigkeit. „Denn Ewigkeit ist grade dies, daß zwischen dem gegenwärtigen Augenblick und der Vollendung keine Zeit mehr Platz beanspruchen darf, sondern im Heute schon alle Zukunft erfaßbar ist."[245] Im wahrhaft Aktuellen bewährt sich das Ewige augenblicklich in der Geschichte. In ihrem Aktualitätsmoment bekunden historische Erfahrungen die Bindung ihrer Gegenstände an zwar unabsehbare, aber doch in ihrem Kommen verspürte, neue religiöse Ordnungen. Aktualisieren heißt Geschichte zum Ärgernis für die Gegenwart machen; und zwar in einer dialektischen Bewegung, in der zugleich die brennendste Aktualität der Gegenwart ins Vergangene hineinwirkt und dessen innerste Strukturen erhellt. So wird der historische Tatbestand in der Dialektik seiner Vor- und Nachgeschichte polarisiert; in dieser Darstellung der Vergangenheit soll es also kritisch für die Gegenwart werden. Das Aktuelle akzentuiert das Gegenwärtige als ein historisch Entscheidendes, als Krisis. Ihr wird Geschichte nicht als Wissenschaft, sondern als Form des Eingedenkens gerecht. Eingedenken ist die vom Vergessen, d. h. nicht einem Mangel an Erinnerung sondern einem Gegen-Erinnern, gespannte Erinnerung, in der sich das Erlebte nicht fixiert, sondern für seine Vor- und Nachgeschichte öffnet. In ihr wird vergangenes Leid als ein Unabgeschlossenes erfahren. „Das ist Theologie; aber im Eingedenken machen wir eine Erfahrung, die uns verbietet, die Geschichte grundsätzlich atheologisch zu begreifen, so wenig wir sie in unmittelbar theologischen Begriffen zu schreiben versuchen dürfen."[246]

Für Benjamin ist ein unvergeßlicher Augenblick (der Offenbarung) in der Geschichte unabhängig von seinem empirischen Vergessensein im Leben der Menschen. Es geht also im Eingedenken um eine historische Erfahrung, deren Maßstab nicht das einzelmenschliche Gedächtnis, sondern „ein Gedenken Gottes"[247] ist. Das religiöse Modell des Eingedenkens ist die sabbatische Ruhe, in der sich das Traumbild der Vollendung einstellt. Denn der Sabbat antizipiert die Erlösung; seine Feier evoziert das kollektive Gefühl, heute schon erlöst zu sein. So verdichtet Eingedenken das Geschichtliche zur Gegenwart. Das Fest ist so zu feiern, als ob der Eingedenkende selbst Subjekt des Gewesenen sei, dessen gedacht wird: Auch ich bin aus Ägypten befreit worden! Entsprechend offenbart sich echte historische Erfahrung nicht auf dem Schauplatz des Erlebens, sondern auf dem der Erinnerung, wo sich das Kollektiv „rückschauend (...) der Analogie bewußt"[248] wird.

[244] A.a.O., I, S. 358.
[245] Rosenzweig, Der Stern der Erlösung, S. 365; vgl. Benjamin, GS II, S. 244.
[246] Benjamin, GS V, S. 589.
[247] A.a.O., IV, S. 10.
[248] A.a.O., II, S. 1021.

Eingedenken fordert die Form der Interpretation, die Fühlung mit der Lehre als dem Inbegriff des Wissenswürdigen hält. Diese Lehre ist jüdischen Ursprungs und führt in einen theologischen Bereich, in dem sich die wissenschaftlichen Fixierungen des Gewesenen lockern. „Was die Wissenschaft ‚festgestellt' hat, kann das Eingedenken modifizieren." Geschichte als Form des Eingedenkens steht polemisch gegen die „Säkularisierung der Geschichte bei Heidegger", d. h. gegen ‚Geschichtlichkeit' als mythisches Komplement jenes Szientismus. Doch auch eingedenkende Interpretation kann die zerrissene Tradition nicht repristinieren. Deshalb schreibt Benjamin Geschichte zwar in stetem Bezug auf die Gegenstände der Theologie, aber nicht in theologischer Terminologie. „Mein Denken verhält sich zur Theologie wie das Löschblatt zur Tinte. Es ist ganz von ihr vollgesogen. Ginge es aber nach dem Löschblatt, so würde nichts was geschrieben ist, übrig bleiben."[249] Mehr als Wissenschaft, Form des Eingedenkens ist Geschichte als Klage. Deren mittelalterliche Form ist für Benjamin gerade aktuell genug, um Klage zu erheben gegen das „Neueste — daß es nicht einmal mehr die Klage gibt"[250]. Die Wissenschaft von der Geschichte hat sie ausgetrieben. Dagegen orientiert Benjamin die historische Erfahrung im theologischen Rahmen des Eingedenkens. Erinnerung arbeitet als „Interpolation im Gewesenen"[251].

In echter geschichtlicher Erfahrung fallen Entdeckung und Wiedererkennen ‚einzigartig' zusammen. Einzigkeit und Echtheit, die Ursprungsqualitäten des historischen Gegenstandes, verdanken sich einem konstruktiven Vermögen. Denn was bloß ist, verdeckt das Ursprüngliche. „Es ist die dialektische Konstruktion, die das in der geschichtlichen Erfahrung ursprünglich uns Betreffende gegen die zusammengestoppelten Befunde des Tatsächlichen abhebt."[252] Hier verdrängt der Ursprungsbegriff den der Entwicklung und artikuliert Benjamins Kritik an Evolutionismus und Universalgeschichte. „Die beiden Pole einer solchen Auffassung sind das Geschichtliche und das Politische, man könnte scharf pointieren: das Geschichtliche und das Geschehen. Beide liegen auf gänzlich verschiednen Ebnen."[253] Benjamin analysiert die Fakten nicht kausal, sondern in der Ausfaltung ihrer historischen Formen. Sein Ursprungsbegriff ist eschatologisch. Er markiert den Indifferenzpunkt von End- und Urgeschichte und denkt die Grenze aller Zeit als ihren Ursprung. „Ursprung — das ist der aus dem heidnischen Naturzusammenhange in die jüdischen Zusammenhänge der Geschichte eingebrachte Begriff des Urphänomens."[254] In den Urphänomenen der Geschichte erweist sich das Vergangene als unab-

---

[249] A.a.O., V, S. 588 ff.

[250] A.a.O., II, S. 550.

[251] A.a.O., IV, S. 964.

[252] A.a.O., II, S. 468.

[253] A.a.O., VI, S. 443. — Vgl. Heidegger, Gesamtausgabe Bd. 20, S. 386 und Simmel, Fragmente und Aufsätze, S. 182: „die Autonomie der Form Geschichte gegenüber der Form Geschehenswirklichkeit."

[254] A.a.O., V, S. 577.

geschlossen, denn Ursprünglichkeit ist ein Kennzeichen der Offenbarung, die nun vom Ursprungsphänomen restauriert wird. So stellt sich Benjamin im Passagenwerk die Aufgabe, nicht wie Marx den Kausal-, sondern den „Ausdruckszusammenhang" der gesellschaftlichen Faktoren des Hochkapitalismus darzustellen, d. h. „einen wirtschaftlichen Prozeß als anschauliches Urphänomen zu erfassen". Durch „Ausdeutung in den Einzelheiten" hebt Benjamin Theorie und Erfahrung im „Kommentar zu einer Wirklichkeit"[255] auf.

Die Bescheidenheit der Kommentarform ist aber Schein. Denn in ihr zitiert Benjamin archaische Autorität. Sie bezeugt — in Montage, Zitat und Aktualisierung — Theologie als Grundwissenschaft des Passagenwerks. Benjamin hält an der Idee der Lehre als Erkenntnis der integralen Erfahrung fest. Seine materialistische Ideenlehre will historische Erfahrung in Geschichtstheorie umprägen. Daraus ergibt sich folgende Verhältnisbestimmung der Benjaminschen Grundbegriffe: Religion ist die „konkrete Totalität der Erfahrung", Kritik ist inverse Theologie und Lehre aufgehobene Kritik.[256] Inverse Theologie ist das Resultat eines Exodus aus der Philosophie in den Kommentar, der auf eine geschichtstheologische Auflösung profaner Formen zielt. Dem entspricht, daß Benjamins materialistische Studien das Resultat eines Umschmelzungsprozesses sind, „in dem die ganze ursprünglich unmittelbar metaphysisch organisierte", aus der Zeit unverstellt „theologischen Denkens stammende Gedanken- und Bildermasse" „in einen dem gegenwärtigen Dasein geziemenden Aggregatzustand übergeführt worden ist" — so Benjamin im Mai 1935 in Briefen an Werner Kraft und Alfred Cohn. Das Aug' in Aug' mit dem Faschismus zwingt Theologie zur Inversion. In diesem Sinne ist die erste ‚Geschichtsphilosophische These' als Allegorie einer inversen Theologie zu lesen. Invers, weil sie die Theologie einer verkehrten Welt ist und Umkehrung, Verwirrung als Zeichen des nahen Zeitendes deutet. Benjamin erzählt von der Puppe Histoat, die den häßlichen Zwerg Theologie in ihren Dienst nimmt. Diese Allegorie besagt, daß Theologie sich heute „nicht darf blikken lassen" und deshalb versteckt werden muß, um überhaupt wirken zu können; sie erscheint nur in diesem Verstecken. Die Formel vom In-Dienst-Stellen, die Franz Rosenzweig in seiner Kritik der autonomen Kunst gebraucht hat, wendet Benjamin nun auf die ‚reine' Theologie an. Theologie, in Dienst gestellt, entgiftet sich: „sie reinigt sich und den Menschen von ihrer eigenen Reinheit"[257]. So in Dienst gestellt, kann Theologie zur Grundwissenschaft historischer Darstellung werden.

Die konstruktiven Zurüstungen historischer Erkenntnis sollen es ermöglichen, „in der Analyse des kleinen Einzelmoments den Kristall des Totalgeschehens zu entdecken"[258]. Diese Konzeption ist monadologisch.

[255] A.a.O., S. 573 f.

[256] A.a.O., II, S. 168 ff. — Vgl. zum Begriff inverser Theologie: Luhmann, Funktion der Religion, S. 44 f.

[257] Rosenzweig, Der Stern der Erlösung, S. 393. — Vgl. Kaiser, Antithesen, S. 212 f.

[258] Benjamin, GS V, S. 575.

Sie geht aufs Ganze nicht im großen, sondern im schöpferischen Indifferenzpunkt der radikal einzigen, inextensiven Monade. Diese ist das historisch Reale in den Dingen, in dem der Schein der Materie ‚wohl begründet' ist. Auch Dilthey bezeichnet die Repräsentation der Geschichte im Singulären als monadologisch.[259] Doch der Historist bettet die Monade in den Bedeutungszusammenhang der Historie ein, Benjamin sprengt sie heraus und deutet sie in ihren Einzelheiten. Das prägt seiner Geschichtskonstruktion die Kommentarstruktur auf: Die Wirklichkeit liest sich wie ein Text.

Benjamin spricht den Kommentar nicht als Chronist, sondern als Prophet der Strafgerichte nach dem Ersten Weltkrieg. Dabei geht dem politischen Blick auf das 19. Jahrhundert auf, was im 20., soll es der neuen Sintflut wehren, wahrhaft an der Zeit ist. „Das ist der esoterische Sinn des Wortes, der Historiker ist ein rückwärts gekehrter Prophet. Er kehrt der eignen Zeit den Rücken; sein Seherblick entzündet sich an den ins Vergangene verdämmernden Gipfeln der frühern Ereignisse. Dieser Seherblick ist es, welchem die eigene Zeit deutlicher gegenwärtig ist als den Zeitgenossen, die mit ihr Schritt ‚halten'."[260]

[259] Vgl. Dilthey, Der Aufbau der geschichtlichen Welt in den Geisteswissenschaften, S. 246 und Cohen, Kants Theorie der Erfahrung, S. 150.

[260] Benjamin, GS I, S. 1235. — Vgl. Michel, Marxistische Ästhetik-Ästhetischer Marxismus I, S. 73; dort die Hinweise auf Novalis und Kierkegaard.

IV. Ästhetische Exile

> Wenn durch Geschichtstheorie nur noch die schwachen Wirkungen übrig gelassen worden sind, ist deren ästhetische Promotion unter Umständen die stärkste unter den schwachen.
>
> Hans Blumenberg[1]

Intime Kunst: Max Weber und Stefan George

Das dialektische Verhältnis von Religion und Kunst hat Max Weber zwar nicht systematisch dargestellt, aber doch mit prägnanten Formeln scharf umrissen. Aus der spezifischen Unveränderlichkeit des Heiligen leitet er die ‚stereotypierenden' Effekte religiöser Vorstellungen auf die gesamte Lebenspraxis ab. Das stiftet zunächst eine enge Beziehung zwischen magischer Religiosität und ästhetischer Sphäre: stereotype Formen erprobter magischer Praktiken sedimentieren sich als ‚Stil' und ermöglichen so einen ersten Schritt über den Naturalismus der Darstellung hinaus. „Die religiöse Stereotypierung der Produkte der bildenden Kunst als älteste Form der Stilbildung ist bedingt sowohl direkt durch magische Vorstellungen, als indirekt durch die im Gefolge der magischen Bedeutsamkeit des Produkts eintretende berufsmäßige Herstellung, welche schon an sich das Schaffen nach Vorlagen an die Stelle des Schaffens nach dem Naturobjekt setzt."[2]

Nun rückt die Geschichte der Kunst, soweit sie eine Geschichte des Autonomwerdens, der Entzauberung und Entauratisierung ist — W. Benjamin spricht von einer Emanzipation des Kunstwerks „von seinem parasitären Dasein am Ritual"[3] —, die ästhetische Sphäre in ein dialektisches Verhältnis zum gesellschaftlichen Fortschritt. Denn einerseits gibt es keinen Fortschritt in der Kunst, soweit sie als säkularisiertes Ritual theologisch fundiert bleibt: Jedes gelungene auratische Werk ist Erfüllung. „Es ist nicht wahr, daß ein Kunstwerk einer Zeit, welche neue technische Mittel oder etwa die Gesetze der Perspektive sich erarbeitet hatte, um deswillen rein künstlerisch höher stehe als ein aller Kenntnis jener Mittel und Gesetze entblößtes Kunstwerk — *wenn* es nur material- und formgerecht war, das heißt: wenn es seinen Gegenstand so wählte und formte, wie dies ohne

1 Blumenberg, Lebenszeit und Weltzeit, S. 246.

2 Weber, Wirtschaft und Gesellschaft, S. 249.

3 Benjamin, GS I, S. 442.

Anwendung jener Bedingungen und Mittel kunstgerecht zu leisten war. Ein Kunstwerk, das wirklich ‚Erfüllung' ist, wird nie überboten, es wird nie veralten; der einzelne kann seine Bedeutsamkeit für sich persönlich verschieden einschätzen; aber niemand wird von einem Werk, das wirklich im künstlerischen Sinne ‚Erfüllung' ist, jemals sagen können, daß es durch ein anderes, das ebenfalls ‚Erfüllung' ist, ‚überholt' sei."[4]

Andererseits macht es einen guten Sinn, von technisch-rationalem Fortschritt in der Geschichte ästhetischer Mittel zu sprechen. Denn während über Wert und Erfüllung allein die Adäquation des Kunstwollens mit dem Formenkreis der jeweils verfügbaren Techniken entscheidet, läßt sich der technische Stand ästhetischer Materialbeherrschung rein empirisch und also unabhängig vom Niveau künstlerischen Gelingens bestimmen. Formgefühl und technische Rationalität sind nicht ineinander gegründet. „Der technische ‚Fortschritt' hat sich recht oft zuerst an, ästhetisch gewertet, höchst unzulänglichen Leistungen vollzogen. Die *Interessen*richtung: das historisch zu erklärende *Objekt*, ist der (Kunst-)geschichte heteronom durch dessen ästhetische Bedeutsamkeit gegeben."[5] Der ästhetische Wert eines Werkes ist das Apriori empirischer Kunstgeschichte, die die Bedeutung des Technischen für die Entfaltung der ästhetischen Sphäre zu bestimmen hat. Immer wieder fragt Max Weber vom „Standpunkt des Interesses des modernen europäischen Menschen (‚Wertbezogenheit'!)"[6] nach der Rationalisierung der Kunst: Warum gerade hier in Europa? Und warum gerade zu dieser Zeit (Gotik, Renaissance)?

Die Entstehung der Gotik aus der technischen Optimierung rein bautechnischer Aufgaben; die Entwicklung der harmonischen Musik aus rein technisch rationalen Fortschrittsproblemen — immer wieder stößt Webers Frage nach der spezifisch okzidentalen Kunst auf einen Primat technischer Ausdrucks*mittel* vor dem Kunst*wollen*. Daß sich das spezifisch moderne technische Experiment erstmals in der Kunst der Renaissance entwickelte, stellt auch die Frage nach der ästhetischen Sphäre mit allem Nachdruck in den Kontext der Weberschen Rationalisierungsthese. Erfragt wird nicht ein Kunstwollen hinter den Formen, sondern die religiöse Fundierung ihres Rationalismus. Die religiöse Fundierung des Rationalismus abendländischer Kunstformen ist aber nur ein positiver Ausdruck für die „Ablehnung aller eigentlich künstlerischen Mittel durch bestimmte, in diesem Sinn spezifisch rationale Religionen, in starkem Maße im Synagogengottesdienst und dem alten Christentum, dann wieder im asketischen Protestantismus. Sie ist, je nachdem, Symptom oder Mittel der Steigerung des rationalisierenden Einflusses einer Religiosität auf die Lebensführung". Das Bilderverbot, d. h. „die systematische Verdammung aller unbefangenen Hingabe an die eigentlichen Formungswerte der Kunst"[7], fungierte stets als Agens intellektualistischer Lebensmethodik. Dabei liegt der negative Akzent auf

[4] Weber, Wissenschaftslehre, S. 592.
[5] A.a.O., S. 523.
[6] A.a.O., S. 521.
[7] Weber, Wirtschaft und Gesellschaft, S. 367.

den Formungswerten. Denn Kunst entfaltet ihre Eigengesetzlichkeit im technisch eröffneten Kreis ihrer Formen. Verdächtig ist den rationalen Religionen also nicht der Inhalt von Kunstwerken, sondern deren Form rein als solche. „Alle sublimierte Erlösungsreligiosität blickt allein auf den Sinn, nicht auf die Form, der für das Heil relevanten Dinge und Handlungen. Die Form entwertet sich ihr zum Zufälligen, Kreatürlichen, vom Sinn Ablenkenden.“[8]

Der anti-ästhetische Affekt rationaler Religionen; ihr prinzipieller Verdacht gegen artistische Formungswerte kann nicht ästhetisch begriffen werden. Denn alle Ästhetik setzt die Existenz von Kunstwerken voraus, um dann, wie für Max Weber vorbildlich Georg Lukács, danach zu fragen, wie das sinnvoll möglich sei. „Aber sie wirft die Frage nicht auf, ob das Reich der Kunst nicht vielleicht ein Reich diabolischer Herrlichkeit sei, ein Reich von dieser Welt, deshalb widergöttlich im tiefsten Innern und in seinem tiefinnerlichst aristokratischen Geist widerbrüderlich. Danach also fragt sie nicht: ob es Kunstwerke geben *solle*.“[9] Je autonomer eine Kunst, desto direkter ihre Konkurrenz zur Erlösungsreligion, denn sie entlastet vom Rationalismus und erlöst in der Welt von deren Alltäglichkeit. „Gegen diese innerweltliche irrationale Erlösung muß sich jede rationale religiöse Ethik wenden als gegen ein Reich des, von ihr aus gesehen, verantwortungslosen Genießens und: geheimer Lieblosigkeit.“[10]

Die intellektualistische Suspension des ethischen Urteils, bzw. seine Ästhetisierung zum inappellablen Geschmacksurteil erscheint den Erlösungsreligionen als Ausdruck luziferischer Unbrüderlichkeit. Hier ist der Gegenpol zu jener intimen Beziehung zwischen magischer Religiosität und auratischer Kunst erreicht: rational entzaubert gehören sie nun disparaten Wertsphären an. Denn Bedingung für ein enges Verhältnis zwischen Kunst und Religion ist der unbedingte Vorrang der *inhaltlichen* Rezeption des Ästhetischen. „Das spezifisch Künstlerische überhaupt *bewußt* zu entdekken, ist intellektualistischer Zivilisation vorbehalten. Eben damit aber schwindet das Gemeinschaftstiftende der Kunst ebenso wie ihre Verträglichkeit mit dem religiösen Erlösungswillen.“[11] Diesem muß das Versprechen einer innerweltlichen Erlösung durch die Kunst geradezu als diabolische Versuchung, widergöttlich und erlösungsfeindlich, erscheinen. Und weil der Ästhetizismus, der artistische Kult der Form als solcher, alles Ethische der Diskussion entzieht und subjektivistisch inappellabel macht, wird er von der Brüderlichkeitsreligiosität als „tiefste Form von spezifischer Lieblosigkeit, verbunden mit Feigheit“, bekämpft. Rationale Reli-

---

[8] Weber, Religionssoziologie I, S. 555. — Lepenies, Die drei Kulturen, S. 298, versucht den Preis der Weberschen Anti-Romantik zu benennen; vgl. dagegen Hennis, Max Webers Fragestellung, S. 188.

[9] Weber, Wissenschaftslehre, S. 600. — Auf die Verwandtschaft dieser Fragestellung mit zentralen Werkmotiven Thomas Manns hat, nach Steding, neuerdings Lepenies, Die drei Kulturen, S. 367, hingewiesen.

[10] Weber, Religionssoziologie I, S. 555.

[11] Weber, Wirtschaft und Gesellschaft, S. 365.

gion verurteilt das autonome Kunstwerk als „Scheinerlösungsleistung“[12] bloßen Menschenwerks. Dieser anti-ästhetische Affekt datiert auf das jüdische Bilderverbot zurück, in dem die Prophetie eine magische Bilderscheu zur Konzeption eines absolut transzendenten Gottes spiritualisierte. Dabei spitzt sich der jahwistische Anspruch auf Monolatrie zunächst zur „Verpönung der Bilder Jahwes“, dann aber zur „Verwerfung aller bilderartigen Paramente“[13] zu, bis schließlich das zweite Gebot die Feindschaft gegen bildende Kunst überhaupt kodifiziert.

Diese asketische Abwendung vom Ästhetischen im rationalistischen Judentum ist aber nicht nur Resultat des zweiten Gebotes, sondern auch prophetischer Effekt und Ausdruck des reinen Lehrcharakters im synagogalen Gottesdienst. Entsprechend gilt für alle rationalen Religionen, die sich sachlich mit der Tatsache abfinden, daß die Welt, so wie sie ist, der Verheißung nicht entspricht, „daß die stumme, glaubende und fragende Erwartung einer Erlösung aus der Hölle dieser Existenz eines doch von Gott erwählten Volks sich immer wieder nur auf das Gesetz und die alten Verheißungen hingewiesen fand und daß demgegenüber (...) alle unbefangene Hingabe an die künstlerische und poetische Verklärung einer Welt (...) als höchst eitel und von den Wegen und Zielen des Herrn abführend erscheinen mußte“[14].

Seine für die Entwicklung der westlichen Welt entscheidende Ausprägung findet das Bilderverbot im präzisistischen Puritanismus. Nachdem Calvin die Freiheit von der Welt noch in der bloßen Indifferenz begierdelosen Gütergebrauchs sichergestellt sah, kennt der puritanische Radikalismus nur noch die Disjunktion von göttlichem Willen und kreatürlicher Eitelkeit. Die aus der Ablehung der ‚Kreaturvergötterung‘ resultierende Sachlichkeit und nüchterne Zweckmäßigkeit, die in Schmuck und Ornament eine tiefste diabolische Versuchung bekämpft, mündet in die für den Kapitalismus charakteristische Produktionsstandardisierung und „Uniformierung des Lebensstils“[15].

Den Vorwurf der Kreaturvergötterung motiviert, daß Kunst durch reine Formung ähnliche Effekte hervorruft, wie die „Sprengung aller Formen“ im geradezu ‚formfeindlichen‘ mystischen Erlebnis. „Ihm kann die unzweifelhafte psychologische Verwandtschaft der künstlerischen mit der religiösen Erschütterung nur ein Symptom des diabolischen Charakters jener bedeuten. Gerade die Musik, die ‚innerlichste‘ der Künste, vermag in ihrer reinsten Form: der Instrumentalmusik, als eine durch die Eigengesetzlichkeit eines nicht im *Innern* lebenden Reiches vorgetäuschte, verantwortungslose Surrogatform des ersten religiösen Erlebens zu erscheinen.“[16] Wo

---

[12] A.a.O., S. 366. — Vgl. Taubes, Abendländische Eschatologie, S. 8: „Das Paradies wird im Aeon der Sünde vorgezaubert, und die am Tore wachenden Cherubim werden mißachtet.“ Und a.a.O., S. 130.

[13] Weber, Religionssoziologie III, S. 168.

[14] Weber, Wirtschaft und Gesellschaft, S. 373.

[15] Weber, Religionssoziologie I, S. 187.

[16] A.a.O., S. 556.

Kunst als auratische derart mit Religion konkurriert, muß sie dieser als Blasphemie gelten. Sofern Kunst aber selbst den anti-ästhetischen Affekt rezipiert, resultiert eine Ästhetik des Häßlichen.

Das dialektische Verhältnis von Kunst und Religion im Zeichen asketischer Idiosynkrasie gegen alle Formen von Kreaturvergötterung schildert Max Weber mit einer nüchternen Sympathie, die ihn befähigt, in Dostojewski und Tolstoj die Dichter einer Neuen Welt zu erkennen, deren geschichtsphilosophischer Ort von seinem Schüler G. Lukács dann näher bestimmt wurde. Die ästhetische Sphäre steht hier im Dienst einer neuen Brüderlichkeitsreligiosität. Denn was Weber an den Schriften Tolstojs und Dostojewskis fasziniert, ist die stets mitgegenwärtige religiöse Tiefendimension eines zunächst als sinnlos geschilderten Lebens. Weber entziffert „sozusagen auf der Reversseite dessen, was man zu lesen bekommt (...), einen spezifisch auf dem Boden des Ostens unverlierbaren Glauben", in dem die aller okzidentalen Erfahrung hoffnungslos entfremdeten menschlichen Beziehungen „einen Weg bilden zur Erkenntnis des Weltsinns, zu einer mystischen Beziehung zu Gott"[17]. Dostojewskis Werk bietet Weber die großen Paradigmen für den Kampf zwischen dem Gott der Liebe und dem Dämon der Politik. Und die Großinquisitor-Szene beleuchtet ihm grell das Zerschellen der reinen Gesinnungsethik an den Klippen ethischer Irrationalität. Nur noch die Seelenwirklichkeit des Russentums entspricht in Webers Augen heute der biblischen Forderung, dem Übel nicht zu widerstehen. Politik aus unbedingter ethischer Pflichterfüllung — dafür stehen Ssolowjow und Tolstoj ein: Ernst machen mit dem Evangelium. Wie jener Präzisismus scharf zwischen göttlichem Willen und kreatürlicher Eitelkeit, unterscheidet Max Weber ‚zwischen zwei Gesetzen': Entweder man folgt dem politischen Gesetz des Machtpragmas im „Getriebe jenes liebeleeren und erbarmungsfremden ökonomischen Kampfs ums Dasein", oder man folgt der Forderung der Evangelien. „Sie stehen im Gegensatz (...) zu allen und jeden Gesetzlichkeiten der sozialen Welt, wenn diese *eine Welt der diesseitigen ‚Kultur'*, also der Schönheit, Würde, Ehre und Größe der ‚Kreatur' sein will."[18] Doch auf dem Boden der Erfahrung, des politischen Machtpragmas, verliert der Eine christliche Gott der Güte, der die Bergpredigt bestimmt, alle Evidenz. In dieser Welt sein, heißt für Weber, sich einlassen auf einen polytheistischen Kampf von Wertreihen, die weder Eine Vernunft noch das Eine, das höher wäre als alle Vernunft, mehr über sich haben. Im Kampfgetümmel dieses Polytheismus der Werte gibt es keine wissenschaftlichen Entscheidungen: Das Heilige, das Gute und das Schöne gehören inkommensurablen Ordnungen an. Und daß diese Götter der entzauberten Welt im Kampf miteinander stehen, bezeugen schon Nietzsches Ästhetik und Baudelaires Blumen des Bösen paradigmatisch für die Moderne: Schönheit kraft des Bösen.

Obersten Rang in der ästhetischen Produktion seiner Zeit hat für Weber eine „intime" Kunst, die jeder monumentalen Gesinnung abgesagt hat und

---

[17] Weber, Soziologie, S. 466 f.

[18] Weber, Politische Schriften, S. 144 f.

darin bezeugt, „daß gerade die letzten und sublimsten Werte zurückgetreten sind aus der Öffentlichkeit“[19]. In nächster Nähe Webers schien Stefan George der diesem Postulat einer intimen Kunst zugeborene Lyriker. Doch Weber hat früh gesehen, wie in George asketische Weltflucht in tyrannischen Selbstkult mit prophetischem Sendungsbewußtsein umschlug. Die von Georges dantesken Formen suggerierte ekstatische Entrückung führte doch nie zum mystischen Erlebnis — als einem der Asyle jener sublimsten Werte —, „sondern stets nur zum orgiastischen Dröhnen einer Stimme, die dann als ewige Stimme erscheint, nie, mit anderen Worten, zu *Inhalten*, sondern nur zu einem leidenschaftlichen Harfengetön. *Ein* Versprechen eines ungeheuren, Erlösung garantierenden Erlebnisses wird durch ein anderes, noch größeres überboten, immer werden neue Wechsel auf das, was kommen soll, gezogen, obwohl die Uneinlöslichkeit offen zutage liegt. Und da es über dies rein formale Prophetentum hinaus, schließlich keine Steigerung mehr gibt, ist der Dichter auf der beständigen Suche nach dem postulierten Inhalt seiner Prophezeiung begriffen, ohne ihn jemals erhaschen zu können“[20].

George und sein Kreis bilden das Miniaturmodell einer Diktatur, die Max Webers Begriff der charismatischen Herrschaft entspricht. Charisma aber ist eine spezifisch wirtschaftsfremde, ja anti-ökonomische Macht, da es jede Verflechtung mit dem Alltag ablehnt. Und Weber hat genau gesehen, daß „im Kreise Stefan Georges“ als „einer primär künstlerischen charismatischen Jüngerschaft (...) die Enthebung aus den Wirtschaftskämpfen durch Begrenzung der im eigentlichen Sinn Berufenen auf ‚wirtschaftlich Unabhängige‘ (also Rentner) als das Normale gilt“[21]. Entsprechend hat der George-Kreis Webers Nachweis der Interdependenz von Protestantismus und Kapitalismus zustimmend rezipiert und in ihr die schreckliche Signatur des Posthistoire gesehen: die drohende Herrschaft der „angloamerikanischen Normalameise“[22]. Georges Lyrik ist also keineswegs soziologisch farbenblind; sie läßt sich als Reversbild der Weberschen Analysen lesen. Und Weber selbst hat die soziologische Imprägnierung des Ästhetizismus erkannt: „Ich glaube, daß eine Lyrik wie etwa die Stefan Georges: — ein solches Maß von Besinnung auf die letzten, von diesem durch die *Technik* (...) erzeugten Taumel uneinnehmbaren Festungen rein künstlerischen Formgehalts gar nicht errungen werden konnte, ohne daß der Lyriker die Eindrücke der modernen Großstadt, die (...) seine Seele zerrütten und parzellieren will (...), dennoch voll durch sich hat hindurchgehen lassen.“[23] *Der Teppich* heißt ein Gedicht Georges, das am Eingang des 20. Jahrhunderts in diesem Sinne Widerstand gegen den Taumel der Technik leistet. Die Seidenteppiche des Orients, die engste

[19] Weber, Wissenschaftslehre, S. 612.

[20] Marianne Weber, Max Weber, S. 466 f.

[21] Weber, Wirtschaft und Gesellschaft, S. 142.

[22] George, zit. nach: Lepenies, Die drei Kulturen, S. 349.

[23] Weber, Soziologie, S. 453; vgl. a.a.O., S. 414 und Mommsen, Max Weber und die deutsche Politik, S. 138, 183.

Knüpfung und feinste Linearität der Zeichnung ermöglichen, sind gegen maschinelle Fertigung resistent geblieben. Und als Unikate haben sie George fasziniert: ihre Schönheit schließt massenweise Produktion aus. Diesen Teppichen huldigen die geschmückten Bücher Georges, die künstliche Gärten nach dem Sehnsuchtsbild des Orients knüpfen.

Das Korrektiv der „kahlen linien“ bewahrt Georges Lyrik vor einem Schönheitskult, der die Schönheit der Pracht opfert. Doch in Lechters Buchschmuck überwuchern reine Formen die Teppich-Idee, dekorative Details die Buchseiten. Wo aber ornamentale Formen wuchern, ist ein Wille am Werk, der lieber noch das Nichts umformt, als nicht formt. Riegl hat zeigen können, daß selbst Urdokumente reiner Ornamentik, wie gravierte Rentierknochen, dem Diktat von „Schmuckbedürfnis oder horror vacui“[24] gehorchen. Der Teppich des Orients stellt für die objektlose Innerlichkeit des 19. Jahrhunderts das Paradigma reiner Form dar.

Auf dem „Teppich des Lebens“ betritt George den Warenmarkt; es ist seine erste Veröffentlichung durch einen Verleger. Daß er sich gegenüber der Sphäre von Ware und Tausch so abstinent verhält, läßt ihn seiner Jüngerschaft zum „erstaunlichen ethischen Vorbild einer inneren und letzten Unabhängigkeit vom Kapitalismus“[25] werden. Und George selbst stilisiert sich als priesterlicher Dichter „fern vom markte der ausstellungen fern vom drang der bestellungen“[26]. Seine Werke widmet er dem esoterischen Zirkel seiner charismatischen Anhänger — „unangetastet von dem geilen markt“[27]. Doch die sich selbst anpreisende „scheue einsamkeit“ ist scheinhaft. Abstrakt negiert sie das Sprechen „auf offenem markt“. Denn die Seltenen des engeren Kreises sind marktgerechte Spezialisten der Innerlichkeit, „kenner der seele“[28]. Diese „wesen“, die eng vom „kreis umspannet“ sind, verstehen sich als Antithese zur bürgerlichen Öffentlichkeit, zum Man (Heidegger) und den Vielzuvielen, und fordern Diktatur statt Konkurrenz.

Georges autoritäre Geste negiert den Warenmarkt und begründet so eine ästhetische Herrschaft, die den Rezipienten in einen Untertan seiner Stimme verwandeln möchte. Sein Formgesetz negiert das Marktgesetz, d. h. der hieratische Werkcharakter verleugnet die Vermittlung des Warencharakters — „den vielen nie“. Wie das Kunstgewerbe verschleiert George Technik und Ware — so wird das Seltene reproduzierbar. Der apotropäische Teppich des Lyrikers schirmt die Seelen gegen die Technik ab. „Gebilde“ nennt er diese Kultform, die Widerstand gegen die Entzauberung der Welt leisten soll. Doch das Mittel, das George krampfhaft gegen die rationalistische Entzauberung des Lebens aufbietet: der Zauberteppich des Bilderlebens, verstrickt nur noch tiefer in die Warenwelt. Ästhetische Valeurs werden von ihrem materiellen Substrat abgespalten und als kost-

---

[24] Riegl, Stilfragen, S. 23.
[25] Scheler, Vom Umsturz der Werte, S. 393.
[26] George, Tage und Taten, S. 64.
[27] George, „Der Dichter in Zeiten der Wirren“, S. 39.
[28] George, Tage und Taten, S. 87.

bare Seltenheit veranstaltet. Gerade indem sie auf jedes Gebrauchswertversprechen verzichtet, fasziniert Georges Lyrik. Sie bietet Warenästhetik ohne Waren und organisiert sich um jene autoritäre Geste, die Massenkommunikation von der Kommunion der Seltenen trennt.

Wie der denkenden Hand des Teppichknüpfers alles gelingt, weil sie nicht weiß, was sie tut, so erstrebt Georges Lyrik technische Herrschaft über das dem Bewußtsein Entzogene — das ist sein Gegenentwurf zur technischen Machbarkeit, dem entstellenden Herstellen. Hat Spengler der Weißen Rasse an der Schwelle ihres Untergangs vorgerechnet, sie habe versäumt, „das technische Wissen geheim zu halten“[29], so versucht George in der Tat, es erneut einer Arkandisziplin zu unterwerfen.

Das technische Rätsel des Teppichs steht modellhaft dafür, wie George die eigene lyrische Technik als Initiationswissen verschleiert und charismatisch inappellabel macht. So kehrt die in der Welt verworfene Technik im Innern des Kunstwerks als Produktionsgeheimnis wieder. Regressive Absorption der Technik im Kunstgewerbe ist die Signatur des Jugendstils; sie schafft Ordnung im Chaos der Welt. Dabei setzt George gegen drohende Vermischung: daß Menschen mit natürlichem Leben „Sich fremd zum bund (...) schlingen“, die Teppichtechnik: Knüpfen, das verbindet, ohne zu vermischen.

Indem er subordinierende Syntax und Prädikation durch knüpfende Synthesis ersetzt, verwirklicht George diese Teppichtechnik in der Sprache. Interpunktion wird minimalisiert, und eine Serie versbeginnender „Und“ knüpft den Teppich des Gedichts. Seine Monotonie zitiert die orientalische der rituellen Arbeit und die christliche der Litanei. Katholischer Kindheit verdankt George den sinnlichen Kult, die gegenreformatorische Bindung der religiösen Form an einen paganen Vitalismus. „Ausdruck des Lebens ist der Rhythmus, Ausdruck des Geistes die Verdrängung des Rhythmus durch die regelnde Kraft des Gesetzes.“[30] Das Knüpfen des Teppichs nun steht für eine ästhetische Abstraktion, die die Weltgegenständlichkeit auf ihre rhythmischen Bewegungsformen reduziert. Georges Formel „kunstwerk als gebilde (rytmisch)“[31] bestimmt diese Knüpftechnik als lyrisch konstitutiv.

A. Riegl hat an der Geschichte der frühsaracenischen Rankenornamentik gezeigt, wie durch entschlossene Geometrisierung vegetabilischer Motive nach dem „Gesetz des unendlichen Rapports“ erstmals geschlossene Kompositionen erreicht wurden. In ihnen erscheint jedes Muster „unendlich reicher als es ist“[32]. So führt ein Ornamentgesetz aus dem „verstrickten“ Leben zur „lösung“ im lebendigen Werk. Zwischen Verstrikkung und Lösung vermittelt das Bild des Rätsels. Die Rückseite des Teppichs würde das Gesetz des unendlichen Rapports verraten — George verdeckt es planvoll. Er stellt den Skandierungen des Sinns den Rhythmus

[29] Spengler, Der Mensch und die Technik, S. 59.
[30] Klages, Ausdrucksbewegung und Gestaltungskraft, S. 139.
[31] George, „Blätter für die Kunst“ IV. Folge 1. 2. Band, S. 35.
[32] Riegl, Stilfragen, S. 308.

des Dichterischen entgegen, wie dem Schauspieler die lebendige Stimme: Rhythmus bestimmt das Werk als Gebilde, Form erregt durch Klang und Metrum. Es geht hier um eine Ekstasetechnik, die den charismatischen Jünger-Kreis hermetisch abdichtet. So fordert George „die abrichtung der stimme zum hersagen der neuen rythmischen gebilde“[33]. Dem entspricht als Weltverhalten ein ästhetischer Okkasionalismus: Alles, was geschieht, ist nur Anlaß einer Erregung, die die rhythmische Form einer rein ästhetischen Initiation bestimmt: „wesentlich ist die künstlerische umformung eines lebens — welches lebens? ist vorerst belanglos“[34].

Diesem Programm einer künstlerischen Umformung von Leben ist das Problem der Beseelung reiner Formen komplementär. Leo Popper hat den Teppich als Paradigma der Formbeseelung interpretiert. Es geht dabei um den gegenstandslosen Ausdruck, eine der Phantasie unerreichbare, märchenhaft „sinnvolle Verwirrung der Formen“ und den rätselhaften, konstellativen Sinn einer Rhythmik aus Schemata und Maßen. Die Idee des Teppichs ist, „daß nicht das Gleiche zum Gleichen sich gesellt, aber oft das Fremdeste zum Fernsten; daß die Sinne nicht nach dem Sinn fragen, sondern nach dem Schein“[35].

George knüpft den Teppich als Vorspiel. Was einmal gegenständliche Ereignisform sein soll, wird hier noch abstrakt eingeübt. Und es resultiert ein reines Ornament der Lösung. Indem er eine erstarrte Welt zur lyrischen Bewegung im Stillstand verzaubert, stellt der Teppich eine Allegorie aus reiner Form dar. Teppichhaft an rein formaler Lyrik ist die Flächenkohärenz und Stetigkeit technischer Verknüpfung: Inhalte werden gleichgültig und die Dinge verblassen hinter reinen Zeichencharakteren. Die lyrische Welt des Teppichs formt sich durch eine bedeutungsferne „Cohärenz von Zeichen“[36]. Diese Zeichenhomogenität stellt eine rein formale, aber als solche doch vollständige Erfüllung jeder Sehnsucht dar: Der Teppich ist das Schema der Utopie. Und was George dem engen Kreis charismatischer Jüngerschaft vorbehalten möchte, ist der Umschlag ästhetischer Ornamenterfahrung „in den reinen Genuß der Schemata der erfüllenden Formen als solche“[37].

Was derart im lyrischen Zeichenspiel erklingt, ist rätselhaft, aber selbstverständlich. Obwohl es eine „unbedingte Verknüpfbarkeit von Allem mit Allem“[38] voraussetzt, tritt doch jede Verknüpfung als einzig mögliche auf. Das Rätsel, das in der Selbstverständlichkeit der lyrischen Relationen liegt,

---

[33] George, „Blätter für die Kunst“ IV. Folge 5. Band, S. 58.

[34] George, „Blätter für die Kunst“ III. Folge 1. Band, S. 21.

[35] Popper, „Volkskunst und Formbeseelung“, S. 39. — Zum Teppich als Bild des gelebten Lebens im Verhältnis zur Geschichte vgl. Simmel, Fragmente und Aufsätze, S. 160.

[36] Lukács, Werke Bd. 16, S. 94.

[37] A.a.O., S. 95. — Daß es sich hierbei um eine geschichtsphilosophische Ortsbestimmung der zeitgenössischen Formen handelt, bekundet Lukács vielfach: „Die Abstraktheit des Schemas des neuen Dramas ist die einzige Möglichkeit, das tausendfach Zerfallende des neuen Lebens in die Einheit eines Ornaments zu fassen.“ — „Entwicklungsgeschichte des modernen Dramas“, S. 701.

[38] Lukács, Werke Bd. 16, S. 99.

deutet auf das Ornament als wirklichkeitslose, aber doch abstrakte Erfüllung gewährende Heimat aller ästhetischen Praxis. Der Teppich ist die Allegorie der reinen Erfüllung: abstraktes Schema, das alles Heterogene absorbiert. George klammert Unmittelbarkeit und Wirklichkeit ein und spaltet so die „objektiven Valeurs" der lyrischen Sprache, in denen sich gerade ihr „Sachgehalt an Subjektivität"[39] ausprägt, von allem gegenständlichen Bedeuten ab. Dabei sublimiert sein Formwille einen rhetorischen Effekt: die Einheit des Tons ersetzt die Sinnimmanenz.

Der Vorrang des Klangs vor dem bedeutenden Wort ermöglicht Formsuggestionen. Bekanntlich zeigt sich die Heilkraft sinnloser Sprüche und Gebetsformeln gerade in der bloßen „hersagung"[40]. Solche Beschwörungsformeln sind an eine apokryphe Volkstradition geknüpft. Zugleich aber sollen sie Muster ‚klangvoller Dunkelheiten' sein, deren Zuspruch den charismatischen Kreis von der „unheiligen menge" sondert. Diese doppelte Sehnsucht nach Esoterik und Teilhabe am Unterstrom der Volkssprüche versetzt George in die Priesterrolle.

Die Bestimmung des Werks als Gebilde verleiht dem Ausschlußgestus ästhetische Prägnanz. Daß sich Georges Lyrik nicht als Rede versteht, soll von der Schrift den Makel des Buchdrucks nehmen: die Reproduzierbarkeit. Deshalb imitiert das Druckbild der Georgeschen Werke dessen perfektionierte Handschrift: Es bietet das Singuläre als Typus, Seltenheit in Massen. Aug' in Aug' mit dem Zeitalter der technischen Reproduzierbarkeit realisiert George das Ideal eines persönlichen Buches. „Im Gewand des Archaischen tritt die Technik auf den Plan."[41]

Dieser Kult des Seltenen läßt sich präzise definieren: Rentneraristokratismus bestimmt ihn soziologisch, die Ausnahme ethisch und das Preziöse ästhetisch. Georges Lyrik zentriert sich um das Phantasma des lebendigen Werks. Die Jugendstilsehnsucht: daß die Bücher lebendig werden, soll sich typographisch und im Buchschmuck Lechters erfüllen. Deshalb hat George, gegen die „überflüssigen" Zeichen des Barock, auf die Sachlichkeit der mittelalterlichen Schreibweise zurückgegriffen — eine Geste des Widerstands gegen den „Verfall" vom Gedächtnis zur Schrift und von der Schrift zum Druck. Auch diese Geste ist autoritär. Den esoterischen „Gebilde"-Charakter durchdringt eine kommandierende Stimme, die Aufmerksamkeit erzwingt: auf nichts weiter. Sie macht, nach einer idiosynkratischen Reaktion Hofmannsthals, „die leere Luft beengend kreisen"[42]. Wenn man dem Georgeschen Kunstwollen immer wieder ‚römische' Züge nachgesagt hat, so verdanken sie sich dieser imperativen Prägnanz des Tons. Er ist Ausdruck einer Selbststilisation zum poetischen Propheten, der dem Gorgo-Blick der Wirklichkeit standhält. Er stiftet Form als Erlösung als ob und ästhetische Transzendenz.

---

[39] Simmel, „Stefan George", S. 210 f.

[40] George, Tage und Taten, S. 53.

[41] Kittler, Aufschreibesysteme 1800/1900, S. 265.

[42] Hofmannsthal, Tagebuch-Eintragung vom 19. 12. 1891; vgl. Troeltsch, „Die Revolution in der Wissenschaft", S. 659.

In der Zeitform der tiefsten Vergangenheit hat Thomas Mann den Zauberberg beschworen, um eine absolute Diskontinuität zur Vorkriegszeit zu markieren. Denn die Erfahrung des Weltkriegs, der die Menschen in ein Kraftfeld zerstörender Energien zog, hat Erfahrung überhaupt schlagartig entwertet. „Und gegen Ende des Krieges gab es jenen Typus des deutschen Soldaten, der einer mythologischen Verklärung und Verfinsterung nicht bedurfte, um soldatisch in Form zu bleiben, der seine Gegner so sachlich betrachtete, wie er gelernt hatte, den ihn umgebenden kriegerischen Raum nicht mehr poetisch-romantisch, sondern militärisch-technisch zu betrachten."[43]

Auch Max Weber hat den Weltkrieg als Schule der Neuen Sachlichkeit und Matrix des von E. Jünger im ‚Arbeiter' verklärten neuen Typus gesehen. 1917 fordert er eine Politik, die sich der Phrasenfeindschaft und Sachlichkeit des modernen Kriegers gewachsen zeigt. „Denn im Höchstmaß sachlich sind die Aufgaben, welche der moderne Krieg stellt."[44]

Armut ist die Mimikry, die durchs Nadelöhr der neuen Wirklichkeit schlüpfen läßt. Und so läßt sich das Programm der Neuen Sachlichkeit bestimmen: die große Armut in ihrer Gestik durchzuartikulieren, um einer neuen Physiognomie Kontur zu verleihen. Plan und Organisation ersetzen die zerfallene Erfahrung. „Technik ist Sparsamkeit, Organisation ist Armut"[45] — so lautet die Parole des neusachlichen Kampfes gegen die Energie-Exzesse eines ‚Herrensadismus' und die ‚Kreaturvergötterung', die eine puritanische Empfindlichkeit in allen Ostentationen des Luxus aufspürt. Im scheinlosen Stil dieser neuen großen Armut soll ein Mangel schöpferisch wirken, der „das Leben als tabula rasa"[46] entdeckt.

Adolf Loos ist die prägnanteste Gründerfigur der Neuen Sachlichkeit, Vorkämpfer des Angriffs auf den schönen Schein. Er verkörpert die Bestimmungen eines positiven Barbarentums, mit dem Walter Benjamin das 20. Jahrhundert beginnen läßt: reinen Tisch machen; stets von vorn beginnen; aus wenigem heraus konstruieren; das von Grund auf Neue intendieren. In reinen Konstruktionen liquidieren gerade Linien und rechtwinklige Kanten alle Ornamentik und die Phantasieformen der Tradition. Die Sachlichkeit der Technik erscheint hier als strahlendes Symbol der

---

[43] Petras, Post Christum, S. 58.

[44] Weber, Politische Schriften, S. 269. — Vgl. Lukács, „Die deutschen Intellektuellen und der Krieg", S. 67 und Fischer, „Der deutsche Infanterist von 1917", S. 6 ff: „Der Weltkrieg war ein Dämon, der die Pathetik kurz und klein schlug. Der Krieg hat keinen Anfang und kein Ende mehr, der graue Infanterist steht irgendwo inmitten der unübersehbaren Schlamm-Massen in einem schmutzigen Loch auf dem Sprunge; er ist ein Nichts im grauen und trostlosen Einerlei, das immer so gewesen ist und immer so sein wird — und er ist zugleich der Mittelpunkt einer neuen Souveränität. (...) Sein Blick durchdringt die Dinge so ruhig wie eine Stichflamme. (...) Das (sogenannte) Innere ist nach außen gekehrt, umgekrempelt, und das Äußere wird total".

[45] Benjamin, GS II, S. 1105.

[46] Kraus, „Das Haus auf dem Michaelerplatz", S. 5.

organisierenden Idee, zu der man nur in ein Verhältnis illusionsloser Affirmation treten kann. Loos hat die Postulate des neuen Stils aus den Bedürfnissen der neuen Zeit abgeleitet: Alles Stilisierende ist den modernen Nerven unerträglich. Sie fordern das Unauffällige, Anonyme, das sich an der massenweisen Gestaltung gleicher Gebrauchsgegenstände schult. Im amerikanischen Arbeiter mit dem Overall feiert Loos den Typus der neuen Zeit. Er ist der Mensch mit modernen Nerven, der in der technischen Nüchternheit ein Rauschmittel ersten Ranges besitzt, mit dem die ‚stehende und sitzende Welt' Alteuropas aufgestört werden soll.

Amerikanismus ist das sachliche Einverständnis mit dem Stil der Gegenwart. Loos meint dabei jedoch nicht das empirische Amerika, sondern den ‚intelligiblen Charakter' des amerikanischen Arbeiters: Er „spannt Stahlreifen über Abgrund und Wasserfall, zieht Telegraphendrähte durch Prärien. Und es ist schön. Eine blitzende Schönheit"[47].

Diese Beschreibung des Amerikanismus wird als geschichtsphilosophische Charakteristik lesbar, wenn man die strenge Frontstellung des von Sachlichkeit unermeßlich gesteigerten ökonomischen Denkens gegen das ‚Politische' beleuchtet. Sachlichkeit ist der Feind von Repräsentation, Symbol, Arkanum und Schein. Mit großartiger Paradoxie hat Max Weber deshalb in seiner Rede über ‚Politik als Beruf', gegen die Gesinnungsethiker, von der leidenschaftlichen Sachlichkeit des Politikers gesprochen. Das unsachlich Auratische des Politischen zeigt sich in der Privilegierung des Besitzes, im Sinn für Gewohnheit, Geheimnis, persönliche Autorität und Kraft der Repräsentation. „Das ökonomische Denken kennt nur eine Art Form, nämlich technische Präzision, und das ist die weiteste Entfernung von der Idee des Repräsentativen."[48] In dieser von Carl Schmitt am entschiedensten entworfenen Perspektive verhält sich das Politische zum Sachlichen wie Autorität zu Anonymität, Geheimnis zu Kontrolle und kontemplative Versenkung — sie ist die Rückseite der Dezision — zu entschlossener Verwertung. So erscheint die aus dem Geist des Kapitalismus geborene Neue Sachlichkeit als ein technischer Prozeß restloser Profanierung, der in der bolschewistischen Abschaffung des Privaten gipfeln werde.

Glas und Stahl — hart, glatt, kalt, nüchtern — sind die Materialien scheinloser gesellschaftlicher Transparenz. Seinen Ekel vor dieser Welt hat Jaspers in die Formel gefaßt: „Sein ist sachlich sein."[49] Der seines traditionellen Bildes entkleidete Mensch konstruiert sachlich, d. h. in dialektischer Negation aller humanistischen Menschenähnlichkeit. Dialektisch ist diese Negation, da es ihr um die Geburt eines realen Humanismus aus dem Geist der großen Armut und menschenfresserischen Urbanität jener neuen Barbaren geht. Die dialektische Vernichtung des humanistischen Scheins vollzieht sich an einer Dingwelt, die nach Gebrauchswert und Zweckmäßigkeit durchmustert ist; hier fallen Ethik und Ästhetik in eins. Sach-

[47] Scheu, „Adolf Loos", S. 32.
[48] Schmitt, RK, S. 34 f.
[49] Jaspers, Die geistige Situation der Zeit, S. 43.

lichkeit will die Ansprüche der Materie gegen den schönen Schein vertreten und den Dingen gegen den Apriorismus schöner Linien zu ihrem Recht verhelfen. So hat Karl Kraus sich und Loos vor der Aufgabe gesehen, einer Menschheit, die dumpf in Ornamentik versinkt, indem sie Kunst als Gewerbe in den Dienst ihrer trüben Praktiken stellt, wieder den Unterschied zwischen Urne und Nachttopf einzubläuen. Den von diesem Unterschied eröffneten Spielraum verstellt das Kunstgewerbe durch seine massenweise Reproduktion des schönen Scheins. Es knechtet das Leben in den Dienst seiner Mittel. „Aus solcher Geistesformation entsteht ein Weltkrieg, aus solch tiefer Unsittlichkeit eines Lebens, das in heilloser Mischung von Gefühl und Gebrauch vergeht."[50]

Loos hat seine Kritik proletarischer Mehrarbeit und ‚herrensadistischer' Verschwendung zum Haß gegen das Ornament zugespitzt. Was er kritisiert, hat sich in den neuen technischen Reproduktionsverfahren ‚naturhaft' verfestigt: Durch imitative Reproduktion lagert sich der Schein in den Waren ab. Gegen diesen Warenschein revoltiert die Sachlichkeit. Auf die „entarteten Geräte" des 20. Jahrhunderts, die „ihrem natürlichen, stillen Zweck" zu widerstreben scheinen, habe der Umgang mit den Menschen verwirrend gewirkt; seit diese nicht mehr recht zu ihren Beschäftigungen passen, scheint auch der Deckel nicht mehr sachgerecht seiner Büchse aufzuliegen.[51] Unsachlichkeit in der Dingwelt als unmittelbarer Ausdruck gesellschaftlicher Entfremdung — das ist die Perspektive einer radikalen Kritik des Jugendstils als letztem Asyl des Ornamentalen. Das Ornament maskiert Fugen. Im Jugendstil verdeckt es die Bruchstellen der neuen technischen Formen im Leben. Wie in anderer Weise der Futurismus stilisiert er Technik als Natur, indem er sie ornamental sterilisiert. Es ist das Phantasma des Jugendstils, durch die Kraft reiner Stilisation die neue Welt von Eisenträgern und Beton im Zeichen der Blume zu besiegen: nusquam corpus erat; croceum pro corpore florem inveniunt (Ovid) — das erfundene Ornament. Aus diesem Traum dialektisch zu erwachen, wird dann das Ziel der ‚Ästhetischen Theorie' Th. W. Adornos sein. In den Begriffskoordinaten der ‚Ästhetischen Theorie' verliert die Disjunktion zwischen Konstruktion und Ausdruck ihren Sinn, weil Adornos Avantgarde gerade das Anti-Ornamentale als expressiven Impuls in sich aufnimmt. Konstruiert wird ein Punkt ‚schöpferischer Indifferenz' (Friedlaender) von Expressionismus und Sachlichkeit. Vom bloßen Ornament löst sich der Ausdruck als inverse Sachlichkeit. „Sie ist der Expressionismus in seinem Anderssein."[52] Hier tritt Expressionismus als Sachlichkeit in schroffe Antithese zur kapitalistischen Sachlichkeit als Standardisierung.

Ins theologische Zentrum der Neuen Sachlichkeit deuten ikonoklastische Motive: Schön ist der Ernst des Scheinlosen, das unverstellte, geistig

---

[50] Kraus, „Die Schönheit im Dienste des Kaufmanns", S. 105.

[51] Rilke, Die Aufzeichnungen des Malte Laurids Brigge, S. 876 ff; vgl. Barth, Römerbrief I, S. 556, 488 f.

[52] Adorno, GS Bd. 12, S. 53.

direkte, reine Licht; der neue, belebende Reiz der Ornamentlosigkeit, der die sachliche Utopie einer integralen Geistes- und Leibesgegenwart entspricht. „Seht, das macht ja die größe unserer zeit aus, daß sie nicht imstande ist, ein neues ornament hervorzubringen. Wir haben das ornament überwunden, wir haben uns zur ornamentlosigkeit durchgerungen. Seht, die zeit ist nahe, die erfüllung wartet unser. Bald werden die straßen der städte wie weiße mauern glänzen! Wie Zion, die heilige stadt, die hauptstadt des himmels. Dann ist die erfüllung da."[53] So stellt sich das neue Jerusalem der funktionalistischen Phantasie dar: Die Sachen selbst erscheinen, ohne Schein. Und eben das ist ihre Schönheit.

Daß Loos das Ornament übers tertium comparationis der Tätowierung dem Verbrechen gleichgesetzt hat, ist ein leicht lesbares Symptom puritanischer Lustfeindlichkeit. Entsprechend sieht er — und Loos zeigt sich im instinktiven Urteil über den Eros als kulturfeindliche Macht Freud sehr nahe — in den ornamentfreundlichen Frauen und Indianern die eigentlich retardierenden Momente der Kulturentwicklung. Was in Loos diesen unbändigen Haß gegen das Ornament erweckt, ist das in diesem niedergelegte Vermögen der Ähnlichkeit. „Das Ornament ist eine Vorlage für das mimetische Vermögen. *Diese* Abstraktion ist die hohe Schule der Einfühlung."[54] Überdies bildet sie, wie Worringer gezeigt hat, die Matrix des absoluten Kunstwollens. Die Antiphysis der Abstraktion wird im organisch Abstrakten der expressionistischen Seelenwirklichkeit aufgehoben. Diese Dialektik versuchen Worringers „expressive Abstraktion" und Blochs „Abstraktheit der Expression"[55] formelhaft zu fassen. Die Sehnsucht der Zeit hat Kandinsky in die Erwartung gefaßt, am Ende der neuen Epoche werde sich eine neue Ornamentik abzeichnen.

Erschienen ist bekanntlich nicht das transzendentale Ornament des Menschengesichts, sondern das faschistische der Masse. Mit der historischen Diskreditierung der expressionistischen Sehnsucht hat sich auch ihr Widerspiel, die Neue Sachlichkeit, als Ideologie erwiesen. Denn Sachlichkeit, die abstrakte Rationalität und formale Aufrichtigkeit als Selbstzweck propagiert, wird selbst zum Ornamentersatz. Pseudo-concreteness (G. Anders), routiniert sachlicher „Konkretschein" (E. Bloch) verkauft noch das Elend als ästhetischen Genuß: Wie sie auch sei — die Welt, verklärt durch die Authentizität ihrer neusachlichen Reproduktion, ist schön. Eine politische Rezeption des sachlichen Impulses im Sinne einer revolutionären Neugeburt aus dem ornamentfreien „Nichts an Schein"[56] ist Programm geblieben. Das Posthistoire hat ihn zur Hygienetechnik des Alltags abgeschwächt und im Medusenhaupt der Großstadtarchitektur erstarren lassen.

1914 hat Karl Ernst Osthaus imaginiert, wie sich die zweckmäßige, materialgerechte, sachliche Monumentalität der Kollektivbauten seiner Zeit

[53] Loos, Trotzdem, S. 80. — Vgl. Jünger, Siebzig verweht I, S. 419.

[54] Benjamin, GS II, S. 958.

[55] Worringer, Abstraktion und Einfühlung, S. 160; Bloch, Ges. Bd. 3, S. 29. — Vgl. Lepenies, Die drei Kulturen, S. 258.

[56] Bloch, Ges. Bd. 4, S. 220.

den Augen zukünftiger Archäologen darstellen werde: nicht als museale Kostbarkeit, sondern als Manifestation einer neuen, aus dem Geist der Sachlichkeit geborenen Aufrichtigkeit. Als Gegengift zum Warenschein des 19. Jahrhunderts, der die Produktionsbedingungen verdeckt, ist Aufrichtigkeit die Atmosphäre des Sachverständnisses, in dem die Arbeit selbst zur Darstellung kommt. Das aufrichtige Produkt ist Modell, indem es, neben dem Werkcharakter, seine organisierende Funktion augenscheinlich macht. Für diesen Schritt zum Typischen, Seriellen, Modellhaften ist die Liquidation des ‚auratischen' Wohnens durch die neusachliche Architektur des Reproduktionszeitalters beispielhaft. Sie verhält sich gegen jeden unmittelbaren Subjektausdruck streng asketisch, und zwar nicht aus Subjektfeindschaft, sondern im Namen einer kollektiven Welteinrichtung, die das Leben zweckhaft vereinfacht, indem sie es aus der „Sklaverei der Mittel" (K. Kraus) befreit.

Sachlichkeit fordert eine Umbesetzung des subjektiven Ausdrucks durch die „Funktion fürs Subjekt"; aber gegen die *empirischen* Subjekte. D. h. sie versteht sich als Statthalter des intelligiblen Charakters. Und deshalb erscheint die einzig „legitime Architektur" der entzauberten Welt, von Gropius, Taut und Behne 1919 als „Zukunftskathedrale", ja als „Kathedrale des Sozialismus" beschworen, den in *dieser* Welt befangenen Menschen als ihr „Feind"[57].

Sachliche Architektur ersetzt die Sterilität stilisierender Formen durch konstruktive Formeln, die sich zu den neuen Materialien und ihren spezifischen Möglichkeiten bekennen. Und durch die Interieurs geht ein Aufatmen der Befreiung von jener übermöblierten Makartwelt aus „Holzwolle, Pappendeckel und Seidenpapier", in der jedes Requisit seine Funktion in der Form verleugnet und der Zweck im Reich einer „Lust am Unechten" unkenntlich wird. „Jeder verwendete Stoff will mehr vorstellen, als er ist. Es ist die Ära des allgemeinen und prinzipiellen Materialschwindels."[58]

Die Rettung der Seele des Materials: Materialechtheit, kräftigt die Seele der neuen Barbaren. Sie haben nichts gegen Zement an sich, sondern als Steinersatz; sie haben nichts gegen Kunst an sich, sondern als ornamentale Vergewaltigung der Welt: „am Rüdesheimer Platz zum Beispiel Weintraubenornamente, am Fehrbelliner Platz kriegerische Embleme und bei der Station Dahlem-Dorf ist aus dem halb oberirdischen Bahnhof sogar ein veritables Landhäuschen mit Säulen und Strohdach gemacht worden. Es ist die gewerbliche Arbeit hier also in die alten Albernheiten der Stilmaskerade und der kunstgewerblichen Ornamentik zurückgefallen. An die Stelle der schlanken eisernen Träger sind dicke gemauerte oder massiv steinerne Säulen getreten, die den Überblick erschweren, und in allen Details macht sich wieder ein falscher Kunstdünkel, ein Verbergen des Sachlichen hinter Scheinformen geltend"[59]. Für Loos ist Ornament Ver-

---

[57] Adorno, GS Bd. 10, S. 389 f.

[58] Friedell, Kulturgeschichte der Neuzeit, S. 1301 f.

[59] Scheffler, „Gute und schlechte Arbeiten im Schnellbahngewerbe", S. 45.

brechen, weil es sich anmaßt, edles Material — und vor Gott sind alle Materialien gleich wertvoll — verzierend zu ‚verbessern'. Deshalb setzt er an die Stelle der Ornamentik das Prinzip der Materialechtheit: den Sinn für die „Majestät des Materials"[60]. So führt der ästhetische Weg aus den Phantasmagorien des 19. Jahrhunderts in einen Mysterienkult edler Stoffe: Sachlichkeit als Geheimlehre von der „schönheit des nackten steins"[61]. Damit setzt sich inmitten strengster Sachlichkeit ein Jugendstilmotiv prägnant durch: das Formvertrauen in die Absolutheit des Stoffs, die Sache selbst. Aller Sinn liegt im reinen Gelten des Materials.

Hier zeigt sich, daß die Ornamentfeindschaft der Neuen Sachlichkeit, ihr Angriff auf den schönen Schein, Schönheit und Schmuck nicht etwa liquidiert, sondern ihren Begriff verändert. Wahrhaft schmückt nicht das, was große Werte repräsentiert, sondern der „extrakt des herrlichen"[62], Schönheit, die von ihrem Schein befreit ist; der Glanz der Sache selbst, die nichts anderes vortäuschen soll, als was sie ist. Sachlichkeit fordert ästhetische Sichselbstgleichheit: daß Sein und Schein dasselbe seien.

Eine Theologie, die den schönen Schein als göttlich notwendige Verhüllung von Dingen für uns rettete (Benjamin), ist sachlichem Denken nicht mehr kommensurabel. Das Schöne zehrt nicht mehr parasitär vom Geheimnis, sondern verdankt sich sachlicher Wachheit und Transparenz. Die Frage, ob die kritische Liquidation des Scheins fordert, auf Schönheit zu verzichten, d. h. ob sachliche Kunst letztlich ein Oxymoron sei, beantwortet der Begriff des Ausdruckslosen. Damit — so Walter Benjamin in einer Deutung von Grünewalds Heiligem — im Scheinlosen „der Ausdruckslose, der aus der Nacht bricht", erscheine, muß das wesentliche Schöne untergehen.[63] Dem Gedanken der Auferstehung entsprechen heißt ästhetisch: Entzauberung.

Die Moderne verleiht diesem theologischen Auftrag des Scheinlosen in der Kunst eine entscheidende dialektische Komplizierung: Die ästhetische Entzauberung richtet sich auf die entzauberte Welt des Warenfetischismus. Es ist die Intention der Sachlichkeit, dieser dinghaften Rationalität eine spezifisch ästhetische entgegenzusetzen. Ihre Dialektik von Entzauberung und Zauber erhebt Mimesis, säkularisierte Magie, zur treibenden Kraft ästhetischer Rationalität auf der Suche nach dem von Verdinglichung verdeckten Zweck. Vom Zauber des Fetischismus unterscheidet sich der ästhetische durchs Eingeständnis seines Scheincharakters.

Nach Adornos Begriff der Moderne ist ästhetischer Zauber also eins mit Entzauberung. Der ästhetische Schein des Zaubers „entzaubert die entzauberte Welt". In *dieser* Welt ist „das Faktum Kunst ein Skandalon". In Adornos ‚Ästhetischer Theorie' fungiert das Faktum Kunst — der dinghaften Rationalität eine Torheit — als Statthalter des Kantischen Faktums der Vernunft. Und Skandalon heißt Kunst, weil sie das Ärgernis der entzauberten Welt ist. So säkularisiert Adorno den 1. Kor. 1, 23. „Denn wahr

---

[60] Scheu, „Adolf Loos", S. 33.
[61] Loos, Trotzdem, S. 93.
[62] Loos, Ins Leere gesprochen, S. 39.
[63] Benjamin, GS II, S. 130.

ist nur, was nicht in diese Welt paßt."[64] Was Paulus von Christus, lehrt Adorno vom Kunstwerk. Unzweideutig formuliert dieser letzte Bürger der Moderne seine inverse Theologie im Zeichen des ästhetischen Kreuzes in der ‚Philosophie der neuen Musik' als der Kunst scheinloser Schönheit. Sie opfert sich der Erhellung einer sinnlosen Welt — das ist die ästhetische Wiederholung des Eli, Eli, lamma sabacthani. „Alle Dunkelheit und Schuld der Welt hat sie auf sich genommen. All ihr Glück hat sie daran, das Unglück zu erkennen; all ihre Schönheit, dem Schein des Schönen sich zu versagen. Keiner will mit ihr etwas zu tun haben, die Individuellen so wenig wie die Kollektiven. Sie verhallt ungehört, ohne Echo."[65]

Der Held der entzauberten Welt

Der Angriff auf den schönen Schein ist das Reversbild heroischer Sachlichkeit. Ernst Jünger hat ihr im ‚Arbeiter' eine zeitparadigmatische Form gegeben. Am Ende des Ersten Weltkriegs erscheint der neue Typus als einer, der ohne alle mythologische Verkleidung „soldatisch in Form"[66] ist und das Programm der Neuen Sachlichkeit im militärisch-technischen Raum realisiert hat. Heroischer Realismus heißt diese Haltung eines metallisierten Bewußtseins, das im Motor als der Einheit von „Explosion und Präzision" seinen zeitparadigmatischen Ausdruck findet. „Nichts ist so sehr bezeichnend für uns wie dieses Nebeneinander von furchtbarer entfesselter Kraft und der unbewegten Kühnheit der Anschauung — das ist unser Stil, ein Stil von vulkanischer Präzision."[67]

In dieser futuristischen Perspektive erscheint der Arbeiter als Artist des Krieges und der Artist als Arbeiter der Formenwelt. „Der neue Künstler ist Arbeiter, nicht Schöpfer."[68] Jüngers ‚Arbeiter' steht im Kontext des Marinettischen Programms, die technisch revolutionierte Wahrnehmung durch den Krieg ästhetisch zu befriedigen. Es feiert den Motor als „das kühne Spielzeug eines Menschenschlages, der sich mit Lust in die Luft zu sprengen vermag und der in diesem Akte noch eine Bestätigung der Ordnung erblickt"[69]. Walter Benjamin hat seine Kritik der faschistischen Ästhetisierung der Politik Aug' in Aug' mit Jüngers ‚Arbeiter' formuliert. Von der total mobilgemachten und zugleich sich selbst zum Schauobjekt gewordenen Menschheit im Kriegsraum heißt es: „Ihre Selbstentfremdung hat jenen Grad erreicht, der sie ihre eigene Vernichtung als ästhetischen Genuß ersten Ranges erleben läßt."[70] Die Vernichtungszone als Schauplatz hoher Formleistungen liegt jenseits der Selbsterhaltung. Die Todesproduktion der Kriegsmaschine diszipliniert den Arbeiter dazu,

---

[64] Adorno, GS Bd. 7, S. 93.
[65] A.a.O., Bd. 12, S. 126.
[66] Petras, Post Christum, S. 58, 84. — Vgl. Jünger, In Stahlgewittern, S. 155 und Heidegger, Gesamtausgabe Bd. 51, S. 36 ff.
[67] Jünger, AH II, S. 110.
[68] Spengler, UdA, S. 371.
[69] Jünger, Essays II, S. 42.
[70] Benjamin, GS I, S. 508.

„den Leib als reines Instrument zu behandeln“[71]. Das ist bewußt antihumanistisch formuliert. Hatte doch Kant die Würde des Bürgers an die Unmöglichkeit geknüpft, ihn bloß als Mittel zum Handeln zu brauchen. Nicht die Tatsache, daß die Kriegsmaschine über Menschen verfügt als ob sie Sachen wären, sondern der Genuß und die Lust an diesem Vorgang markieren das Ende des bürgerlichen Zeitalters.

Die „Verdinglichung des Krieges selbst zu fabrikmäßiger Tötung“, die den Leib als bloßes Instrument behandelt, ist der Rückschlag einer Ethik, die in ihrer Reinheit die zentrale Beziehung des Menschen zu den Dingen verkannte. Vom Menschen als Zweck an sich zum Leib als bloßem Instrument ist nur ein dialektischer Schritt. „Nicht die Beziehung zwischen Mensch und Mensch ist entscheidend, sondern die Beziehung zwischen Mensch und Ding. Diese hat jene im Gefolg. Diese Beziehung gerade ist krank.“[72]

Die Gestalt des Arbeiters zeichnet sich vor dem Hintergrund der Materialschlachten ab. Das Bild des Krieges geht hier in das eines gigantischen Arbeitsprozesses über. Jünger verklärt den Frontkampf im Bild einer vulkanischen Schmiedewerkstatt, wo kriegerische Arbeitsheere die Erdkugel mit heißen Nähten schweißen. Nur durch die Verwandlung des Kriegs in Arbeit wird die Totale Mobilmachung[73] möglich: ein Griff am Schaltbrett, der die Energieströme des modernen Lebens zum Vernichtungswerk zentralisiert. In diesem Selbstvollzug behauptet sich die Rüstung als Inbegriff des Lebens.

Der Erste Weltkrieg hat Jünger den Blick auf eine Welt eröffnet, in der es „kein Atom gibt, das *nicht* in Arbeit ist“[74]. Das Erschrecken darüber pariert Jünger mit der Lust, sich zum eigenen Körper in ein rein instrumentelles Verhältnis zu versetzen. Die Lust des Entsetzens ist „das Gefühl, im Ernstfall zu stehen“[75], das die Kruste kollektiver Anonymität zu durchbrechen verspricht. Seit Nietzsche will der antibürgerliche Affekt das Dynamit sein, das die biedermeierliche Idylle sprengt. Jüngers Ästhetik beschwört diesen Zauber der Entzauberung im Augenblick der Sprengung.

---

[71] Jünger, Essays II, S. 118. — Vgl. Henrich, „Tod in Flandern und in Stein“, S. 652.

[72] Rang, „Betrachtung der Zeit“, S. 92.

[73] Die Wendung vom neutralen Staat des Liberalismus zum totalen Staat des 20. Jahrhunderts hat Carl Schmitt mit dem Begriff der ‚potenziellen Rüstung‘ analogisiert: Alle Gebiete werden erfaßt. „Ein hervorragender Vertreter der deutschen Frontsoldaten, Ernst Jünger, hat für diesen erstaunlichen Vorgang eine sehr prägnante Formel eingeführt: die totale Mobilmachung.“ — Der Hüter der Verfassung, S. 79. — Stolz vermerkt noch der greise Jünger, die numinose Formel habe sich weltweit durchgesetzt. Gerade auch revolutionäre Staaten rühmten sich der Fähigkeit zur totalen Mobilmachung: „Ich habe sie nicht erfunden, sondern benannt. Engels würde vermutlich einverstanden sein.“ — Siebzig verweht II, S. 314. Sie hat, nach Schmitts Einschätzung, erstmals das Bewußtsein für die neuen Totalitäten Feind, Krieg und Staat geweckt. „Die Formel (...) zwingt zum Anblick einer Wirklichkeit, von deren Schrecken sich das allgemeine Bewußtsein lieber abwendet.“ — PuB, S. 235. Als die Form, in der sich das Projekt des Arbeiters realisiert, scheint die totale Mobilmachung den Nihilismus zu vollenden — schon Heidegger gilt sie als „Organisation der unbedingten Sinnlosigkeit aus dem Willen zur Macht und für diesen“. — Nietzsche II, S. 21.

[74] Jünger, Essays I, S. 132; vgl. Rang, „Betrachtung der Zeit“, S. 92 f.

[75] Jünger, AH II, S. 65.

Georg Lukács hat das „Schicksal" des Arbeiters als typisch für das ganze Leben der modernen Gesellschaft gedeutet, weil „zum ersten Male in der Geschichte" die Existenz eines jeden unter einheitlichen Bewegungsgesetzen stehe. Typisch sei das Schicksal der Arbeiter, weil sie „den entmenschten und entmenschlichenden Charakter der Warenbeziehung in der größten Prägnanz offenbaren"[76]. Indem Jünger die Verdinglichung radikalisiert und zugleich den Warencharakter verschleiert, verklärt er den Arbeiter zur mythischen Gestalt. Die reinste Form des Warencharakters erscheint dem metallisierten Bewußtsein als seine eigentliche Unmittelbarkeit.

Jüngers futuristischer Schönheitsbegriff will dem Heraustreten der kollektiven Arbeit aus der Anonymität in übersichtliche Ordnungen und den zu Schauspielen der Vernichtung disziplinierten elementaren Entfesselungen des Krieges entsprechen. Die Überfliegung großer Städte durch Bombergeschwader ist eine seiner ästhetischen Urerfahrungen.

Der faschistische Krieg inszeniert die kollektive Arbeit an sich; er hat „die soldatischen Kategorien endgültig zugunsten der sportlichen verabschiedet"[77]. An die Stelle des Sieges tritt der Rekord: die Vernichtungshöchstleistung. Sport als Signatur der Zeit besagt, daß der durch Automatismus und Abtötung ermöglichte Rekord die übermenschliche Leistung zur Norm der Werkstättenlandschaft erhebt. Jüngers Stilideal des „gehämmerten Menschen"[78] bahnt im Sport den Weg zurück in die Identität von Leben und Kult. Dem entspricht ein neuer Glaube aus der Immanenz der Arbeitergestalt. Deshalb nennt Jünger die das ganze Leben unters Gesetz des Arbeiters zwingende Technik „die entschiedenste antichristliche Macht, die bisher in Erscheinung getreten ist"[79]. Antichristliche, weil sie die Transzendenz in die Immanenz der Gestalt zurückbiegt und so der christlichen Seele mit derselben unversöhnlichen Fremdheit gegenübertritt, wie diese einmal den antiken Götterbildern. Die Kraftwerke sind die Tempel der Werkstättenlandschaft und die Zuschauer des Motorradrennens die Kultgemeinde der neuen Zeit. Es gilt Jünger als Authentizitätsbeweis für diese neue Frömmigkeit des Sport- und Kino-Kollektivs, daß die Bedeutung einer gotischen Kathedrale für den Arbeiter im Kriege zum „Richtpunkt im Gefechtsgelände"[80] schrumpft. Als trigonometrisches Signal in der Vernichtungszone ist die Kathedrale irreparabler zerstört als es Bomben vermöchten; aus solchen geistigen Sprengungen zieht Jünger seine raffiniertesten Genüsse. Statt im Scheinkampf zwischen Geist und Leben irrationalistisch Partei zu ergreifen, fordert er den „Hochverrat des Geistes gegen den ‚Geist'"[81] — nämlich den bürgerlichen, der das Leben verriet. Man müsse die Schule der Anarchie absolviert haben, um der Wiederkehr des Archaischen in weltalterlichen Wenden gewachsen zu sein.

[76] Lukács, GuK, S. 103 f.

[77] Benjamin, GS III, S. 239.

[78] Jünger, Essays I, S. 260.

[79] Jünger, Essays II, S. 170. — Heidegger, Zur Seinsfrage, S. 19, spricht prägnant von einer „Umkehrung der Transzendenz zur Reszendenz der Gestalt des Arbeiters".

[80] Jünger, Essays II, S. 170.

[81] A.a.O., S. 48.

Wie Spengler sieht Jünger das 20. Jahrhundert im Zeichen des Fellachentums. Man schreitet zu immer schrecklicheren Vereinfachungen fort; das modernste Leben trägt urgeschichtliche Züge. „Der Geschichtsraum hat sich entleert; diese Leere zieht ahistorische Figuren an, sowohl mythische wie barbarische."[82] Im Rückgriff aufs Elementare verläßt der Held der entzauberten Welt den imaginären Raum der Romantik und stößt ins Urgeschichtliche vor. Posthistoire ist nichts als geschminkte Urgeschichte.

Die Gestalt des Arbeiters apriorisiert die Katastrophe des Ersten Weltkriegs und normiert den Ausnahmezustand. Das Außergewöhnliche wird zum bestimmenden Moment der Ordnung. Den Schrecken, den sie verbreitet, deutet Jünger als Initiationsangst der Menschen an der Zeitmauer, die sie von einem neuen Sinn trennt.[83] Gestalt entwickelt sich nicht. Man kann sich nicht in sie einfühlen, sondern wird von ihr gestempelt. Ihr Zeitstil, der in der Maschinenwelt prägnant zum Ausdruck kommt, ist charakterisiert durch die Einheit von Präzision und Phantastik. In den „Bildern des magischen Realismus" kommt dieser Zeitstil zu sich. In ihrem „Rahmen (ist) jede Linie der äußeren Welt mit der Bestimmtheit einer mathematischen Formel gebannt"[84].

Jüngers Stil verleiht der Technik Sinn, indem er ihre ästhetischen Valeurs ‚magisch' verdoppelt. Statt also die Technik nach dem Schrecken des Weltkriegs durch ihre „moralische Erhellung" (Benjamin) als mögliches Organ der Gesellschaft kenntlich zu machen, hat er sie durch eine Ästhetisierung ihrer Mittel als diktatorische Sprache der neuen Zeit verklärt. Und gerade im Diktat der Technik über verstummende Natur, der es in den Stahlgewittern buchstäblich die Sprache verschlägt, zeigt sich Jünger jener deutschen Tradition verschworen, die er als kraftlose Bürgerlichkeit verabschieden wollte. Die facies hippocratica des deutschen Idealismus hat Walter Benjamin hinter der heroistischen Fassade der Kriegstechnik erkannt. „Mit Feuerbändern und Laufgräben hat die Technik die heroischen Züge im Antlitz des deutschen Idealismus nachziehen wollen.

---

[82] Jünger, Siebzig verweht II, S. 250; vgl. Strahlungen I, S. 464.

[83] Wollte man Jüngers Wandlung im Verhältnis zur Gestalt des Arbeiters auf eine Formel bringen, so ließe sich sagen, daß er zunächst die Gestalt selbst als sinnstiftend begriffen hat, später aber als einen Traum von der Erlösung, der noch der Deutung harre. „Der Arbeiter sucht das Jenseits naiv zu fassen, mit seinen Mitteln, ähnlich wie gotische Maler die Personen des Heiligen Landes in mittelalterliche Gewänder kleideten. Er sucht die Erlösung im faustischen Raum. Es bleibt ihm verborgen, daß seine Mittel Todessymbole sind, aber gerade das führt ihn über seine Grenzen hinaus. Er befährt jetzt den Styx, dessen Wasser durchsichtig geworden sind. Trotzdem gelangt er zum Heil; er hat einen der großen Träume zu Ende geträumt. Das war seine Aufgabe." — Strahlungen II, S. 640 f. Solche den Arbeiter überwölbende Transzendenz ist Jüngers Tribut an den Zweiten Weltkrieg. Erneut stellt sich nun die Aufgabe, der Technik Sinn zu verleihen. Jünger scheidet deshalb die Gestalt des Arbeiters von der Ordnung der Techniker und erhebt die Technik zum musischen Thema. Prophezeit wird die Enthüllung einer neuen Kunst hinter dem „Gerüste der Werkstättenlandschaft" — Typus Name Gestalt, S. 95. Hinter der titanischen Rotation der Technik und dem friedlosen Chauffeurstil der Geschichtslosen müsse sich einmal die ruhige Gestalt des Arbeiters zeigen. Sie ist nicht Ursache sondern Prägekraft der Postmoderne.

[84] Jünger, „Nationalismus und modernes Leben".

Sie hat geirrt. Denn was sie für die heroischen hielt, das waren die hippokratischen, die Züge des Todes. So prägte sie, tief durchdrungen von ihrer eigenen Verworfenheit, das apokalyptische Antlitz der Natur, brachte sie zum Verstummen und war doch die Kraft, die ihr die Sprache hätte geben können."[85]

Der Held der entzauberten Welt mißt sich am großen Nivellierungswerk der Maschinen und Motoren. „Seit dem Auftauchen der Maschine war alles von sausenden Schwungrädern zur Fläche geschliffen."[86] Was die Rotation des Motors ausschleift, ist die natürliche Periodizität. Sie wird dem rasenden Rhythmus der Maschine geopfert. Jünger deutet sie als Gebetsmühle der atheistischen Welt. Grausam und unwiderstehlich führt sie die Abstraktion ins Reale ein. Die Katastrophe des Ersten Weltkriegs erscheint in dieser Perspektive nur als äußeres Geschichtszeichen einer endgültigen Liquidation der bürgerlichen Kultur, deren Fortschritt sich selbst überschlagen hat, um nun in der Welt der Explosionsmotoren „nach einem Zirkel der künstlichen Dialektik seine Bewegung auf einer sehr einfachen Ebene fortzusetzen". Der Bürger weicht der Masse, das Humanum der Maschine und das natürliche Recht dem kriegerischen Ausdruck. „An vielen Stellen ist die humanitäre Maske fast abgetragen, dafür tritt ein halb grotesker, halb barbarischer Fetischismus der Maschine, ein naiver Kultus der Technik hervor."[87] Dem Maschinenkult entspricht ein neuer Optimismus für die gottlose Welt technischer Perfektion. Dem hier herrschenden metallisierten Bewußtsein ist der Zweifel so fremd wie die Utopie. Götter und Menschen können in dieser reibungslosen Welt vollendeter, todessymbolischer Konstruktionen nur als Störfaktor auftreten. Um nicht auf- oder auszufallen, muß das Leben in „organische Konstruktionen" eintreten, d. h. Aug' in Aug' mit der technischen Ordnung sich selbst verdinglichen.

Jünger liest an den neuen Maschinen die konstitutiven Formen der neuen Zeit ab. Gegenüber den Formeln des Konstrukteurs erscheinen die Formen der Kunst antiquiert. Die entscheidend neuen Perspektiven auf die Konstruktionswelten des 20. Jahrhunderts sind dem Arbeiter vorbehalten, der sie montiert. Er ist selbst Montageteil einer kollektiven Planung ohne Sub-

---

85 Benjamin, GS III, S. 247, 238.

86 Jünger, Sturm, S. 71. — Beim späten Jünger erscheint der Motor, einst Sinnbild des Arbeiters, nur noch als Todfeind des musischen Menschen und Inbegriff „monotoner und nivellierender Energie" — Siebzig verweht II, S. 84; vgl. a.a.O., S.397.

87 Jünger, Essays I, S. 145; vgl. Jünger, Heliopolis, S. 280. — In Jüngers Kult des Arbeiters verstellt der starre Blick auf die neuen Maschinen die Einsicht in die Produktionsverhältnisse. Diese phantasmagorische Verschleierung manifestiert sich objektiv darin, daß das Proletariat von der Vergnügungsindustrie auf dem Niveau des Kunden vexiert wird, das die Selbstentfremdung als Genuß einübt. Kult des Arbeiters und Artistik sind die extrem entgegengesetzten Versuche, aus der Warenwelt zu fliehen. Max Bense hat sehr scharf gesehen, „daß Benn durch die selbstbewußte Technologie seiner Prosa beständig an der Zerstörung des ‚Ware'- und ‚Fetischcharakters' der Literatur arbeitet, während Jünger gerade diese Eigenschaften durch die Art seiner soziologischen Naivität, seiner dekorativen Mythologie, durch den Chiffregehalt seines Stils unermüdlich vermehrt. (...) Jünger geht gleichsam noch vor die ‚Ware' zurück, um den ‚Fetisch' unendlich auszuschöpfen" — Ptolemäer und Mauretanier, S. 66.

jekt, die inkongruent mit allem ist, was man einmal Erfahrung nannte. Hat Baudelaires Allegorie „den sich selbst entfremdeten Menschen im doppelten Sinne des Wortes ding-fest gemacht — agnosziert und gegen die verdinglichte Welt gepanzert“[88], so hat ihn Jünger in der posthistorischen Gestalt des Arbeiters in den Mythos zurücktransponiert. Selbstverdinglichung nimmt dem Menschen jeden eigenen Wert, panzert ihn aber gegen die Angst. Darin liegt die Faszination der kinetischen Welt des Arbeiters. Sie ersetzt die bürgerlichen Rechte, die den Massen noch nie zu ihrem Recht verhalfen, durch einen übermenschlichen Funktionalismus und opfert die bürgerliche Freiheit der molekularen Gleichheit der Montagestücke einer organischen Konstruktion. „Die Technik ist unsere Uniform.“[89] Die von ihrem präzisen Ablauf freigesetzten asketischen Energien potenzieren die aller kultischen Riten.

Die Hypnose durch die nackte Maschinerie entsteht dadurch, daß sich der Geist der Perfektion, der sich in den Formen der technischen Ordnung ablagert, den in ihnen befangenen Menschen gerade entzieht. Reflektorische Charaktere sind in eine technisch hochbewußte Formenwelt gebannt. Wie in Trance werden sie durch den Automaten Großstadt geschleust.

Der Narkose des Automatismus entspricht die radikale Entzauberung der Wahrnehmung und die Zerstörung der Privatsphäre in der Anonymität des Massenlebens. Besonders lehrreich ist das Beispiel des Photoapparats. Das formlose Kollektiv der Großstadt verfügt hier über ein extrem präzises, optisch perfektes Organ. Vor seinem Objektiv zergeht die Persönlichkeit: „die Photographie ist eine Waffe, deren der Typus sich bedient. Das Sehen ist ihm ein Angriffsakt. Entsprechend wächst das Bestreben, sich unsichtbar zu machen“[90]. Die Maske tilgt das Antlitz. Damit ist das Zeitalter der Kritik beendet, denn man kann nicht mehr entlarven. Es gibt kein wahres Gesicht mehr hinter der Maske des Typus, der alle Welt zwingt, ihn zu repräsentieren. Das Darstellungsgesetz der entzauberten Welt fordert „nicht Einmaligkeit sondern Eindeutigkeit“[91].

---

[88] Benjamin, GS V, S. 405.

[89] Jünger, Essays I, S. 180; vgl. Heidegger, Vorträge und Aufsätze, S. 93. — Jünger ist der Erbe einer mißglückten Technikrezeption, wie sie sich im Jugendstil und Futurismus niedergeschlagen hat. Jugendstil frigidisiert die Welt durch eine ornamentale Sterilisation technischer Motive: „Nerv und Leitungsdraht“ treten zur „typischen Jugendstillinie“ zusammen. Der sterile Stil terminiert im Futurismus, der versucht, „technisch bedingte Formen aus ihrem funktionalen Zusammenhange herauszulösen und sie zu natürlichen Konstanten zu machen“ — Benjamin, GS V, S. 693 f.

[90] A.a.O., S. 189. — Vgl. Heidegger, Gesamtausgabe Bd. 54, S. 159.

[91] Jünger, Essays II, S. 142. — Vgl. Heidegger, Gesamtausgabe Bd. 52, S. 35. — Das Objektiv der Kamera hat paradigmatische Bedeutung für die Frage nach der Technik. Das photographische Bild stellt die „Begegnung von Maschine und Mensch“ dar. Aber kann das Objektiv ein „Menschenantlitz“ perzipieren? Wo Maschinen und Menschen sich begegnen, stellt sich die Frage der Rezeption des Technischen. Jüngers Lust am Untergang ist ein Symptom dafür, daß diese Rezeption mißlungen ist. Nach dem Zweiten Weltkrieg hat Jünger die futuristische Attitüde des metallisierten Bewußtseins preisgegeben und gegen den Auraverlust, die Entzauberung der Welt, jenes ‚sentimentale Saxophonsolo‘ angestimmt, das er zuvor noch als Ausdruck hoffnungslos bürgerlicher Leiderfahrung in der Werkstättenlandschaft verspottete.

Jüngers „organische Konstruktion" ist die Phantasmagorie der Werkstättenlandschaft. Sie überblendet Technik mit Mythologie, indem sie die aktuelle Urgeschichte in der modernen technischen Welt zum Titanismus des Arbeiters archaisiert. Jünger spielt mit der schockhaften Erfahrung der technischen Welt, der das Urgeschichtliche im gerade erst Vergangenen immer schneller und krasser vor Augen tritt. Wo es keine Tradition mehr gibt, erscheint das Jüngstvergangene prähistorisch.

Doch in Ernst Jüngers Szenario des Posthistoire muß der Held der entzauberten Welt untergehen, um den Übergang ins Ästhetische zu ermöglichen. Der Arbeiter soll sich selbst transzendieren, indem er die Formen als Götter verehrt. So erscheint der Artist als Messias der technischen Welt. Weil er in der Form den wahren Gott verehrt, verwirft er den Gott des Monotheismus als schlechtes Stilprinzip. Im Biedermeier des Posthistoire erscheint ein Leben nach total formalisierten Werten ohne historischen Sinn als letzte Möglichkeit einer spezifisch menschlichen Existenz. Menschsein heißt dann, „sich selbst als eine reine ‚Form' sich selbst und den anderen als irgendwelche ‚Inhalte' entgegenzusetzen"[92].

Das Ende der Geschichte hat einen unbefangenen, von Wünschbarkeiten ungetrübten Blick aufs Vergangene ermöglicht; die Freiheit der Geschichtslosigkeit verhilft zu großer optischer Präzision. Als Archäologe und Geognost des Jüngstvergangenen deutet der „Metahistoriker, der den Geschichtsraum verlassen hat", das Gewesene als „Fossil". Denn als Traditionswert kann Vergangenes nach dem Ende der Geschichte nicht mehr verstanden werden. Der Metahistoriker nimmt dem Gewesenen gegenüber eine Haltung rein formaler Wertung ein. Geschichte wird zum Spiel vor Zynikern. „Es gibt eine Querschnittlähmung, die den Nerv der Geschichte durchtrennt. Mit ihr erlischt die Tradition. Die Taten der Väter können nur noch im Schauspiel oder in der Tragödie fortleben, nicht aber in der Aktion."[93] Jüngers Metahistoriker ist der umgekehrte Herodot, der nicht von der Eröffnung des historischen Raumes den Blick zurück in den mythischen, sondern von seiner Schließung voraus in den posthistorischen wirft. Jenseits der Zeitmauer haben sich die großen patriarchalischen Geschichtsstrukturen zersetzt. Die Zeitmauer zu überwinden, gehört zur Aufgabe des Arbeiters. Daß er an ihr scheitert, hat Nietzsche im Bild des Letzten Menschen festgehalten.

Der Held der entzauberten Welt scheitert zuletzt doch an seiner Aufgabe, den Raum der Geschichte zu verlassen, und etabliert jenes neue Biedermeier, das man Posthistoire nennt. Es ist die Zeit des Letzten Menschen, der am längsten lebt, weil er den Pfeil seiner Sehnsucht nicht mehr über den Menschen hinauswirft, sondern sich behaglich mit seiner Erfindung, dem narkotischen Glück, in der Welt einrichtet. Ein Absolutismus der Gegenwart fordert vom Letzten Menschen die reflektorische Haltung totaler taktischer Präsenz. Zugleich atrophieren die metaphysischen Organe,

[92] Kojève, Introduction à la lecture de Hegel, S. 289.

[93] Jünger, Eumeswil, S. 57, 161.

so daß die gewaltigen, von der technischen Welt freigesetzten Intelligenzmengen der Vernichtung dienstbar werden.

Der Arbeiter hat sich nicht als Übermensch erwiesen, sondern als der Letzte, dessen „Banausenarbeit", auf der Suche nach dem dauerhaften Glück, der Katastrophe zutreibt. „Monotonie und Monochromie. Die graue Tarnung. Es werden keine Farben gezeigt. Dann wollen sie Blut sehen."[94] Hinter der Kulisse des Hämmerns und Tickens, zu der die technische Welt gebetsmühlenhaft erstarrt ist, lauert der Schrecken der Vernichtung. Denn die posthistorische Starre resultiert gerade aus Prozessen mit Geschoßgeschwindigkeit. Hier wird es lebensgefährlich, Ruhelagen einzunehmen. „Zum ersten Male beobachten wir Nihilismus als Stil."[95]

Schwund durch Beschleunigung ist die Signatur der Zeit nach dem Ende der Geschichte. Den Augenblick des Umschlags hat O. Spengler in einer erstaunlichen dialektischen Bestimmung festgehalten: Der „Verfall der Symbolik" terminiert im Symbol des Verfalls — dem Satz der Entropie.[96] Spengler folgend, hat Jünger die Entropie der absoluten Zivilisation, den Kältetod der bürgerlichen Gesellschaft beschrieben: „es ist die Auszehrung der Erbsünde durch Sterilität. Diese völlige Neutralität, diese totale Farbenblindheit der Zivilisation"[97] rückt die großen Städte in Naturzusammenhänge ein und verleiht dem Posthistoire das Gepräge zivilisierter Barbarei. Es erscheint zweideutig.

Hinter der Formation der Masse zum faschistischen Ornament, unter der nihilistischen Oberfläche der großen Städte hat Jünger die Gestalt gesucht, die nach dem Ende des Menschen den frigiden stählernen Ordnungen Sinn verleiht. So heißt es von der Lage Ende 1941: „Carl Schmitt sieht ihre Bedeutung darin, daß Schichten sich vom menschlichen Bestande abzulösen beginnen, um unterhalb der Zone der Willensfreiheit zu erstarren — so wie die Tiere abgefallene Masken des Menschenbildes sind. Der Mensch stößt eine neue zoologische Ordnung aus sich aus — die eigentliche Gefahr des Vorgangs liegt darin, daß man in ihn einbezogen wird. — Ich fügte hinzu, daß diese Verhärtung im Alten Testament bereits beschrieben sei, wie es das Sinnbild der ehernen Schlange verrät. Was heute die Technik, war damals das Gesetz."[98]

Daß die stählerne Schlange, die erstarrte Armatur des Arbeiters, den Menschen erwürgen wird, wenn er sie nicht verzaubert, motiviert die Artistenmetaphysik Jüngers. Magischen Realismus nennt er seine Darstellungsutopie. Vom abstrakten Gesetz und der leeren Linse des Photoapparats unterscheidet sich die magisch-realistische Darstellung der Gestalt durch physiognomische Prägnanz. Der Artist baut seine optische Apparatur im Herzen der Gefahr auf. Moral und Ekel können da nur störend da-

[94] Jünger, Essays II, S. 341.
[95] Jünger, Essays I, S. 268.
[96] Spengler, UdA, S. 542. — Für Spengler ist Entropie noch der „Ausdruck der echten, historischen, innerlich erlebten Zeit" — a.a.O., S. 545.
[97] Jünger, AH I, S. 78.
[98] Jünger, Strahlungen I, S. 263 f.

zwischenkommen. So studiert er die Schrecken der Vernichtungswelt „wie das Wesen von Fischen in einem Korallenriff“[99]. So soll die Macht der Zerstörung in die erlösende ästhetische Form eingehen und überwunden werden. „Wir glauben, daß in der Bildung eines neuen Stils die einzige, die sublime Möglichkeit, das Leben erträglich zu machen, sich verbirgt.“[100]

Im Vorrang des Augensinns bestätigt Jüngers Ästhetik die „Umkehrung der Seelenvermögen“[101] im 20. Jahrhundert: Genaue Wahrnehmung erfordert heute größere geistige Kraft als das Denken. Der neue Stil schafft die erlösenden Formen aus dem Gestaltensehen. Das setzt eine stereoskopische Optik voraus, die ein und denselben Vorgang positiv und negativ belichtet. So stiftet sie „eine neue Objektivität, während der enge Geist nur den Widerspruch darin erblicken wird“[102].

Doch je mehr die posthistorische Welt die Züge des Letzten Menschen zeigte, hat sich Jünger dem „Waldgang“ verschrieben und die Spielräume „asketischer Eliten“[103] ausgelotet, die dem Posthistoire trotzen.

Olympier des Scheins

1933 würdigte Karl Kraus den Lyriker Gottfried Benn als exemplarischen Fall intellektueller „Ungeistesgegenwart“: „Er liefert das Äußerste, was Wortverfügung, die sich dem Furor anpaßt und nun vielleicht wirklich von ihm hin- und von der eigenen Spur weggerissen ist, zu bieten vermöchte.“[104] Mimesis an den Schrecken ist das lyrisch Formbestimmende. Die Morgue-Gedichte dokumentieren die Geburt „eines spezifisch ärztlichen Nihilismus“ aus dem Geist des Expressionismus. „Dieser Nihilismus ist aus dem Chock hervorgegangen, den das Innere des Leibes den mit ihm Umgehenden erteilt hat.“[105] Auf der Spitze der Modernität wiederholt ärztliche Sterilität die barocken Klagen über die hinfällige Kreatürlichkeit des Menschen. Nihilismus ist die Chiffre einer Drohung, aus der sich der Artist in archaische Regressionswelten flüchtet. Auf der Suche nach einem Ausweg aus dem Irrsal des Gehirns findet Benn für den Untergang Formeln, die ihn nietzscheanisch als Übergang denken lassen.

„Die Ecce-Homo-Schauer: Nihilismus ist ein Glücksgefühl, und der Mensch hat in der Erkenntnis ein schönes Mittel zum Untergang.“[106] Der

[99] Jünger, Strahlungen II, S. 296.

[100] Jünger, Strahlungen I, S. 19.

[101] Gehlen, Zeit-Bilder, S. 225.

[102] Jünger, Strahlungen II, S. 235.

[103] Jünger, Siebzig verweht II, S. 541; Gehlen, Einblicke, S. 19. — Vgl. Schroers, Meine deutsche Frage, S. 165 f.

[104] Kraus, Die dritte Walpurgisnacht, S. 66.

[105] Benjamin, GS V, S. 590. — Benjamin ist eine genaue dialektische Bestimmung des Umschlags von Expressionismus in Sachlichkeit gelungen. Er deutet diese als „Konsolidierung der Schuld“, die jener bei der Metaphysik einging. „Die ‚Neue Sachlichkeit‘ ist der Zinsendienst.“ A.a.O., VI, S. 166; vgl. a.a.O., S. 175 ff.

[106] Benn, GW I, S. 416.

Untergang des Menschen eröffnet den Schauplatz des Artisten. Weil sie die letzte Transzendenz gegen den Nihilismus manifestiert, gilt die Kunst für Benn als „der kritische Begriff Europas“[107]. Benn entdeckt im Nihilismus artistische Spielräume. Als Metaphysik der Form verkündet er ein ästhetisches Programm der radikalen Außenwendung, Projektion und des Ausdrucks um jeden Preis. Diesen Okkasionalismus hat Lukács als allegorischen bestimmt. Ihm entspricht eine entleerte Transzendenz: der ausgeräumte Himmel.

Nihilismus und Artistik sind die Komplementärfarben des Posthistoire. Als letzte Transzendenz leistet die Kunst eine antithetische Synthesis von Rausch und Zucht gegen das „Unaufhörliche“. Das Nichts ist die formfordernde Gewalt.

Benns ästhetische Theorie beruht auf einer sehr schematischen Geschichtsphilosophie. Am Anfang stehen der Gott und sein Bild. Dann folgt der Nihilismus, d. h. der Zerfall der Wirklichkeit zur Fratze, und damit die Unmöglichkeit einer spontanen Seinstotalität. Am Ende stehen der Mensch und seine Formen. Er bringt „die neuen Götter: Form und Zucht. Es gibt nur die Kunst, so endet die Epoche, die imperative Kunst“[108] bildet einen abstrakten Raum und erstarrt zur reinen inhaltsleeren Geste der Grenzziehung jenseits der Geschichte. Aus den Ruinen der europäischen Kultur erhebt sich der neue Mensch als „nackte formale Trächtigkeit“. Er schafft die Ausdruckswelt, baut sie mit den formfordernden Kräften des nihilistischen Vakuums aus „gestählten und gestillten Oberflächen“: „Nichts, aber darüber Glasur.“[109] Alle Interieurwerte sind liquidiert. Die Welt ist nach außen gestülpt und aus Aluminiumflächen geformt.

Erlösung und Entlastung sind für Benn eine Frage des Stils. Ausdruck bezieht sich dabei nicht auf ein auszudrückendes Inneres, sondern auf die Arbeit an den Oberflächen. Sein Urmodell ist nicht der Ausdruck von Leid, die Klage, sondern der Fingerabdruck. „Dann soll uns die Kunst die freie, beherrschte Durchformung unserer wirklichen, alltäglichen Bewußtseinsverfassung vermitteln, nämlich der Oberflächen-Spannung, der Außen-Irritation, des Antennismus, aber *in Vollkommenheit*, davon kommt

[107] A.a.O., S. 548. — Vgl. Gehlen, Zeit-Bilder, S. 205: „Daß der Nihilismus, wenn er endlich erschiene, so triumphierend wie ein Erdbeben sein, so farbenfroh und so geräuschvoll einbrechen würde, hatte niemand geahnt, am wenigsten die zweite Generation der Nietzsche-Jünger, nur Benn erkannte ihn und versuchte, ihn zu umarmen, wollte ihn zur linearen Reinheit erheben (...). Dabei ist es entscheidend, endlich zu notieren, daß gerade die Leidenschaft zur Zündung, die zähe Kraft des Durchsäuerns, das Konstruieren von Leitlinien und Generalübersichten, daß der Vitalismus der Ideen und der Antennismus für Wertnuancen letzten Endes genau den Nihilismus definieren — wie falsch hatte man das Wort verstanden!“

[108] A.a.O., S. 477.

[109] A.a.O., IV, S. 42. — Vgl. Gehlen, Zeit-Bilder, S. 199: „Diese Säcke sind jetzt umgestülpt, und somit verlagert sich die Natürlichkeit mit ihrer Chaotik wieder in die Außenwelt (...). So wie man mit der Maschine der Außenwelt die Anstrengung aufhalst, mit der elektrischen Rechenmaschine sogar die schematisierbare geistige Arbeit, so hat man auch gelernt, die stimulierenden und exaltierenden Reize des Ungeordneten nicht mehr selbst aufzuwenden, sondern von außen zu beziehen.“

sie nicht los. Genau mit dieser weltanschaulichen Neutralisierung und mit der Freizügigkeit des Folgenlosen gelingt ihr vielleicht die Einregelung in die Verfassung einer Menschheit, die vom Kampf ums Mitkommen abgewetzt ist, die in der tempobeschleunigten Erledigung den Modus der Kristallisation findet, in der Benommenheit von der nächsten Zukunft die Form des ‚post-histoire'."[110] Die ästhetische Entlastung fordert ein Stunden-Ich. Die Erlösung des Gehirns der Großstadt braucht die Stundengötter im zerebralen Rausch. Deshalb definiert der Augenblick das ästhetische Stadium im Posthistoire als zeitlichen Akt.

„Das Zeitalter Goethes hat ausgeleuchtet, von Nietzsche zu Asche verbrannt (...), der eine Kulturkreis versinkt, ein anderer steigt auf, und wir sind die Puppen und Chargenspieler in diesen solaren Stücken." Mit Nietzsche beginnt der „Krisenstil, hybrid und final"[111], der fasziniert, euphorisiert und mit dem Luziferischen spielt. Und vor dem Hintergrund dieser Ausdruckswelt erscheinen die modernen Wissenschaften nur noch als säkularisierter Katholizismus; „erst in uns begann das Böse und Zerrissene, das Luziferische, das keine Objektivität mehr kennt"[112].

Nietzsches ‚Ecce Homo' gilt Benn als philosophischer Nachruf auf die autobiographische Form: Die Gestalt des Menschen wird durch seine Symptome ersetzt. In diesem Sinne stellt Benns Phänotyp eine enthistorisierende Umkehrung des autobiographischen Subjekts dar. Der Mann ohne Eigenschaften, der die Grundlagen der Ausdruckswelt geschaffen hat, setzt der wissenschaftlichen Welt Faszinations- und Expressionswerte entgegen. Ihr bedeutendes Extrem erreicht die Ausdruckswelt in der Selbstverstümmelung, um „die Bruchflächen funkeln zu lassen"[113].

Kunst ist für Benn also eine Technik der Entsubstantialisierung, eine Waffe gegen die Innerlichkeit, ein Schauplatz der vollendeten Säkularisation. „Autoritär ist allein der Wille zum Ausdruck, die Sucht zur Form."[114] Zwar geht es Benn darum, „irgendein Tun bis an den Rand mit Ausdruck zu füllen"[115], doch ist Ausdruck hier prinzipiell affektlos und statisch; er gehorcht einem formalen Wiederholungszwang. Wie die Dezision steht der Ausdruck polemisch gegen Diskussion und Vermittlung. Als isolierter Gewaltakt gleicht er der Explosion. So gibt es auf dem Schauplatz des Ausdruckslebens keine Entwicklung. Die Ereignisse folgen einem Muta-

---

[110] Gehlen, Zeit-Bilder, S. 165. — Benns Maxime, mit den eigenen Beständen zu rechnen, hat Gehlen als lapidare Formel des Posthistoire akzeptiert; die Ideengeschichte sei abgeschlossen und wie das gesellschaftliche Leben zu ‚kaleidoskopischer Statik' kristallisiert — Einblicke, S. 267. — Benjamin erkennt aber in diesem Kaleidoskop die Signatur der Moderne selbst: den Schein auswegloser Neuzeitigkeit — vgl. GS V, S. 677.

[111] Benn, Brief an Wellershoff vom 22. 11. 1950.

[112] Benn, GW I, S. 490.

[113] A.a.O., S. 489.

[114] A.a.O., S. 310; vgl. a.a.O., II, S. 397: „Nach außen starr sein und schweigen, jeden Zug des Gehabens, der mimischen Besonderung dämpfen und innen mit Kompressor arbeiten, schichten, schneiden, schälen, bis der Ausdruck dasteht".

[115] Klages, Ausdrucksbewegung und Gestaltungskraft, S. 161. — In einem Brief an Oelze vom 25. 2. 1951 spricht Benn vom „sinnlosen Kalvarienweg des Ausdruckslebens".

tions-Schema: „Diskontinuierlich, nicht historisch."[116] Geschichte verblaßt zum Spielmaterial, mit dem der konstruktive Geist neue Götter baut. In posthistorischer Perspektive erscheint die abendländische Idee der Geschichte auf gleichem Niveau wie der Wodukult. Benn hat das Posthistoire als „das unaufhörlich Sinnlose, das Auf und Ab der Geschichte"[117] charakterisiert. Der Anbruch einer neuen Weltepoche sei bloßer Schein. Was Geschichte genannt wird, sei nichts als eine lautlose Gigantik. Ecce historia — eine Serie sinnloser Fragmente.

Das Grundgeschehen der Moderne hat Benn als progressive Zerebration definiert. Es vollendet sich im „Gehirntier" der Großstadt. „Noch vor zweihundert Jahren in Strophen an den Mond entdeckte sich das Naturgefühl, heute hat die Natur etwas Unnatürliches und Wind und Wetter wirken übertrieben."[118] Seit das Gaslicht Baudelaires Paris illuminierte und damit den Sternenhimmel verdunkelte, hat ein Prozeß der technischen Fremdoptik die Menschen ergriffen. Benns Gehirntier ist der „geschichtliche Antipode des antiken *contemplator caeli* und seiner Freiheit des Schauens"[119].

Hinter der Fassade der Geschichte herrscht die Unaufhörlichkeit einer synthetischen Natur im Zeichen von Typus, Formel und Norm. Das ist die Signatur des Posthistoire: „je exakter die Normung, um so magischer die Dynamik, die sie bewegt"[120]. Unaufhörlichkeit ist der polemische Gegenbegriff zu Entwicklung. Die traditionellen Begriffe von Zivilisation und Bildung werden durch die neuen Charakteristika der ästhetischen Produktivität ersetzt. Monologische Kunst im Posthistoire, die seiner Kristallisation widersteht, präsentiert sich extravagant, unrepräsentativ, anti-individualistisch und antihistorisch.

Einsam im Wortlabor verrichtet der Artist seine kalte Arbeit am Gedicht: „sind ein paar Worte oder Verse herausgeschleudert, so beginnt die eigentlich künstlerische Zurichtung, man ‚legt sie in eine Art Beobachtungsapparat, ein Mikroskop, prüft sie, färbt sie, sucht nach pathologischen Stellen' — ein skeptischer und raffinierter Prozeß, dessen Resultat eine chiffrierte Erregungsladung ist, ein ‚Wellenpaket', wie die Physiker sagen. — Die innere Stilähnlichkeit dieser Lyrik mit der abstrakten Malerei, mit der atonalen Musik ist frappant, und wieder die Familienähnlichkeit der Künste mit den neuen Wissenschaften"[121].

Benns Ästhetik des Posthistoire hebt die antihistorische Ausdruckswelt des Menschen und seiner Formen, d. h. Artistik als ästhetische Selbstbehauptung, weltalterhaft von der Geschichte des Menschen, zugleich aber auch vom nichtmenschlichen Posthistoire ab. „Nihilismus ist eine innere Realität, nämlich eine Bestimmung, sich in der Richtung auf ästhetische

---

[116] Benn, GW IV, S. 282.

[117] Benn, Brief an Hindemith vom 29. 7. 1930.

[118] Benn, GW I, S. 124.

[119] Blumenberg, „Licht als Metapher der Wahrheit", S. 447.

[120] Benn, GW I, S. 126.

[121] Gehlen, Die Seele im technischen Zeitalter, S. 25 ff.

Deutung in Bewegung zu bringen, in ihm endet das Ergebnis und die Möglichkeit der Geschichte."[122]

Der Artist behauptet sich mit seinem Werk gegen das nichtmenschliche Unaufhörliche. Statt sich in Utopien zu verzehren, wickelt er sein Wortpensum ab. Kaleidoskopische Artistik bietet die Form des posthistorischen „Zeitmodus (...) der bewegten Endlosigkeit in der gebahnten Richtung"[123]. Ihr archaisches Bild ist die ptolemäische Scheibe der Geschichte, die der Artist zur Rechtfertigung des Lebens in unaufhörlicher Rotation hält. Ästhetische Selbstbehauptung verkürzt sich zum Augenblick dieser „ptolemäischen Geste: man dreht und wird gedreht"[124].

Nietzsches Zarathustra hört den Springbrunnen der Seele in der Nacht reden. Dem entspricht der archäologische Sinn der neuen Psychologie: „In das Nachtleben scheint verbannt, was einst am Tage herrschte."[125] Als Vorläufer seiner Archäologie des Archaischen im Menschen hat Benn denn auch Nietzsche und Freud gewürdigt. Ihnen sei die Entdeckung des häßlichsten Menschen zu danken. Von nun an konzentriert sich die Ästhetik des Posthistoire auf das Archaicum des fortgeschrittensten Bewußtseins. Freuds Traumdeutung folgend aktiviert Benn die Kräfte der magischen Ichumwandlung, in denen das Unbewußte als Gestalt des Ältesten erscheine. Und Benns Wort, daß „der Acheron den Olymp überflutet hat"[126], denkt Freuds Motto der Traumdeutung weiter. Daran verzweifelt, die oberen geschichtlichen Mächte zu bewegen, beschwört der Artist die Kräfte der Unterwelt. Das lyrische Ich greift abwärts, rückwärts ins Prälogische.

Hier zeichnet sich ein ästhetischer Absolutismus nicht der Wirklichkeit, sondern ihrer Prähistorie ab. Benn deutet die Entfremdung der Wahrnehmungswelt als artistische Kraft, die einen schizoiden Formenkreis erschließt und den Blick für das Unsichtbare verleiht. So figuriert er als Herold eines Zeitalters des „exzentrierten Ich und der Radargeräte"[127]. Der extrem oberflächensensible Antennist macht seine Welterfahrung vom Sessel aus. Im Radardenker erreicht die progressive Zerebration eine frigide Endstufe. Der Realitätszerfall mündet in reinen Funktionalismus. In dieser Welt bilden Begriff und Halluzination die letzten Koordinaten. Auf dem Schauplatz des fensterlosen Traums tritt das lyrische Ich als sein Sklave auf. Die Grenzen seiner Halluzination sind die Grenzen seiner Welt: „endogene Bilder sind die letzte uns gebliebene Erfahrbarkeit des Glücks"[128].

Den zweiten Pol in der Ellipse der Bennschen Ästhetik bildet der Körper im Augenblick der schöpferischen Lust, seine phallische Schwellung

---

[122] Benn, GW I, S. 388; vgl. a.a.O., S. 391: „Die Ausdruckswelt steht zwischen der geschichtlichen und der nihilistischen als eine gegen beide geistig erkämpfte menschliche Oberwelt."

[123] Gehlen, Einblicke, S. 410.

[124] Bense, Ptolemäer und Mauretanier, S. 19.

[125] Freud, Stud. Bd. II, S. 540.

[126] Benn, GW I, S. 78.

[127] Benn, Brief an Oelze vom 21. 11. 1946.

[128] Benn, GW I, S. 343.

zum „Stundengott". Die Erektion ist Benns Modell für die Transzendenz des Körpers. Umgekehrt kann nun Gott nur noch als Rauschsubstanz erscheinen. Deren technische, raffinierte Handhabung macht die Selbsterlösung des Artisten möglich; für Stunden ist er sein eigener Gott. Benn spricht von „provozierter Religion"[129].

Aber ein Abgrund trennt jene Transzendenz von der ästhetischen Realisation. Denn für Benn verhindert die Entropie prinzipiell jede Verwirklichung des Geistes; er kann nur betrachten und leiden. Und weil es keine Verwirklichung gibt, bilden sich immer wieder asketische Eliten vom Orden des reinen Geistes: „Todfeind der Geschichte, ungezeichnet, namenlos."[130] Wenn sich aber Geistiges prinzipiell nicht verwirklichen läßt, verblaßt das Leben zur „Wiederholung von Absurditäten, ein ewiges Rezidiv von Vorstufen, heute aufgezogen als ‚Geschichte'"[131]. Sachlich bagatellisiert der Artist deshalb Geschichte zum Bilderreservoir.

Artistik im Bennschen Sinn wird um 1900 aus Rausch, Untergang und der Faszination des Verfalls geboren. Es ist die Kunst aus Nietzsches Olymp des Scheins, getragen von einem bewußt oberflächlichen Fanatismus des Ausdrucks, der rein technische, leichte Ware aus Worten produziert.[132] Der Artist mauert sich im Wort ein. Er bejaht die Sackgasse, in die sein atheistischer Monolog führt. Er ist der Troubadour, der im Wortlabor wiederkehrt, der „Beauftragte der Formvernunft"[133] gegen die geschichtliche Welt. Der Historie tritt er als Katechont gegenüber.

Der Mönchstyp des Posthistoire präsentiert sich bewußt undialektisch. Vermittlung gilt ihm als Verbrechen. Doch steht Benns Werk nicht im Zeichen einer negativen Theologie der Kunst. Artistik ist nicht L'art pour l'art, denn der Platz des toten Gottes bleibt nicht leer: „Gott ist Form."[134]

Die Utopie des Besonderen

Moderne Artistik datiert zurück auf Nietzsche. Er hat den Ästhetikern des 20. Jahrhunderts die Möglichkeit vorgezeichnet, metaphysischen Intentionen im Biedermeier des Posthistoire Exile der Kunst zu bereiten. In diesem Sinne wiederholt Adornos ‚Ästhetische Theorie' auf der Spitze der künstlerischen Avantgarde Nietzsches Artistenmetaphysik. Ästhetik erweist sich hier als „Zufluchtsstätte der Metaphysik" und deren Kritik.[135] Ador-

[129] A.a.O., S. 340.

[130] A.a.O., IV, S. 261.

[131] Benn, Brief an Pfeiffer-Belli vom 30. 4. 1936.

[132] Vgl. Benn, GW I, S. 132, 137: „Kunst als die hohe geistige Korruption, zu fühlen, was keiner fühlte; die erst zu erfindenden Verfeinerungen"; „Sätze ohne Verben, rein prismatisch konstruiert. (...) Alles gesteigert, alles erkämpft"; „phantastisch aber sicher, haarscharf aber irreal, figural fit, aber unpsychologisch".

[133] A.a.O., S. 367; vgl. a.a.O., IV, S. 55 f: „Das Halten der Ordnung, das Erkämpfen der Form gegen den europäischen Verfall!"

[134] A.a.O., IV, S. 165. — Vgl. Jünger, Siebzig verweht II, S. 520.

[135] Adorno, GS Bd. 7, S. 510 f.

nos ‚Ästhetische Theorie', die letztmögliche Gestalt von Geschichtsphilosophie, ist Antimetaphysik mit der paradoxen Intention, die metaphysische Wahrheitsidee im Zerfall zu retten. „Eine antimetaphysische Weltbetrachtung — ja, aber eine artistische."[136] Adorno löst Nietzsches Programm dialektisch ein, indem er es, durch Insistenz auf dem Wahrheitsanspruch von Kunst, zugleich negiert.

Der Artist gilt Nietzsche als „Zwischen-Spezies", in der sich Neurotisches und Kriminelles mischen, und damit als figural-ästhetisches Paradigma der dekadenten Moderne: „von der Kriminalität der Tat durch Willensschwäche und soziale Furchtsamkeit abgetrennt, insgleichen noch nicht reif für das Irrenhaus, aber mit seinen Fühlhörnern in beide Sphären neugierig hineingreifend"[137], hält der Artist mit der gesellschaftlichen Entwicklung Schritt, und gerade die ästhetische Distanz, das bloß tentative Austasten der geschichtlichen Möglichkeiten, begründet seine Gleichzeitigkeit.

In Nietzsches Spur hat Adorno die Figur des Artisten als Statthalter des Gesamtsubjekts konzipiert. Der Künstler objektiviert einen „Kollektivgeist"[138]. Dies folgt schon aus der Forderung, der Untergang sei als Übergang zu denken. „Die Kraft solcher Entäußerung des privaten Ichs an die Sache ist das kollektive Wesen in jenem; es konstituiert den Sprachcharakter der Werke. Die Arbeit am Kunstwerk ist gesellschaftlich durchs Individuum hindurch, ohne daß es dabei der Gesellschaft sich bewußt sein müßte; vielleicht desto mehr, je weniger es das ist."[139]

Doch die Beziehung des Artisten zur Gesellschaft ist noch verschachtelter, dialektisch potenzierter: Um der totalen Vergesellschaftung zu entgehen, muß sich das Pathos der totalen Entäußerung durch sein Widerspiel, das Pathos der Distanz, vermitteln. Konsequent fordert Nietzsche, die Artisten als „bevorzugte Klasse dem Existenzkampfe" zu entrücken. Damit ist das Privileg künstlerischen Schaffens unlösbar mit Schuld verknüpft; denn die Möglichkeitsbedingung von Kunst ist die sklavische Unterdrückung der Mehrheit. Jedes Kunstwerk „ruht auf einem erschrecklichen Grunde"[140]: der erzwungenen Mehrarbeit der Masse.

Adorno transponiert Nietzsches Thesen zum ästhetischen Privileg aufs Niveau des gelungenen Kunstwerks: Pathetische Distanz und ästhetische Autonomie werden ineinandergedacht. So kanonisiert er Nietzsches Postulat einer „monologischen Kunst"[141] für die avantgardistische Moderne: Sie ist die weltvergessene Kunst der modernen Einsamkeit; fensterlose, blinde Monade.

Die ästhetische Objektivation ist untrennbar von der Selbstentfremdung des monologischen Kunstwerks, denn nach seiner Wahrheit erscheint es nur im historischen Augenblick: „wir Verewiger der Dinge, welche sich schreiben *lassen*, was vermögen wir denn allein abzumalen? Ach, immer nur das, was eben welk werden will und anfängt, sich zu verriechen! Ach, immer nur abziehende und erschöpfte Gewitter und gelbe späte Ge-

[136] Nietzsche, SW Bd. 12, S. 160.
[137] A.a.O., Bd. 13, S. 366 f.
[138] A.a.O., Bd. 2, S. 162.
[139] Adorno, GS Bd. 7, S. 250.
[140] Nietzsche, SW Bd. 1, S. 767.
[141] A.a.O., Bd. 3, S. 616.

fühle!"[142] Das ästhetische Gebilde scheint immer verspätet und erreicht seine historische Wahrheit nur im Augenblick des Entschwindens. Die Selbstentfremdung der ästhetischen Wahrheit läßt sich als Verblassen der Neuheit beschreiben. Die Gestalt des Wahren erscheint in einem plötzlichen Funken. Diese absolute Spontaneität des Neuen, seine Konzentration im Moment des reinen Ausdrucks, trägt die ästhetische Wahrheit im Augenblick des Erscheinens. Deshalb ist an allen Kunstwerken der Versuch paradox, Neuheit als augenblickliche Gestalt der Wahrheit zu verewigen.

Dies Paradoxon prägt das Verhältnis des Artisten zur Konvention. Zunächst hat Nietzsche das „Leiden der *Konvention*", „das heißt des Übereinkommens in Worten und Handlungen ohne ein Übereinkommen des Gefühls", in starrer Antithese zum Trost des Ästhetischen gesehen, in welchem „die in Liebe verwandelte Natur"[143] ertöne. Doch gerade wo die Konventionen abstrakt negiert werden, ist ihre Macht am größten und ungebrochen — sie „zeigt sich im Negativen". So hat Nietzsche die im Gehäuse privater Innerlichkeit inszenierte Natursehnsucht seiner bürgerlichen Zeitgenossen als politisches Reversbild der ungebrochenen Herrschaft fremdverordneter Konventionen durchschaut. „Indem man zum Natürlichen zurückzufliehen glaubte, erwählte man nur das Sichgehenlassen, die Bequemlichkeit und das möglichst kleine Maß von Selbstüberwindung."[144]

Nietzsche hat diese Überlegungen nicht mehr bis zu einer ästhetischen Dialektik von Innovation und Konvention weitergetrieben. Und er verdeckt deren geschichtlichen Index, indem er die Konventionen als willkürliche, bloß spielerische Übereinkünfte der Artisten deutet. Adorno zufolge ist dies das „Pseudos der Nietzscheschen Verteidigung der Konventionen, entsprungen in ungebrochenem Widerstand gegen die Bahn des Nominalismus und in Ressentiment gegen den Fortschritt ästhetischer Materialbeherrschung."[145]

Adornos Kronzeuge, Walter Benjamin, hat den ästhetischen Nominalismus Burdachs und Croces[146] als antimetaphysischen Impuls gegen die

---

[142] A.a.O., Bd. 5, S. 239.

[143] A.a.O., Bd. 1, S. 456.

[144] A.a.O., S. 275.

[145] Adorno, GS Bd. 7, S. 303.

[146] Burdach schreckt vor kunstphilosophischen universaliis in re als mythologischen Restbeständen des scholastischen Realismus zurück und entwertet die „abstrakten Hilfsbegriffe" der Stil- und Epocheneinteilungen zu „Marken" und klassifikatorischen Erfindungen — Reformation, Renaissance, Humanismus, S. 100 ff. — Entsprechend findet sich bei Croce eine streng nominalistische Kritik der ästhetischen Gattungsbegriffe: „Zwischen das Universale und das Besondere schiebt sich in philosophischer Betrachtung kein Zwischenelement ein, keine Reihe von Gattungen oder Arten, von ‚generalia'." — Gesammelte philosophische Schriften II/2, S. 43. Nach Croce reicht keine Einteilung der Künste ans je bis zur Originalität individuierte Kunstwerk heran. Die Fülle der Intuition und die Vielheit der Einzelwerke spotten den „leeren Phantasmen" der Gattungen. Deren Lehre sei „der eigentliche Triumph des intellektualistischen Irrtums". Ist aber das Einzelkunstwerk „ein logisch nicht aussprechbares Individuum" — „das individuell expressive Faktum" —, so wird ihm allein ein „Denken des Individuellen" gerecht, das den zerstörerischen, weil abstraktiven Diskurs des „Denkens des Universalen" ausschließt. „Wer wissenschaftlich zu denken beginnt, hat bereits aufgehört, ästhetische Kontemplation zu betreiben" und erfährt jedes Kunstwerk als „Skandal" seiner Gattung — Croce, a.a.O., I/1, S. 38—41.

traditionelle deduktive Ästhetik rezipiert und in eine dialektische Perspektive gerückt. Denn gerade die nominalistische Kritik der ästhetischen Gattungsbegriffe, die zum geduldigen Verweilen beim ästhetisch Besonderen anhält, soll „den wahren Sinn ästhetischer Gattungsnamen" erhellen. In seinen bedeutenden Extremen ist das ästhetisch Besondere exemplarisch. Statt daß das Gleichartige den Gattungs*begriff* illustriere, soll das Exemplarische den Gattungs*namen* erfüllen. Benjamin schreibt dem Namen einen Doppelcharakter zu: Er ist der Begriff, in dem sich das Wort zum Zeichen depotenziert, und er ist Idee, die das Wesenhafte des Wortes ist. Als Idee hat der Name die Kraft, „das Extreme zur Synthese" zu bringen.[147]

Daß ein Ausdrucksbedürfnis, welches „das Ausgedrückte selbst nennt", statt es in der Konvention des Ausdrucks zu bezeichnen, „zum geheimen Modell die Offenbarung als die des Namens" habe[148], macht deutlich, daß Benjamins Darstellungsutopie in Adornos ‚Ästhetischer Theorie' als latente theologische Hoffnung fortlebt: die Offenbarung im Namen, jenseits der Begriffe. Wie die begrifflich-äußerliche Gattungseinteilung werden die kunstgeschichtlichen Verlaufsmuster vom Nominalismus zerstört. An die Stelle geschichtlicher Notwendigkeit tritt die ästhetische in der Darstellung der Idee durch eine Konfiguration extremer Prägungen. Als ob sie dem historischen Werden und Vergehen entsprungen seien, stehen die ästhetischen Extreme zur Idee in konstellativer Gleichzeitigkeit.

Unausweichlich steht die Kunst der Moderne in der Situation des ästhetischen Nominalismus. Alle vorgegebenen formsprachlichen Charaktere und Ausdruckskonventionen sind unbrauchbar geworden und zerfallen unter dem Anspruch vollständiger ästhetischer Individuation. Deshalb wird die Ästhetik dialektisch: „allgemeine Theorie des radikal Besonderen"[149]. Damit löst die avantgardistische Kunstpraxis Postulate der Kantischen ‚Kritik der Urteilskraft' ein. Im ästhetischen Exil scheinen die Aporien des Kritizismus lösbar: „Das abstrakt transzendentale, nach der Kantischen Lehre vom Schematismus verborgene Subjekt wird zum ästhetischen."[150]

Materialbeherrschung im Sinne des ästhetischen Nominalismus bedeutet jedoch kein subjektiv zurüstendes Verfügen über die Details. Der Artist folgt der immanenten Teleologie der Einzelmomente, die sich jedoch nicht von selbst zur geschlossenen Form zusammenfinden. Deren Ideal wird deshalb fragwürdig. In der bürgerlichen Kunst sprengt das Postulat des Besonderen alle Universalien. Sie schreitet in der Bahn des Nominalismus, von Adorno als die Schicksalsbahn des Urbürgerlichen schlechthin charakterisiert, unaufhaltsam fort. Verbindliche Kunst wird deshalb nicht mehr durch positiv normierende Universalien der Gattungsästhetik garantiert, sondern durch den ästhetischen Nominalismus kanonischer Einzelwerke negativ normiert. Es gibt nur einen Kanon dessen, was nicht mehr geht.

---

[147] Benjamin, GS I, S. 221, 223.
[148] Adorno, GS Bd. 16, S. 460.
[149] A.a.O., S. 648.
[150] A.a.O., Bd. 7, S. 91.

Indem das moderne Kunstwerk den statischen Formenkanon sprengt, wird es zum Medium, in dem sich das Bürgertum seiner eigenen Prozeßdynamik vergewissert. Doch da sich die kapitalistische Reproduktionsmaschine des Immergleichen nur scheinbar bewegt, ist auch die durch ihn vermittelte ästhetische Dynamik des nominalistischen Kunstwerks scheinhaft. So ereilt den ästhetischen Nominalismus jene Kritik des schönen Scheins, die er selbst begründet hat — nämlich als Kritik am Schein einer kanonischen Formenwelt —, und zwingt ihn zur Selbstreflexion.

Adorno unterscheidet das künstlerisch schlecht Allgemeine, d. h. alle abstrakt vorgegebenen Formen, von einer echten „Allgemeinheit und Verbindlichkeit durch Spezifikation hindurch". Aus dem „Innersten der Besonderung" soll ein „objektiv zwingend" Geformtes herausgetrieben werden.[151] Es geht hier um eine Dialektik von Besonderem und Allgemeinem im Sinne einer allgemeinen ästhetischen Theorie des radikal Besonderen. Dem entspricht in der künstlerischen Praxis die Nötigung zur Spezifikation, d. h. die allgemeine Tendenz der Kunst zur Besonderung.

So resultiert eine klare Aporie: Entsprungen aus dem Bedürfnis, Kunst von ihrer Ideologie, den Universalien des Ästhetischen, zu befreien, um ihren Wahrheitsanspruch zu retten, zerstört der Nominalismus gerade die übersubjektiven Instanzen der Echtheit. Indem moderne Kunst objektive Gattungen und Typen leugnet, sieht sie der eigenen Zufälligkeit ins Auge. Authentizitätsverlust und Materialbeherrschung haben für Adorno denselben Richtungssinn.

Für Adorno „war die Geschichte der gesamten bürgerlichen Kunst hindurch nichts möglich als die Anstrengung, die Antinomie des Nominalismus wenn nicht aufzulösen, so ihrerseits zu gestalten, Form aus deren Negation zu gewinnen. Darin ist die Geschichte der neueren Kunst zur philosophischen nicht in bloßer Analogie sondern dasselbe."[152] Kunst und Philosophie stehen gegen den Weltlauf, der als ein Prozeß fortschreitender Abstraktion nach kapitalistischem Tauschgesetz gedeutet wird. So lautet die oppositionelle Aufgabe für Kunstwerk und Gedanken gleichermaßen: Konkretion des Besonderen.

„Das principium individuationis in der Kunst, ihr immanenter Nominalismus ist eine Anweisung, kein vorfindlicher Sachverhalt."[153] Zwar soll das utopisch Konkrete mehr sein als nur eine heuristische Fiktion der Moderne, doch muß Adorno zugestehen, daß das Konkrete als bloße Idee der Kunst keinen Gegenstand in irgendeiner ästhetischen Erfahrung hat. Das ist die utopische Spitze von Adornos dialektischem Nominalismus. Er möchte die Verwechslung des Konkreten mit dem Gegebenen, die er dem unreflektierten Nominalismus anlastet, widerrufen: „Was aber noch nicht war, ist das Konkrete." Der Begriff der Konkretion ist also weder ästhetisch, noch erkenntnistheoretisch bestimmt, sondern rein geschichtstheologisch; er charakterisiert das Konkrete als „friedliche Bestimmtheit

---

[151] A.a.O., Bd. 16, S. 496 f.

[152] A.a.O., Bd. 7, S. 330.

[153] A.a.O., S. 299.

des Seienden"[154]. Gegeben ist für Adorno stets nur ein Faktum des schlecht Allgemeinen, ein Scheinkonkretes als Deckbild realer Abstraktionen, die der universale Warentausch dem Dasein aufpräge. Das Konkrete dagegen müsse erst hergestellt werden.

Die nominalistische Utopie eines radikal Besonderen, das frei von den vermittelnden Begriffen zur Sprache käme, trifft auf die Allgemeinheit der Sprache als auf ihre Grenze. In der Konvention des Ausdrucks übergreift die sprachliche Allgemeinheit das sich ausdrückende Besondere. Der schlichte Sachverhalt, daß Besonderes nur in der Sprache zur Sprache kommen kann, impliziert jene Dialektik. Daß Kunstwerke aber überhaupt noch sprechen, ist die unhinterfragte Voraussetzung der ‚Ästhetischen Theorie'. Wie bei Kant der über Schönes Urteilende „eine allgemeine Stimme für sich zu haben"[155] glaubt, so muß Adorno an die Stimme einer noch nicht seienden guten Allgemeinheit glauben. Nur wenn diese Stimme noch spricht, kann sich der Gedanke der Utopie des Besonderen im schönen Bild vergewissern.

Wahrheit an den Kunstwerken gibt es nur, wenn es ein Erscheinen gibt, d. h. ein nicht Scheinhaftes am Erscheinenden. Ästhetisches Erscheinen ist dem empirischen transzendent. Paradox erscheint im Kunstwerk, was an sich nicht Erscheinung ist. „Kunstwerke sind Bilder ohne Abgebildetes und darum auch bilderlos; Wesen als Erscheinung."[156] Gegenpol zum Abbild ist die Chiffre. Ihre Schrift ist Bild des bilderlosen Ansichseins. Ansichsein ist Adornos Name für das nicht Zugerichtete, Offene, Unverdinglichte — schon Hegel hat es als das vom Sein-für-Anderes befreite Sein definiert.

Mit dem Nichtidentischen steht die „ästhetische Identität" als „Ideal des Selbstseins" im Bündnis.[157] Während dies Selbstsein die bloße Selbsterhaltung ästhetisch sublimiert hat, liegt im rationalen Identitätszwang gerade das Versäumnis der Identität mit sich beschlossen; und zwar ist Versäumnis der geschichtsphilosophische Index jenes Zwangs. Gleich weit entfernt vom mythischen Einerlei des Chaos und der rationalen Einheit des Identitätsdenkens verwirklicht die immanente Einheit des sich selbst gleichen Kunstwerks die Utopie des Besonderen. Die Utopie heißt: als ästhetisch „vom Identitätszwang befreite Sichselbstgleichheit" dem Nichtidentischen „beistehen"[158].

Schöne Fremde

In einer für die ‚Negative Dialektik' vorbildlichen Weise hat Karl Barth gezeigt, „wie alles Gegebene, in seiner reinen Negativität einmal erkannt, zu leuchten beginnt in der Positivität des Nicht-Gegebenen"[159]. Dieses Licht liegt auf den Kunstwerken. Stets ist das Ästhetische das Profane, in

[154] A.a.O., S. 203.
[155] Kant, Kritik der Urteilskraft, B 25.
[156] Adorno, GS Bd. 7, S. 427.
[157] A.a.O., S. 14.
[158] A.a.O., S. 190.
[159] Barth, Römerbrief II, S. 472.

das die theologischen Gehalte bei Adorno einwandern. „Die Entstellung wird sich selber aufheben, indem sie sich bis in die Erlösung hinein durchsetzt. Diese Axenverschiebung in der Erlösung manifestiert sich darin, daß sie Spiel wird."[160] Dieser Ästhetisierung der Erlösung entspricht eine radikale Annihilation des ästhetischen Bilderreichs. Denn der gnostisch erfahrene Bann der Welt zwingt die Kunst an den Nullpunkt der Konkretion. Dort entspringt „eine zweite Welt von Bildern" aus Beschädigung und Leere: das „Negativ der verwalteten Welt"[161]. So stellt die ästhetische Utopie das geschichtliche Bild der absoluten Negativität.

Die hier zur Ästhetik geschrumpfte Gnosis verspricht Erlösung gerade durch die Vollendung der Entfremdung, ein Radikalwerden der Verdinglichung. Im Warenfetisch sieht sie das theologische Versprechen der Unsterblichkeit säkularisiert. „Philosophie, wie sie im Angesicht der Verzweiflung einzig noch zu verantworten ist, wäre der Versuch, alle Dinge so zu betrachten, wie sie vom Standpunkt der Erlösung aus sich darstellten."[162] Adorno deutet immanente Erfahrungen im Namen der Hoffnung aufs Jenseits, denn nur die Veränderbarkeit des Bestehenden verbürgt das Andere. Gnosis des ganz Anderen ist dialektisch auf die historische Perspektive in dieser Welt angewiesen. Der Blick, dem sich das, was der Fall ist, in seiner Veränderbarkeit darstellt, weiß ums Leben der Fremde; was ist, ist nicht alles. So gibt kritische Theorie dem Begriff des Bestehenden einen theologischen Akzent; er säkularisiert den Demiurgen dieser finsteren Welt. Den gnostischen „Standort außerhalb gegen alles Gegebene"[163] nennt Adorno „Standpunkt der Erlösung". Ihr Licht kommt vom unmöglichen Erkenntnissubjekt des Futurum resurrectionis. Bilderlose Wahrheit hat die Möglichkeit des Unmöglichen, die vom Standpunkt der Gnade als einzige Möglichkeit erscheint: „*Als ob* ‚Heiligung' eine menschliche Möglichkeit wäre!"[164] Als ob das Subjekt der Erkenntnis schon erlöst wäre.

Die Entzauberung der Welt durchs messianische Licht soll den Bann ihrer rationalistischen Entzauberung sprengen. Diese Wirklichkeit des Gerichts denkt Adorno als *die* Erfüllung des historisch produzierten Scheins, in der er untergeht. „Wahrheit ist nicht dinglich. Sie ist der göttliche Blick, der als intellectus archetypus auf die entfremdeten Dinge geht und aus ihrer Verzauberung sie erlöst."[165] Das messianische Licht der Erlösung

---

[160] Benjamin, GS II, S. 1201.

[161] Adorno, GS Bd. 7, S. 54.

[162] A.a.O., Bd. 4, S. 281; vgl. a.a.O., Bd. 2, S. 122 f: „In der Welt der Erfahrung aber ist konkret, worauf immer eine Spur von diesem Lichte (— des Jüngsten Tages —) fällt." Vgl. a.a.O., Bd. 13, S. 157 (über den „Standpunkt der Erlösung").

[163] Jonas, Gnosis und spätantiker Geist I, S. 248. — Vgl. Bultmann, Exegetica, S. 43: „Röm. 7, 7 ff enthält die Darstellung des objektiven Seins des Unerlösten, wie es vom Standpunkt des Erlösten aus sichtbar geworden ist."

[164] Barth, Römerbrief II, S. 204; vgl. Barth, Römerbrief I, S. 97. — Das Heil des Menschen als Grenzbegriff, Erlösung als ob — das sei „der unbemerkte Neukantianismus der negativen Dialektik": Marquard, Schwierigkeiten mit der Geschichtsphilosophie, S. 19; vgl. a.a.O., S. 140 f.

[165] Adorno, GS Bd. 2, S. 60.

erstrahlt gegen die Aufklärung, deren Licht der Welt die universale Verblendung brachte. So erstellt moderne Gnosis ein dialektisches Wechselspiel der Perspektiven, in dem das Motiv der doppelten Entstellung extremiert wird: „In der Sphäre des Scheins (...) erscheint Wahrheit selber als das Unwahre; im Licht der Versöhnung jedoch verkehrt diese Verkehrung sich abermals."[166] Die Spur des Lichts der Erlösung ist der „Offenbarungseindruck in der Geschichte"[167]. So gibt es profane Erleuchtung nur in der Fühlung mit den historischen Gegenständen. Konkretion folgt der Spur der Erlösung in der empirischen Welt. Das Konkrete sprengt die Gefangenschaft des idealistischen Bewußtseins in sich selbst.

Spurenhaft und entstellt steckt das Andere in dem, was bloß ist, und bricht dessen Absolutismus. Das Andere erscheint im Schein aus dem Scheinlosen. Adorno nennt ihn den ästhetischen. So wird das Gesetz des Neuen am Alten dialektisch abgelesen. In der mit den Symptomen des Unmöglichen sich ankündigenden Möglichkeit erleuchtet ein „neuer Schein" den finsteren Kosmos und subvertiert die Geschichte.

Nur ästhetisch ist „die Verwirklichung des Unmöglichen"[168] möglich. Deshalb eröffnet die moderne Gnosis ihren eigentlichen Schauplatz in der Kunst. Kunstwerke sind das Fremde in der entfremdeten Welt. Sie säkularisieren die Offenbarung und bewahren deren Spur inmitten des Fetischcharakters. Ästhetische Bilder des Wunsches nach Seligkeit gehen ordnend ins historisch-dialektische Bilderreich ein, das im Zerfall des Bestehenden erstrahlt. Diese äußerst exponierten Überlegungen stehen bei Adorno unter dem Titel: „Eschatologische Errettung der Gnosis."[169] Und zwar im Ästhetischen. Ästhetische Identität identifiziert sich mit dem Nicht-Identischen, „Nicht-Feststellbaren" (Barth), und stiftet so ein „Sein zweiter Potenz"[170]. Kunst setzt die vom Sündenfall gezeichnete Tatsächlichkeit außer Kraft. Wesentlich an ihr ist das Unbekannte, Ichfremde, das mit einer erlösten Welt kommuniziert und mit der schockhaften Plötzlichkeit gnostischer Erkenntnis im Kunstwerk aufbricht. Ideal der Kunst ist das Unverdinglichte, Offene, d. h. das nicht vom transzendentalen Subjekt Zugerichtete. Aus dem, was ist, Schemata des Niegewesenen zu bilden, ist die Aufgabe der Kunst. Sie bestimmt das Ästhetische als „Region des dialektischen Scheins", der „zerfallend das Licht der Hoffnung über den Dingen"[171] ist.

Die Kritik des Scheins macht diesen seiner selbst bewußt und stiftet einen neuen Schein von Transzendenz, der im Ästhetischen gerettet wird. Daran bemißt sich das metaphysische Gewicht der Kunst. Ablesen läßt sich der Index säkularisierter Transzendenz am Begriff des Gehalts, dem Hinausweisen der Aura übers Gegebene. Indem das ästhetische Erscheinen sich selbst transzendiert, bildet es seine eigene Transzendenz ohne die theologische zu behaupten. Nach Adornos paradoxer Ästhetik er-

[166] A.a.O., Bd. 11, S. 137.
[167] Barth, Römerbrief II, S. 52.
[168] Adorno, GS Bd. 7, S. 162.
[169] A.a.O., Bd. 2, S. 180.
[170] A.a.O., Bd. 7, S. 14.
[171] A.a.O., Bd. 2, S. 186.

scheinen Kunstwerke um so mehr transzendierend, je weniger wirklich sie sind: Kunst ist negatives Erscheinen gegen den positiven, versteinerten Schein des Verblendungszusammenhangs.

Das Faktum Kunst ist das Skandalon der verwalteten Welt. Der ästhetische Schein entzaubert die rationalistische Entzauberung. Negativ heißt das Erscheinen, weil sein Jenseits des Banns selbst noch von diesem geschlagen ist. „Schönheit ist der Bann über den Bann“[172]. Deshalb ergeht in der ‚Ästhetischen Theorie‘ um der Idee des Schönen willen ein Tabu über das Schöne. Adorno versteht den entzaubernden Zauber der Kunst als Widerspiel des Warenfetischismus und Kritik des rationalen Absolutismus. Gegenüber dem Verblendungszusammenhang als der Totalität des Füranderesseins ist das gnostische Andere das Ansich, von dem das Kunstwerk ein bilderloses Bild gibt: „Erscheinen wider die Erscheinung.“[173] Das Paradoxon gibt zu erkennen, daß Adorno hier eine nur theologisch zu denkende Aufhebung der Kunst durch ihre immanente Vollendung anzielt.

Es geht Adornos kritischer Theorie darum, der marxistischen durch eine theologische Vertiefung der Kategorien zu „helfen“; mit der entscheidenden Konsequenz des Anspruchs, „daß hier das ‚Ästhetische‘ unvergleichlich viel tiefer in die Wirklichkeit revolutionär wird eingreifen als die Klassentheorie als deus ex machina“[174]. Kunst versetzt die Elemente des Bestehenden um ein Geringes in eine neue, messianische Konstellation. Dies ästhetische Als ob des Ansich leistet eine „imaginative Wiederherstellung (...) des beschädigten Anderen“[175]. Als ob der Block gesprengt wäre, wird das, was in der Wirklichkeit blockiert ist, das Ansich, vom Geistkontinuum des Ästhetischen zum Schein gestiftet. Und doch stellt die ästhetische Ähnlichkeit mit sich ja nur ein rätselhaftes „Gleichnis des Absoluten“[176]. Dieser ihr Rätselcharakter scheidet Kunst prägnant vom Mysterium. Sie ist das Als ob der Lösung im rätselhaften Dasein, gerade indem sie das Fremde rettet; es ist das Als ob des Abgebrochenen, der blockierten Bedeutung.

Die falsche Welt macht den Fremdling sein Fremdsein vergessen. So muß man die Fremde, in der man in dieser Welt ist, erst gewinnen. Zweite Natur lautet die moderne gnostische Formel für das Vergessen der Fremde: „die Wiedererinnerung an die eigene Fremdheit, das Erkennen des Fremden als Fremden ist dann der erste Schritt zurück, das erwachende Heimweh die beginnende Heimkehr.“[177] Wo falsche Vertrautheit als engste Fessel das Leben umschließt, bildet das Erkennen des Fremden als Fremden den ersten Schritt zur Erlösung. Die absolute Fremdheit des Erlösenden und das Bilderverbot über es sind negative Aussagen über die als

[172] A.a.O., Bd. 7, S. 77.
[173] A.a.O., S. 384.
[174] Adorno, Brief an Benjamin vom 6. 11. 1934.
[175] Adorno, GS Bd. 7, S. 429.
[176] A.a.O., Bd. 11, S. 200.
[177] Jonas, Gnosis und spätantiker Geist I, S. 97.

solche unmögliche Unmittelbarkeit zu Gott. Diese niegewesene Unmittelbarkeit der bilderlosen Gottesrelation, „von Marcion trefflich beschrieben als die schlechthinige Fremde, ist unsere Heimat“. Und das Wissen des Nichtwissens dieses Fremden wirft auf die Immanenz der Welt „das fatale Licht der — Unmöglichkeit“[178]. So geht die Erkenntnis der Gefangenschaft in eine Zeichendeutung der Erlösung über.

Autonome Einsicht in die absolute Heteronomie dechiffriert das Fremde als das verborgene Eigenste. Dabei erweist sich das gnostische Andere als entstellter Ausdruck des Bestvergessenen: der Natur im Subjekt als Möglichkeit der Erlösung. Im Prozeß der Geschichte tritt der Mensch als Advokat der Natur gegen die Schöpfung auf. Adornos utopischer Naturbegriff schließt hier also den gnostischen Angriff auf den Kosmos nicht aus, sondern motiviert ihn.

Schon Marcions Gedanke von der Selbstzerstörung des Herrn der Welt folgt einer Logik des Zerfalls: Seit der Krisis des Christus zersetzt sich die Welt. Dabei zersetzt sich zumal der steinerne Schein, der Herr der Welt sei ein Gott. „Was ist er denn? Der Weltgeist.“[179] Gegen dessen Immanenz richtet sich das Evangelium vom Fremden Gott: „er ruft uns nicht aus der Fremde, in die wir uns verirrt, in die Heimat, sondern aus der grauenvollen Heimat, zu der wir gehören, in eine selige Fremde.“[180] Die gnostische Heimat ist das dem Heimat genannten Grauen Entronnensein. Sie liegt in der Emanzipation vom Ursprung, der Entfernung von der Erde — im ästhetischen Exil.

---

[178] Barth, Römerbrief II, S. 232.
[179] Harnack, Marcion, S. 141.
[180] A.a.O., S. 225.

Literaturverzeichnis. Ausgaben und Abkürzungen

Adorno, Theodor W., Gesammelte Schriften, Frankfurt 1970 ff. (= GS).
Anschütz, Gerhard, Lehrbuch des Staatsrechts von Meyer-Anschütz, [5]1919.
Apel, Karl-Otto, Die Erklären: Verstehen-Kontroverse in transzendentalpragmatischer Sicht, Frankfurt 1979.
Bakunin, Michail, Staatlichkeit und Anarchie, Frankfurt/Berlin/Wien 1972.
—, Michail Bakunins Beichte, Berlin 1926.
Ball, Hugo, Die Flucht aus der Zeit, Luzern 1946.
—, Zur Kritik der deutschen Intelligenz, Frankfurt 1980.
Barth, Karl, Der Römerbrief. Erste Fassung 1919, Gesamtausgabe, Zürich 1985 (= Römerbrief I).
—, Der Römerbrief. 12. unveränderter Abdruck der neuen Bearbeitung von 1922, Zürich 1978 (= Römerbrief II).
—, Die Auferstehung der Toten, München [2]1926.
—, Kirchliche Dogmatik I, 1, München 1932.
Bataille, Georges, L'Expérience intérieure, Paris 1943.
Benjamin, Walter, Gesammelte Schriften, Frankfurt 1972 ff. (= GS).
—, Briefe, Frankfurt 1966.
—, Briefwechsel mit Gersholm Scholem, Frankfurt 1980.
Benn, Gottfried, Gesammelte Werke, Stuttgart 4. Auflage (= GW).
Bense, Max, Ptolemäer und Mauretanier, Zürich 1984.
Bloch, Ernst, Gesamtausgabe, Frankfurt (= Ges.).
—, Briefe, Frankfurt 1985.
—, Durch die Wüste, Frankfurt [2]1977.
—, Tendenz Latenz Utopie, Frankfurt 1978.
Blumenberg, Hans, Säkularisierung und Selbstbehauptung, Frankfurt 1974.
—, Arbeit am Mythos, Frankfurt 1979.
—, Lebenszeit und Weltzeit, Frankfurt 1986.
—, „Wirklichkeitsbegriff und Staatstheorie", in: Schweizer Monatshefte, 48. Jhgg.
—, „Das Recht des Scheins in den menschlichen Ordnungen bei Pascal", in: Philosophisches Jahrbuch 56/57 (1946/47).
—, „Licht als Metapher der Wahrheit", in: Studium generale 1957.
Bultmann, Rudolf, Exegetica, Tübingen 1967.
Burdach, Konrad, Reformation Renaissance Humanismus, Berlin 1918.
Cohen, Hermann, Kants Theorie der Erfahrung, Berlin [3]1918.
—, Religion der Vernunft aus den Quellen des Judentums, Wiesbaden/Darmstadt 1966.
Croce, Benedetto, Gesammelte philosophische Schriften I. Reihe 1. Bd. und II. Reihe 2. Bd., Tübingen 1929 f.
Dempf, Alois, Sacrum Imperium, Darmstadt [4]1973.
Dilthey, Wilhelm, Der Aufbau der geschichtlichen Welt in den Geisteswissenschaften, Frankfurt 1970.

Ebner, Ferdinand, Schriften. Erster Band, München 1963.
Endell, August, „Vom Sehen", in: Die neue Gesellschaft Bd. 1 (1905).
Ernst, Paul, Der Weg zur Form, München ³1928.
—, Erdachte Gespräche, Gesammelte Werke 3. Abt. 6. Bd.
Fest, Joachim C., Hitler, Frankfurt/Berlin/Wien 1973.
Feuerbach, Ludwig, Werke, Frankfurt 1975.
Fischer, Hugo, „Der deutsche Infanterist 1917", in: Widerstand, hrsg. v. E. Niekisch, Januar 1934.
Forsthoff, Ernst, „Einleitung", in: Montesquieu, Vom Geist der Gesetze, München (GGT 2327).
Freud, Sigmund, Studienausgabe, Frankfurt 1969 ff. (= Stud.).
—, „Weitere Bemerkungen über Abwehr-Neuropsychosen", in: Gesammelte Werke, London 1940 ff.
Friedell, Egon, Kulturgeschichte der Neuzeit, München 1974.
Friedlaender, Salomon, Schöpferische Indifferenz, München 1918.
Gehlen, Arnold, Einblicke, Gesamtausgabe Bd. 7, Frankfurt.
—, Die Seele im technischen Zeitalter, Hamburg 1957.
—, Zeit-Bilder, Frankfurt ²1965.
George, Stefan, Das Neue Reich, Düsseldorf 1964.
—, Tage und Taten, Düsseldorf 1967.
—, „Der Dichter in Zeiten der Wirren", in: Das Neue Reich.
—, „Blätter für die Kunst" III. Folge 1. Bd., IV. Folge 1. 2. Bd., IV. Folge 5. Bd., in: Der George-Kreis, hrsg. v. G. P. Landmann, Stuttgart 1980.
Goldmann, Lucien, Lukács und Heidegger, Darmstadt/Neuwied 1975.
Habermas, Jürgen, Strukturwandel der Öffentlichkeit, Neuwied/Berlin ⁵1971.
—, Philosophisch-politische Profile, Frankfurt 1971.
—, Der philosophische Diskurs der Moderne, Frankfurt 1985.
Harnack, Adolf von, Marcion, Leipzig ²1924.
Hefele, Herman, Das Gesetz der Form, Jena 1928.
Hegel, G. W. F., Werke, Frankfurt 1970 ff.
Heidegger, Martin, Gesamtausgabe, Frankfurt.
—, daraus: Bd. 20: Prolegomena zur Geschichte des Zeitbegriffs.
—, Bd. 39: Hölderlins Hymnen ‚Germanien' und ‚Der Rhein'.
—, Bd. 51: Grundbegriffe.
—, Bd. 52: Hölderlins Hymne ‚Andenken'.
—, Bd. 53: Hölderlins Hymne ‚Der Ister'.
—, Bd. 54: Parmenides.
—, Einführung in die Metaphysik, Tübingen ⁴1976.
—, Kant und das Problem der Metaphysik, Frankfurt ⁴1973.
—, Holzwege, Frankfurt ⁵1972.
—, Nietzsche II, Pfullingen ⁴1961.
—, Sein und Zeit, Tübingen ¹⁵1979 (= SuZ).
—, Vorträge und Aufsätze, Pfullingen ⁴1978.
—, Was ist Metaphysik?, Frankfurt ¹⁰1969.
—, Zur Seinsfrage, Frankfurt ⁴1977.
Heller, Hermann, Europa und der Faschismus, Berlin/Leipzig 1929.
Hennis, Wilhelm, Max Webers Fragestellung, Tübingen 1986.
Henrich, Dieter, Die Einheit der Wissenschaftslehre Max Webers, Tübingen 1952.
—, „Tod in Flandern und in Stein", in: Identität. Poetik und Hermeneutik VIII, München 1979.

Jaspers, Karl, Die geistige Situation der Zeit, Berlin/New York [5]1979.
Jonas, Hans, Gnosis und spätantiker Geist I, Göttingen [3]1964.
Jünger, Ernst, Auf den Marmorklippen, Stuttgart 1960.
—, Das abenteuerliche Herz. Erste Fassung, Sämtliche Werke, II. Abt., Stuttgart (= AH I).
—, Das abenteuerliche Herz, Stuttgart [14]1979 (= AH II).
—, Essays I und II, Werke Bd. 5 und 6, Stuttgart.
—, Eumeswil, Stuttgart 1977.
—, Heliopolis, Sämtliche Werke, Dritte Abt., Bd. 16, Stuttgart 1980.
—, In Stahlgewittern, Stuttgart [26]1961.
—, Siebzig verweht I und II, Stuttgart 1980 f.
—, Strahlungen I und II, Sämtliche Werke, Erste Abt., Bd. 2 und 3, Stuttgart [8]1980.
—, Sturm, Stuttgart 1979.
—, Typus Name Gestalt, Stuttgart 1963.
—, „Nationalismus und modernes Leben", in: Arminius VIII (1927).
Kaiser, Gerhard, Antithesen, Frankfurt 1973.
Kant, Immanuel, Kritik der reinen Vernunft.
—, Kritik der Urteilskraft.
Kassner, Rudolf, Zahl und Gesicht, Frankfurt 1979.
Kelsen, Hans, Das Problem der Souveränität und die Theorie des Völkerrechts, Tübingen 1920.
Kierkegaard, Sören, Gesammelte Werke, Düsseldorf.
—, daraus: 1. Abt.: Entweder/Oder I
—, 2. Abt.: Entweder/Oder II.
—, 5. Abt.: Die Wiederholung.
—, 10. Abt.: Philosophische Brocken.
—, 11. Abt.: Der Begriff Angst.
—, 16. Abt.: Abschließende unwissenschaftliche Nachschrift II.
—, 17. Abt.: Eine literarische Anzeige.
—, 20. Abt.: Christliche Reden 1848.
—, Tagebücher Bd. II und III, Düsseldorf/Köln 1963 ff.
—, Buch des Richters, Jena/Leipzig 1905.
Kittler, Friedrich A., Aufschreibesysteme 1800/1900, München 1985.
Klages, Ludwig, Ausdrucksbewegung und Gestaltungskraft, Leipzig [3]1923.
Kojève, Alexandre, Introduction à la lecture de Hegel, zit. nach: Fugen, hrsg. v. Frank/Kittler/Weber, Olten 1980.
Koktanek, Anton Mirko, Oswald Spengler in seiner Zeit, München 1968.
Koselleck, Reinhart, Kritik und Krise, Frankfurt 1973.
—, „Zur historisch-politischen Semantik asymmetrischer Gegenbegriffe", in: Positionen der Negativität. Poetik und Hermeneutik VI, München 1975.
Kracauer, Siegfried, Die Angestellten, Frankfurt 1971.
—, Das Ornament der Masse, Frankfurt 1977.
Kraus, Karl, Die dritte Walpurgisnacht, Werkausgabe Bd. 1, München 1974.
—, „Das Haus auf dem Michaelerplatz", in: Die Fackel, Nr. 313, 31. 12. 1910.
—, „Die Schönheit im Dienste des Kaufmanns", in: Die Fackel, Nr. 413, 10. 12. 1915.
Lacan, Jacques, Encore, Paris 1975.
—, „Le temps logique et l'assertion de certitude anticipée", in: Ecrits, Paris 1966.

Landauer, Gustav, Erkenntnis und Befreiung, Frankfurt 1976.
—, Die Revolution, Frankfurt 1919.
Lask, Emil, Gesammelte Schriften, Tübingen 1923 f.
Lepenies, Wolf, Die drei Kulturen, München 1985.
Loos, Adolf, Ins Leere gesprochen, Wien 1921.
—, Trotzdem, Wien 1931.
Luhmann, Niklas, Ausdifferenzierung des Rechts, Frankfurt 1981.
—, Funktion der Religion, Frankfurt 1982.
—, Gesellschaftsstruktur und Semantik I und II, Frankfurt 1981.
—, Soziale Systeme, Frankfurt 1984.
Lukács, Georg, Werke, Darmstadt/Neuwied 1968 ff.
—, daraus: Bd. 2: Geschichte und Klassenbewußtsein.
—, Bd. 16: Heidelberger Philosophie der Kunst.
—, Bd. 17: Heidelberger Ästhetik.
—, Ästhetische Kultur, Budapest 1913.
—, Briefwechsel 1902—1917, Stuttgart 1982.
—, Geschichte und Klassenbewußtsein, Berlin 1923 (= GuK).
—, Die Seele und die Formen, Berlin 1911 (= SuF).
—, Die Theorie des Romans, Berlin 1920 (= ThR).
—, „Von der Armut am Geiste", in: Neue Blätter, 2. Folge, 5. und 6. Heft, Hellerau 1912.
—, „Die deutschen Intellektuellen und der Krieg", in: Text und Kritik, Heft 39/40 (1973).
—, „Entwicklungsgeschichte des modernen Dramas", in: Archiv für Sozialwissenschaft und Sozialpolitik XXXVIII (1914).
—, „Ethische Fragmente", in: Der Sonntagskreis, hrsg. v. Karádi/Vezér, Budapest 1980.
—, „Notizen zum geplanten Dostojewski-Buch", in: Georg Lukács, Karl Mannheim und der Sonntagskreis, hrsg. v. Karádi/Vezér, Frankfurt 1985; und in: Die Seele und das Leben, hrsg. v. Heller/Fehér/Márkus/Radnóti, Frankfurt 1977.
—, „Zwei Wege und keine Synthese", in: Ernst Keller, Der junge Lukács, Frankfurt 1984.
Mann, Thomas, Betrachtungen eines Unpolitischen, Berlin 1919.
—, Der Zauberberg, Frankfurt 1952.
Marcuse, Herbert, Kultur und Gesellschaft I, Frankfurt [10]1971.
—, Kultur und Gesellschaft II, Frankfurt [8]1970.
Marquard, Odo, Apologie des Zufälligen, Stuttgart 1986.
—, Schwierigkeiten mit der Geschichtsphilosophie, Frankfurt 1982.
—, Skeptische Methode im Blick auf Kant, Freiburg [3]1982.
Marx, Karl / *Engels*, Friedrich, Werke, Berlin (= MEW).
Michel, Willy, Marxistische Ästhetik — Ästhetischer Marxismus, Frankfurt 1972.
Mommsen, Wolfgang, Max Weber und die deutsche Politik, Tübingen 1959.
Neumann, Franz, Die Herrschaft des Gesetzes, Frankfurt 1980.
Niekisch, Ernst, Das Reich der niederen Dämonen, Berlin 1980.
—, Widerstand, Krefeld 1982.
Nietzsche, Friedrich, Sämtliche Werke. Kritische Studienausgabe, München 1980 (= SW).
Petras, Otto, Post Christum, Berlin o. J.
Plessner, Helmuth, Diesseits der Utopie, Frankfurt 1974.

Poe, Edgar Allan, „The Man of the Crowd“, in: Selected Prose, Poetry and Eureka (Holt, Rinehart and Winston).
Popper, Leo, „Volkskunst und Formbeseelung“, in: Die Fackel, Nr. 324/325, 2. 6. 1911.
Preuss, Ulrich K., Die Internalisierung des Subjekts, Frankfurt 1979.
Rang, Florens Christian, Deutsche Bauhütte, Sannerz/Leipzig 1924.
—, Historische Psychologie des Karneval, Berlin 1983.
—, Shakespeare als Christ, Heidelberg 1954.
—, „Betrachtung der Zeit“, in: Die Kreatur III. Jhgg., Berlin 1929/30.
—, „Das Reich“ und
—, „Vom Weltbuch der Person“, in: Die Kreatur I. Jhgg., Berlin 1926/27.
Riegl, Alois, Spätrömische Kunstindustrie, Wien [2]1927.
—, Stilfragen, Berlin [2]1923.
Rilke, Rainer Maria, Die Aufzeichnungen des Malte Laurids Brigge, Sämtliche Werke Bd. 11, Frankfurt 1976.
Rosenkranz, Karl, G. W. F. Hegels Leben, Berlin 1844.
Rosenzweig, Franz, Der Stern der Erlösung, Haag 1976.
Rüffer, Ulrich, „Organisierung des Pessimismus“, in: Walter Benjamin. Profane Erleuchtung und rettende Kritik, hrsg. v. Bolz/Faber, Würzburg [2]1985.
—, „Taktilität und Nähe“, in: Antike und Moderne, hrsg. v. Bolz/Faber, Würzburg 1986.
Sedlmayr, Hans, Verlust der Mitte, Salzburg 1948.
Simmel, Georg, Fragmente und Aufsätze, München 1923.
—, Der Krieg und die geistigen Entscheidungen, München/Leipzig 1917.
—, Das individuelle Gesetz, Frankfurt 1968.
—, Philosophie des Geldes, Berlin [6]1958.
—, Philosophische Kultur, Berlin 1983.
—, „Berliner Gewerbeausstellung“, in: Die Zeit, 25. 7. 1896.
—, „Stefan George“, in: Neue deutsche Rundschau, 1901.
Sohm, Rudolf, Kirchenrecht II, München/Leipzig 1923.
Sohn-Rethel, Alfred, Warenform und Denkform, Frankfurt 1971.
Sontheimer, Kurt, Antidemokratisches Denken in der Weimarer Republik, München 1968.
Sorel, Georges, Über die Gewalt, Frankfurt 1969.
Spengler, Oswald, Jahre der Entscheidung, München 1961.
—, Der Mensch und die Technik, München 1971.
—, Der Untergang des Abendlandes, München 1969 (= UdA).
Steding, Christoph, Politik und Wissenschaft bei Max Weber, Breslau 1932.
—, Das Reich und die Krankheit der europäischen Kultur, Hamburg 2. Aufl.
Scheffler, Karl, „Gute und schlechte Arbeiten im Schnellbahngewerbe“, in: Der Verkehr. Jahrbuch des deutschen Werkbundes 1914, Jena.
Scheler, Max, Vom Umsturz der Werte, Bern [5]1972.
Scheu, Robert, „Adolf Loos“, in: Die Fackel, Nr. 283, 26. 6. 1909.
Schlegel, Friedrich, Kritische Friedrich Schlegel Ausgabe, München/Paderborn/Wien 1963 ff. (= KA).
Schmitt, Carl, Der Begriff des Politischen, Berlin 1963 (= BdP).
—, Die Diktatur, Berlin [4]1978.
—, Donoso Cortés in gesamteuropäischer Interpretation, Köln 1950 (= Donoso Cortés).
—, Ex Captivitate Salus, Köln 1950 (= ECS).

—, Die geistesgeschichtliche Lage des heutigen Parlamentarismus, Berlin [5]1979 (= Lage).
—, Gesetz und Urteil, München [2]1969.
—, Hamlet oder Hekuba, Stuttgart 1985.
—, Der Hüter der Verfassung, Berlin [2]1969.
—, Hugo Preuss, Tübingen 1930.
—, Die Kernfrage des Völkerbundes, Berlin 1926.
—, Legalität und Legitimität, Berlin [2]1968 (= LuL).
—, Der Leviathan in der Staatslehre des Thomas Hobbes, Köln 1982 (= Leviathan).
—, Der Nomos der Erde, Berlin [2]1974 (= NdE).
—, Politische Romantik, Berlin [3]1968 (= PR).
—, Politische Theologie, Berlin [3]1979 (= PT I).
—, Politische Theologie II, Berlin 1970 (= PT II).
—, Positionen und Begriffe im Kampf mit Weimar/Genf/Versailles, Hamburg 1940 (= PuB).
—, Das Reichsstatthaltergesetz, Berlin 1934.
—, Römischer Katholizismus und politische Form, Stuttgart 1984 (= RK).
—, Staat Bewegung Volk, Hamburg 1933.
—, Staatsgefüge und Zusammenbruch des zweiten Reiches, Hamburg 1934 (= Staatsgefüge).
—, Theodor Däublers ‚Nordlicht', München 1916 (= Nordlicht).
—, Theorie des Partisanen, Berlin [2]1975.
—, Verfassungslehre, Berlin [5]1970.
—, Verfassungsrechtliche Aufsätze, Berlin [2]1973 (= VA).
—, Volksentscheid und Volksbegehren, Berlin 1927.
—, Der Wert des Staates und die Bedeutung des Einzelnen, Hellerau 1917.
—, „Beschleuniger wider Willen", in: Das Reich, 19. April 1942.
—, „Clausewitz als politischer Denker", in: Der Staat 6. Bd., 1967.
—, „Die geschichtliche Struktur des heutigen Welt-Gegensatzes von Ost und West", in: Freundschaftliche Begegnung, Frankfurt o. J.
—, „Die legale Weltrevolution", in: Der Staat, 17. Bd., 1978.
—, „Nomos Nahme Name", in: Der beständige Aufbruch. Erich Przywara — Festschrift, Nürnberg 1959.
—, „Die Tyrannei der Werte", in: Säkularisation und Utopie, Ernst Forsthoff zum 65. Geb., Stuttgart/Berlin/Köln/Mainz 1967.
—, „Der Staat als Mechanismus bei Hobbes und Descartes", in: Archiv für Rechtsphilosophie, Bd. XXX.
—, „Vorwort" und „Hinweis für den deutschen Leser", in: Lilian Winstanley, Hamlet — Sohn der Maria Stuart, Pfullingen 1952.
Schneider, Reinhold, Gesammelte Werke Bd. 10, Frankfurt 1978.
Scholem, Gershom, Judaica, Frankfurt 1963 ff.
Schroers, Rolf, Meine deutsche Frage, Stuttgart 1979.
Taubes, Jacob, Abendländische Eschatologie, Bern 1947.
Theunissen, Michael, Selbstverwirklichung und Allgemeinheit, Berlin 1982.
Theweleit, Klaus, Männerphantasien I, Frankfurt 1977.
Troeltsch, Ernst, „Die Revolution in der Wissenschaft", in: Gesammelte Schriften Bd. 4.
Unger, Erich, Politik und Metaphysik, Berlin 1921.
Voegelin, Eric, „Gnostische Politik", in: Merkur VI. Jhgg., 4. Heft, 1952.

Weber, Marianne, Max Weber. Ein Lebensbild, Heidelberg ²1950.
Weber, Max, Gesammelte Aufsätze zur Religionssoziologie, Tübingen ⁵1963 ff. (= Religionssoziologie).
—, Gesammelte Aufsätze zur Soziologie und Sozialpolitik, Tübingen 1924 (= Soziologie).
—, Gesammelte Aufsätze zur Wissenschaftslehre, Tübingen ⁴1973 (= Wissenschaftslehre).
—, Gesammelte politische Schriften, Tübingen ³1971.
—, Wirtschaft und Gesellschaft, Tübingen ⁵1972.
Worringer, Wilhelm, Abstraktion und Einfühlung, München 1976.
—, Künstlerische Zeitfragen, München 1921.